古典文獻研究輯刊

十九編

潘美月・杜潔祥 主編

第13冊

杜詩文獻學史研究

王新芳、孫微 著

國家圖書館出版品預行編目資料

杜詩文獻學史研究／王新芳、孫微 著 -- 初版 -- 新北市：花木蘭文化出版社，2014〔民 103〕
目 2+224 面；19×26 公分
（古典文獻研究輯刊 十九編；第 13 冊）
ISBN 978-986-322-873-8（精裝）
1.（唐）杜甫 2.唐詩 3.詩評
011.08 103013719

ISBN-978-986-322-873-8

9 789863 228738

古典文獻研究輯刊
十九編 第十三冊 ISBN：978-986-322-873-8

杜詩文獻學史研究

作 者 王新芳、孫微
主 編 潘美月 杜潔祥
總 編 輯 杜潔祥
副總編輯 楊嘉樂
編 輯 許郁翎
企劃出版 北京大學文化資源研究中心
出 版 花木蘭文化出版社
社 長 高小娟
聯絡地址 235 新北市中和區中安街七二號十三樓
電話：02-2923-1455／傳眞：02-2923-1452
網 址 http://www.huamulan.tw 信箱 hml 810518@gmail.com
印 刷 普羅文化出版廣告事業
初 版 2014 年 9 月
定 價 十九編 18 冊（精裝）新台幣 32,000 元

杜詩文獻學史研究

王新芳、孫微　著

作者簡介

王新芳（1973～），女，山東臨沂人。1996年6月畢業於山東師範大學漢語言文學專業，獲文學學士學位。2004年6月畢業於山東大學文學院中國古代文學專業，獲文學碩士學位。同年分配到河北大學人文學院任教，現爲河北大學文學院副教授，2012級中國古代文學專業博士研究生，主研中國文學批評史方向，共發表學術論文30餘篇。

孫微（1971～），男，河北唐山人。1999年6月畢業於河北大學中文系中國古代文學專業，獲文學碩士學位。2003年6月畢業於山東大學文學院中國古代文學專業，獲文學博士學位。2006年入河北大學人文學院博士後流動站工作，2009年博士後出站。現爲河北大學文學院教授、碩士生導師，主研唐宋文學方向。共出版專著4部，發表學術論文80餘篇。

提　　要

《杜詩文獻學史研究》一書試圖通過對歷代杜詩文獻注本的整理研究，詳細梳理杜詩文獻學的發展歷程，對杜詩學的歷史嬗變形態作出整體關照。同時總結歷代注本中杜詩校勘、注釋、評點的成就特色及經驗教訓，以求拓展杜詩學史研究的廣度和深度，爲杜詩學術史、文化史的編纂奠定文獻基礎。全書從文獻發展史的視角出發，結合每個歷史時段的文化背景、學術思潮、文人心態，總結和闡釋不同歷史時段杜詩校勘學、注釋學、評點學的不同特色和傾向。同時密切關注杜詩學文獻前後遞嬗的脈絡關係，重點對明清杜詩評點中的作者混淆問題進行了釐定與區分，對每個歷史階段中最具代表性的杜詩注本進行了梳理、考論，對每種注本的體例特色、成就和缺陷、流傳及影響等方面的內容進行重點研討。此外，本書還以杜甫《行次昭陵》、《哀王孫》、《示獠奴阿段》等詩作爲個案，從杜詩文獻學的角度，對其中用典、注釋等疑難問題進行了較爲詳細的學術史考察。

教育部人文社科規劃基金青年項目
《杜詩文獻學史研究》研究成果
（項目編號：11YJC751081）

目次

緒　言

歷代學者對杜集的校勘、注釋及評點取得了極爲豐碩的成果，這些內容構成中國古典詩學的主要形態。因此從梳理杜詩文獻學史的角度入手，全面整理研究歷代杜詩學文獻，總結歸納其發展的歷史軌跡及其經驗教訓，可以從更深的層面闡釋中國古典詩學的豐富內涵。此外，在歷代杜集文獻的校勘、注釋及評點中，有很多原始的文獻材料極爲珍稀並獨具特色，對於完善中國古典詩學的理論體系具有重要的價值，然而目前其文獻價值和理論特色還沒有受到學界的充分認識和關注，故極有必要對其進行深入系統的研究。有鑒於此，我於 2011 年以《杜詩文獻學史研究》爲題申報了教育部人文社科青年項目並獲得批准。三年以來，朝夕黽勉，未敢稍懈，乃成此一編。限於學識與水平，書中的疏失在所難免，希請海內方家不吝指正。

在波瀾壯闊的杜詩文獻學史上，湧現出的文獻數量頗爲可觀。據張忠綱先生《杜集敘錄》著錄，唐五代杜詩學文獻有 14 種，宋代 124 種，金元 28 種，明代 171 種，清代 416 種。這些數字雖已基本涵蓋了杜詩學史上的絕大部分文獻，但尚未能完全窮盡，足見杜詩學文獻規模之大。限於篇幅和精力，作爲一部描述文獻史的著作，本書對於這些文獻的研究難以做到逐一描述，故而每個章節選取的研究對象就面臨一個選擇和取捨的問題。有鑒於目前學界對各個歷史時段杜詩學文獻的研究現狀，本書對每個歷史時段中存在問題較多，或需要繼續進行清理的文獻，進行重點研究考述；而對那些學界研究已較爲深透的文獻，則付之闕如。例如在唐五代杜詩文獻學中，目前學界對唐人選唐詩中選錄杜詩的情形比較關注；在由宋迄清的杜詩學文獻中，對一些著名注本的研討也日趨活躍，如趙次公《杜詩先後解》、劉辰翁《批點杜詩》、錢謙益《錢注杜詩》、仇兆鼇《杜詩詳注》等文獻的相關研究成果較多；在現代杜詩學文獻中，對郭沫若《李白與杜甫》中「揚李抑杜」問題的研討頗爲熱烈。因此在本書中對這些內容都不再加以重複。相反，對於那些學界不甚關注，又極具文獻價值的文獻；或者學界雖有所關注，但討論尚未充分的文獻，則重點進行論析。另外，杜詩文獻學史的主體構成，除了注釋、校勘、版本等內容之外，其中杜詩評點文獻一直是學界研究的薄弱環節，甚或尚存在許多評點者被張冠李戴的情形，這些情況都表明，目前學界對杜詩評點文獻的研究尚處於起步階段。因此本書中分別以鄭善夫、王慎中、李因篤、邵長蘅、朱彝尊等人的杜詩評點爲中心，重點對各個時代杜詩評點文獻的作者混淆問題進行了梳理，力圖爲杜詩評點史的研究做一些最基本的鋪墊工作。此外，爲了說明杜詩文獻學史的前後承繼性，本書還選取了《行次昭陵》、《哀王孫》、《示獠奴阿段》等詩中的三則注釋問題作爲個案，希望從文獻史的角度，能夠解決杜詩學史上的一些疑難問題。如此一來，本書對杜詩文獻學史的研究雖仍難免掛一漏萬，但對於促進杜詩文獻學的進一步展開，仍可稍有補裨。至於更加深入系統的研究，則仍有待於來者。

第一章　唐宋時期杜詩文獻研究

第一節　論晚唐五代筆記小說對杜甫生平事蹟的杜撰

晚唐五代筆記小說中對杜甫生平事蹟頗爲關注，存在大量相關記載，雖然這些文獻中的杜甫故事多爲杜撰，然而其中很多說法卻對世俗影響很大，甚或影響到史傳的編纂。〔註1〕因此對這些筆記小說進行文獻梳理和辨析，便成爲澄清杜甫生平事蹟的首要問題。

一、孟啓〔註2〕《本事詩》中「飯顆山」之譏與杜甫「詩史」說的記載

孟啓《本事詩·高逸第三》中載有李白《戲贈杜甫》詩曰：「飯顆山頭逢杜甫，頭戴笠子日卓午。借問何來太瘦生，總爲從前作詩苦。蓋譏其拘束也。」〔註3〕此詩首見於《本事詩》，宋蜀本《李太白集》未收，故向爲學界目作僞詩。如胡仔《苕溪漁隱叢話》曰：「李太白《戲子美詩》：『飯顆山

〔註1〕如閻質傑《〈舊唐書〉史料來源論證》（《遼寧大學學報》1992年第6期）指出，除了實錄、國史、徵集的專門性史料、野史之外，韋述《唐春秋》、《開元譜》、鄭處誨《明皇雜錄》、李德裕《次柳氏舊聞》等筆記小說也是《舊唐書》的史料來源。

〔註2〕陳尚君《〈本事詩〉作者孟啓家世生平考》（《唐代文學研究（第十二輯）》，廣西師範大學2006年）指出，《本事詩》作者之名，有「啓」、「棨」、「綮」三種說法，現據新出土文獻，可以確定「啓」字爲正，今從其說。

〔註3〕孟啓《本事詩》，《歷代詩話續編》本，中華書局1983年，第14頁。

頭……』,《李翰林集》亦無此詩，疑後人所作也。」〔註 4〕洪邁《容齋隨筆》曰：「飯顆山頭之嘲，亦好事者所撰也。」〔註 5〕然在孟啓《本事詩》之前，段成式《酉陽雜俎》前集卷十二曰：「眾言李白唯戲杜考功『飯顆山頭』之句，成式偶見李白《祠亭上宴別杜考功》詩。」〔註 6〕則於段成式之時，早已有「飯顆山」一詩流傳，似已爲晚唐時人所熟知，只是《酉陽雜俎》雖已提及該詩，卻未全引，至孟啓《本事詩》方首次引錄全詩，遂爲後人所據。此後《唐摭言》卷十二、《唐詩紀事》卷十八等均據《本事詩》轉錄「飯顆山」一詩，文字稍異。《舊唐書．文苑傳》又將此事寫入杜甫本傳：「天寶末詩人，甫與李白齊名，而白自負文格放達，譏甫齷齪，而有飯顆山之嘲誚。」然而從文獻出現的時間來看，《酉陽雜俎》、《本事詩》作於晚唐五代，距離李杜生活的時代較遠。雖然後世也有人爲「飯顆山」一詩的眞實性進行過辯護〔註 7〕，但是其出於晚唐人僞造的可能性極大。至於僞造者的依據，極有可能是杜甫《暮登西安寺鐘樓寄裴十》之尾聯：「知君苦思緣詩瘦，太向交遊萬事慵」。由於杜詩中提到了「苦思緣詩瘦」，僞造者遂據以杜撰出「太瘦生」一詩。不過《本事詩》和《舊唐書》所載的李白「飯顆山」之譏，卻引發了後人對李杜之間關係及李杜優劣論的熱議。如范正敏《遯齋閒覽．雜評》引王安石曰：「飯顆之嘲，雖一時戲劇之談，然二人者名既相逼，亦不能無相忌也。」〔註 8〕郭沫若則認爲，此詩既非嘲誚、戲贈，也非僞作，詩的後二句乃一問一答，不是李白的獨白，而是李杜兩人的對話。「別來太瘦生」是李白發問，「總爲從前作詩苦」是杜甫的回答。因此這首詩表現了李白對杜甫的親切與關心。〔註 9〕郭沫若此論對詩意體會深細，頗具參考價值。在孟啓《本事詩》之前，關於李杜優劣的爭論，最早見於元稹的《唐檢校工部員外郎杜君墓係銘》:「是時山東人李白，亦以奇文取稱，時人謂之李杜。予觀其壯浪縱恣，擺去拘束，模寫物象及樂府歌詩，誠亦差肩於子美矣。至若鋪陳終始，排比聲韻，大或千言，次猶數百，詞氣豪邁而風調清深，屬對律

〔註 4〕胡仔著、廖明德校點《苕溪漁隱叢話》後集卷八，人民文學出版社 1962 年，第 53 頁。

〔註 5〕洪邁《容齋隨筆》四筆卷三，中華書局 2005 年，第 659 頁。

〔註 6〕段成式《酉陽雜俎》前集卷十二，中華書局 1981 年，第 116 頁。

〔註 7〕如明代都穆《南濠詩話》曰:「古人嘲戲之語，集中往往不載，不特太白爲然。」(《歷代詩話續編》本，中華書局 1983 年，第 1348 頁)

〔註 8〕范正敏《遯齋閒覽．雜評》,《説郛》卷二十五上，文淵閣四庫全書本。

〔註 9〕郭沫若《李白與杜甫》，中國長安出版社 2010 年，第 113～115 頁。

切而脫棄凡近，則李尚不能歷其藩翰，況堂奧乎？」元稹所論，有明顯的揚杜抑李傾向。此後新、舊《唐書》中對李杜齊名的論述，均是依據元稹《墓係銘》而來。如《舊唐書》曰：「天寶末詩人，甫與李白齊名。」《新唐書》曰：「甫與李白少時齊名，時號李杜。」而孟啓認爲，在「飯顆山」詩中，李白譏諷了杜甫作詩之「拘束」，這具有明顯的揚李抑杜傾向，是對元稹之論的駁正，代表了晚唐人對李杜二人詩歌的看法。不過從文獻學的角度考察，《舊唐書》中李杜齊名的說法毫無依據，揣其來源，極有可能是直接來自杜詩。杜甫大曆五年（770）秋作《長沙送李十一銜》，其尾聯云：「李杜齊名眞忝竊，朔雲寒菊倍離憂。」《舊唐書》所謂「甫與李白齊名」，當本乎此。其實杜詩中的「李杜齊名」，非爲實指，乃是用典：東漢名士李固、杜喬，李雲、杜眾，李膺、杜密皆曾齊名，沒承想淺人不學，遂將杜詩中的「李杜齊名」徑直理解成李白與杜甫，乃傳會出二人「齊名」之說，竟被堂而皇之地載入史傳，後人又輾轉引以爲據，著實荒唐可笑。

孟啓《本事詩·高逸第三》又曰：「杜所贈二十韻，備敘其事。讀其文，盡得其故跡。杜逢祿山之難，流離隴蜀，畢陳於詩，推見至隱，殆無遺事，故當時號爲詩史。」〔註 10〕按照孟啓的說法，杜甫在「當時」就已經被人們稱爲「詩史」，這說明其詩名起碼在「流離隴蜀」之後就已經很大了。此說後被宋祁《新唐書·杜甫傳》所採納：「甫又善陳時事，律切精深，至千言不少衰，世號『詩史』。」此後的學者們多以此爲據，以爲「詩史」之名最早出於唐代。如明胡震亨曰：「知詩史之評，原出唐人也。」〔註 11〕今人孫明君也認爲：「『詩史』之名在杜甫生前已經廣泛流傳」〔註 12〕。但問題是孟啓《本事詩》「當時號爲詩史」之說乃是一個孤證，此前的其他文獻中未見有類似記載。《本事詩·序目》的落款署爲唐僖宗光啓二年（886）十一月。又據胡可先、龔方琴等學者考證，《本事詩》的最終成書還要晚於作序的時間，應在景福元年（892）以後〔註 13〕。此時上距杜甫之死的大曆五年（770）已有 122 年。《本事詩》既稱杜甫「當時號爲詩史」，而孟啓本人又不可能親歷杜甫生活之「當

〔註 10〕孟啓《本事詩》，《歷代詩話續編》本，中華書局 1983 年，第 15 頁。
〔註 11〕胡震亨《唐音癸籤》卷六，上海古籍出版社 1981 年，第 54 頁。
〔註 12〕孫明君《解讀「詩史」精神》，《北京大學學報》1999 年第 2 期。
〔註 13〕胡可先、童曉剛《〈本事詩〉新考》（《中國典籍與文化》2004 年第 1 期）、龔方琴《〈本事詩〉成書年代新考》（《古典文獻研究（第十三輯）》，鳳凰出版社 2010 年）。

時」，故其說必應有其他文獻依據。然而在《本事詩》之前一百二十多年的文獻中又沒有其他任何相關記載以爲佐證，這種情況實在令人懷疑孟啓「詩史」說的眞實性與可靠性。方孝岳就認爲：「唐朝當時的人稱杜甫爲詩史，原見於孟棨《詩本事》，《詩本事》說：『杜逢祿山之難，流離隴、蜀，畢陳於詩，殆無遺事，故當時號爲詩史。』這種話本是當時流俗隨便稱讚的話，不足爲典要。」〔註 14〕裴斐先生亦曰：「至於『當時號爲詩史』，一如劉昫所說『天寶末甫與李白齊名』，並無文獻根據，實爲史家稗官慣用的假託之辭。」〔註 15〕已經有學者指出，《本事詩．高逸第三》中的「李白」條不僅是李白《戲贈杜甫》詩和「詩史」說的最早文獻來源，還是杜甫《寄李十二白二十韻》一詩之「本事」〔註 16〕。孟啓描述的李白本事與杜甫《寄李十二白二十韻》的敘述順序幾乎是一一對應的。因此我們有理由懷疑，《本事詩》「當時號爲詩史」這一說法的來源，並不是什麼子虛烏有的前代文獻，而極有可能是孟啓直接根據杜詩進行的向壁虛構。

二、范攄《雲溪友議》杜撰的嚴武欲殺杜甫故事

目前學界一般認爲，杜甫之所以離開蜀地，與嚴武之死有關。永泰元年（765）四月末，嚴武病卒，杜甫失去了生活依靠，乃乘舟南下，遂至終老湖湘。而杜甫在《去蜀》一詩中，對於其離蜀的原因卻交待得有些含混不清，詩云：「五載客蜀郡，一年居梓州。如何關塞阻，轉作瀟湘遊。世事已黃髮，殘生隨白鷗。安危大臣在，不必淚長流。」不過《雲溪友議》中卻對杜甫離蜀的原因提出了頗爲新異之說，該書卷上《嚴黃門》條曰：

> 武年二十三，爲給事、黃門侍郎。明年，擁旄西蜀，累於飲筵，對客騁其筆箚。杜甫拾遺乘醉而言曰：「不謂嚴挺之有此兒也！」武恚目久之，曰：「杜審言孫子，擬捋虎鬚？」合座皆笑，以彌縫之。武曰：「與公等飲饌謀歡，何至於祖考耶？」房太尉琯亦微有所忤，憂怖成疾。武母恐害賢良，遂以小舟送甫下峽，母則可謂賢也。然

〔註 14〕方孝岳《中國文學批評》卷下《王船山推求「興觀群怨」的名理》，三聯書店 1986 年，第 187 頁。

〔註 15〕裴斐《唐宋杜學四大觀點述評》，《杜甫研究學刊》1990 年第 4 期。

〔註 16〕如張暉《重讀〈本事詩〉：「詩史」概念產生的背景與理論內涵》（《杜甫研究學刊》2007 年第 2 期）、龔方琴《重讀〈本事詩〉「李白」條——試論與杜甫相關的若干問題》（《杜甫研究學刊》2010 年第 4 期）。

二公幾不免於虎口矣！李太白爲《蜀道難》，乃爲房、杜之危也……支屬刺史章彝，因小瑕，武遂棒殺。後爲彝外家報怨，嚴氏遂微焉。〔註 17〕

此段文字主要記載了三件事：嚴武欲殺杜甫、李白《蜀道難》之主旨、章彝之死與其親屬報復嚴家。按，此三事皆不確。關於李白《蜀道難》並非爲房琯、杜甫而作，學界辨之已頗詳，這裡亦毋庸費詞。那麼嚴武因病暴卒後，「彝外家報怨，嚴氏遂微焉」的說法是否屬實呢？杜甫有《奉寄章十侍御》詩云：「淮海維揚一俊人，金章紫綬照青春。」「淮海維揚」語出《尚書．禹貢》：「淮、海惟揚州。」可見章彝係揚州人。而陳冠明認爲，章彝爲吳興（今浙江湖州）人〔註 18〕，不知何據？不管是揚州人還是吳興人，章彝之「外家」親屬們都距離蜀地甚遠，若未隨章彝入蜀，不可能迅速知聞嚴武暴卒的消息，更不太可能跋山涉水來蜀地找嚴武家人報復。且嚴武卒後，由母護送靈柩歸葬故里華州華陰（今屬陝西），船過忠州時杜甫曾登舟慰問，寫下《哭嚴僕射歸櫬》詩：「素幔隨流水，歸舟返舊京。老親如宿昔，部曲異平生。風送蛟龍匣，天長驃騎營。一哀三峽暮，遺後見君情。」詩中描寫嚴武靈柩時，似僅有其老母相從。看來章彝外家若想報仇的話，只有一路追蹤至華陰才有可能。其實嚴武有子，並未爲仇家所害。據中唐詩僧清江撰《唐故安國寺清源律師墓誌並序》：

律師諱清源，俗姓嚴氏，其先河南人。易葉冠蓋，遠代不紀。祖挺之，唐中書侍郎。父武，黃門侍郎。本家清貴，外戚盧氏。……大曆十一年十月廿七日，右脅累足，終於本院，春秋廿八，僧臘有九。慈母主喪，垂白祭子，哀哉！〔註 19〕

可見，嚴武之子曾在洛陽安國寺出家爲僧，法號清源，一直活到大曆十一年（776）方病卒，其喪事爲其母（嚴武之妻）主持。〔註 20〕那麼當嚴武再次鎮

〔註 17〕范攄著、陽羨生校點《雲溪友議》卷上，《唐五代筆記小說大觀》，上海古籍出版社 2000 年，第 1270 頁。

〔註 18〕陳冠明《杜甫親眷交遊行年考》，上海古籍出版社 2006 年，第 165 頁。

〔註 19〕吳鋼主編《全唐文補遺．千唐誌齋新藏專輯》，三秦出版社 2006 年，第 258 頁。

〔註 20〕陳尚君《吳鋼主編〈全唐文補遺．千唐誌齋新藏專輯〉》指出，《宋高僧傳》和皎然《唐杭州靈隱山天竺寺故大和尚塔銘》（《文苑英華》卷七八六）均稱嚴武之子清源爲越州人，這「對於瞭解嚴武一家的實際占籍，也提供了重要線索。」見《漢唐文學與文獻論考》，上海古籍出版社 2008 年，第 512 頁。

蜀之時，或許並未攜妻兒前往，故杜甫在忠州作《哭嚴僕射歸櫬》詩時，僅言及其老母。後世杜撰者在杜甫此詩中看到嚴武之靈柩僅有老母相從，遂有嚴武子嗣衰微之聯想，乃是毫無根據的猜測。所以《雲溪友議》中關於「彝外家報怨，嚴氏遂微」之說，至此也就不攻自破了。對於《雲溪友議》中嚴武欲殺杜甫之說，經查檢後發現，乃襲李肇《唐國史補》之論，其文曰：

嚴武少以強俊知名，蜀中坐衙，杜甫袒跣登其機案，武愛其才，終不害。然與章彝素善，再入蜀，談笑殺之。及卒，母喜曰：「而今而後，吾知免官婢矣。」〔註21〕

《雲溪友議》的作者范攄爲晚唐人〔註22〕，而《唐國史補》的作者李肇爲中唐人〔註23〕，因此從文獻出現的時間先後來看，范攄《雲溪友議》卷上《嚴黃門》條無疑比李肇《唐國史補》中的相關內容要晚，其文獻來源極有可能就是《唐國史補》。那麼李肇《唐國史補》的文獻來源又是什麼呢？實際上《唐國史補》中相關記載的最終來源，極有可能是杜詩本身，是中唐以後文人根據杜甫與嚴武之間的一些唱和之作進行的想像和杜撰。嚴武贈詩《寄題杜二拾遺錦江野亭》中有「莫倚善題《鸚鵡賦》，何須不著鵕鸃冠」之句，似對杜甫的恃才傲物微露不滿。而杜甫《奉酬嚴公寄題野亭之作》曰：「謝安不倦登臨費，阮籍焉知禮法疏？」《嚴公仲夏枉駕草堂兼攜酒饌得寒字》又曰：「非關使者徵求急，自識將軍禮數寬。」這些詩句後面蘊含的潛臺詞以及詩中透露出的嚴、杜二人之微妙關係，給後人提供了豐富的想像空間。於是杜甫袒跣登案、乘醉直呼其父親名諱的故事就被人杜撰出來。當然我們也注意到，從《唐國史補》的「武愛其才，終不害」，到《雲溪友議》中嚴武欲殺杜甫，故事的性質發生了很大改變，這明顯是在流傳過程中由好事者添油加醋而成。其實嚴武爲杜甫「平生第一知己」，杜集中贈嚴武的詩歌多達三十多首，從中可見二人的深厚友誼。故洪邁一針見血地指出：「若果有欲殺之怨，必不應眷眷如此。好事者但以武詩有『莫倚善題《鸚鵡賦》』之句，故用證前說，引黃祖殺禰衡爲喻，殆是『癡人面前，不得說夢』也，武肯以黃祖自比乎？」

〔註21〕李肇《唐國史補》卷上，上海古籍出版社1957年，第22頁。

〔註22〕《新唐書·藝文志》稱范攄爲「咸通時人」，《四庫全書總目》則以爲「僖宗時人」。《全唐詩》卷六四六載有李咸用《悼范攄處士》詩，李咸用於懿宗咸通十三年（872）曾爲宣州刺史李璋屬下推官，可以側面證明范攄確爲晚唐人。

〔註23〕《唐國史補》作者李肇主要生活於元和、長慶間，其生平事蹟參見李一飛《〈唐國史補〉作者李肇行跡略考》（《文獻》1991年第2期）、崔蘭海《〈唐國史補〉作者李肇生平史料疏證》（《阜陽師範學院學報》2012年第5期）。

〔註 24〕

至於在嚴武欲殺杜甫的故事中又牽扯到章彝，是因爲嚴武入朝後章彝爲梓州刺史、東川留後，杜甫漂泊梓州之時頗受其照顧，故杜集中有許多詩歌都與章彝有關。如《陪章留後侍御宴南樓得風字》、《陪章留後惠義寺餞嘉州崔都督赴州》、《章梓州水亭》、《章梓州橘亭餞成都竇少尹得涼字》、《隨章留後新亭會送諸君》、《桃竹杖引贈章留後》、《將適吳楚留別章使君留後兼幕府諸公得柳字》。《山寺》題下原注：「章留後同遊，得開字。」《冬狩行》題下原注：「時梓州刺史章彝兼侍御史，留後東川。」特別是在《將適吳楚留別章使君留後兼幕府諸公》詩中有「常恐性坦率，失身爲杯酒」之句，當是杜撰者編造故事的重要依據。可見，范攄《雲溪友議》中嚴武欲殺杜甫之事純屬子虛烏有，是小說家直接依據杜詩進行的杜撰。然而新、舊《唐書》杜甫本傳對此事的文獻來源均未能深加辨析，而是全部吸收和採信。《舊唐書・杜甫傳》曰：

> 武與甫世舊，待遇甚隆。甫性褊躁，無器度，恃恩放恣。嘗憑醉登武之床，瞪視武曰：「嚴挺之乃有此兒！」武雖急暴，不以爲忤。甫於成都浣花里種竹植樹，結廬枕江，縱酒嘯詠，與田畯野老相狎蕩，無拘檢。嚴武過之，有時不冠，其傲誕如此！

《新唐書・杜甫傳》曰：

> 會嚴武節度劍南東、西川，往依焉。武再帥劍南，表爲參謀，檢校工部員外郎。武以世舊，待甫甚善，親入其家。甫見之，或時不巾，而性褊躁傲誕，嘗醉登武床，瞪視曰：「嚴挺之乃有此兒！」武亦暴猛，外若不爲忤，中銜之。一日欲殺甫及梓州刺史章彝，集吏於門。武將出，冠鉤於簾三，左右白其母，奔救得止，獨殺彝。

通過比較可以發現，《舊唐書・杜甫傳》主要是依據《唐國史補》「杜甫袒跣登其几案，武愛其才，終不害」的記載，然而其中「嚴挺之乃有此兒」之語的出現，表明《舊唐書・杜甫傳》亦參考吸收了《雲溪友議》之說，並進行了節略和改寫；相比較而言，《新唐書・杜甫傳》則是完全參考了《雲溪友議》而成，且又添加了「武將出，冠鉤於簾三」的細節。由於作爲正史的巨大公信力，兩《唐書》杜甫傳的相關記載一直被後人廣泛徵引和採納，產生

〔註 24〕洪邁著、孔凡禮點校《容齋隨筆・容齋續筆》卷六，中華書局 2005 年，第 284 頁。

了巨大的影響，殊不知二者的史料來源竟均是中晚唐的筆記小說，其眞實性存在巨大的疑點，是根本不足爲據的。王應麟曰：「《新史．嚴武傳》多取《雲溪友議》，宜其失實也。」〔註 25〕錢謙益曰：「《國史補》：嚴武少以強俊知名，蜀中坐衙，杜甫袒跣登其几案，武愛其才，終不加害。此所謂『將軍禮數寬』也。『鈎簾欲殺』之語，最爲誣罔，不知宋子京《新書》何以載之本傳？」〔註 26〕陳廷敬《午亭文編》云：「杜公生平，凡小說正史，多不可憑，當以詩爲斷。」〔註 27〕所見甚是。

三、鄭處誨《明皇雜錄》對杜甫死因的杜撰

關於杜甫的死因，由於新、舊《唐書》杜甫本傳中都採用了所謂的「牛肉白酒」說，因而得以廣泛流傳。《舊唐書．杜甫傳》曰：

> 甫嘗遊嶽廟，爲暴水所阻，旬日不得食。耒陽聶令知之，自棹舟迎甫而還。永泰二年（應爲大曆五年），啗牛肉白酒，一夕而卒於耒陽，時年五十九。

《新唐書．杜甫傳》曰：

> 大曆中，出瞿唐，下江陵，泝沅、湘以登衡山，因客耒陽，遊嶽祠，大水遽至，涉旬不得食，縣令具舟迎之，乃得還。令嘗饋牛炙白酒，大醉，一昔卒，年五十九。

其實新、舊《唐書》杜甫傳中採用的「牛肉白酒」說，都是來自晚唐人鄭處誨的《明皇雜錄》。《明皇雜錄》在流傳過程中散佚嚴重，其中關於杜甫死因的記載見於《明皇雜錄補遺》：

> 杜甫後漂寓湘潭間，旅於衡州耒陽縣，頗爲令長所厭。甫投詩於宰，宰遂致牛炙白酒以遺，甫飲過多，一夕而卒，集中猶有《贈聶耒陽》詩也。〔註 28〕

《明皇雜錄》成書於大和九年（835），鄭處誨時任校書郎，此時上距杜甫之死的大曆五年（770）已經有 65 年。既然如此，那麼鄭處誨《明皇雜錄》中關於杜甫之死的文獻來源又是什麼呢？經過反覆核實，筆者認爲《明皇雜錄》

〔註 25〕王應麟著、翁元圻注、欒保群等校點《困學紀聞》卷十四，上海古籍出版社 2008 年，第 1599 頁。

〔註 26〕錢謙益《錢注杜詩》卷十二，上海古籍出版社 1979 年，第 413 頁。

〔註 27〕陳廷敬《午亭文編》卷四十九《杜律詩話》，清康熙間林佶刻本。

〔註 28〕鄭處誨著、田廷柱點校《明皇雜錄》，中華書局 1994 年，第 47 頁。

中關於杜甫之死的這則故事，應是由杜甫作於大曆五年的一首詩而來，這首詩的題目很長：

聶耒陽以僕阻水，書致酒肉，療饑荒江，詩得代懷，興盡本韻，至縣呈聶令。陸路去方田驛四十里，舟行一日，時屬江漲，泊於方田。

大曆五年（770）四月，杜甫避臧玠之亂，由潭州（今湖南長沙）前往衡州（今湖南衡陽），杜甫的舅父崔偉時任郴州錄事參軍，寫信邀他去。杜甫於是由衡陽前往郴州，船行經耒陽時，爲大水所阻，數日不得食，耒陽縣令聶某聞訊，派人送信並贈酒肉，杜甫作此詩以致謝。方田驛，在耒陽縣東北四十里許，即杜甫阻水泊舟處。因爲有人認爲這首詩就是杜甫的絕筆詩，那麼詩中一定也記錄了關於詩人死因的關鍵信息。而該詩題目甚長，原委清晰，信息量豐富，其中提到「聶令」、「阻水」、「療饑」、「酒肉」等，時間、地點、人物、情節全部具備，於是一則關於杜甫死因的故事，就在鄭處誨的想像中自然而然地完成了杜撰。其實這首詩並不是杜甫的絕筆詩，於耒陽阻水之後，杜甫遂回船北返，作《回棹》詩曰：「清思漢水上，涼憶峴山巔」、「吾家碑不昧，王氏井依然」，他表示希望能回到襄陽——先祖杜預的封地去，一則避暑，二則養病，況且要從襄陽回故鄉洛陽的話，路途已經很近了。

應該說由於小說傳播的巨大影響，「牛肉白酒」說從晚唐以迄北宋已經深入人心。宋王觀國《學林》曰：「近世有小說《麗情集》者，首序子美因食牛肉白酒而卒，此無據妄說，不足信。今注子美詩者，亦假王原叔內翰之名，謂甫一夕醉飽卒者，毋乃用小說《麗情》之語耶？」〔註 29〕《麗情集》乃北宋張君房所著，原書已佚，程毅中據《類說》卷二十九、《紺珠集》卷十一、《綠窗新話》、《文苑英華》等書考出其條目 42 條。而王觀國《學林》此條，不見上述書目之徵引，故程毅中懷疑爲王觀國之誤記，其曰：「按：杜甫一夕醉飽而卒，不似《麗情集》中之語。蔡夢弼《杜工部草堂詩箋》卷首引劉斧《摭遺》有杜子美墳傳說，疑王觀國誤記爲《麗情集》耳。」〔註 30〕且不管《麗情集》中是否眞的收錄了關於杜甫死因的說法，但是流行於北宋初年的《麗情集》之類的小說中關於杜甫死因的記載，其最終的源頭都是鄭處誨的《明皇雜錄》，而鄭處誨《明皇雜錄》的文獻依據又是直接來源於對杜詩的想像和杜撰。

〔註 29〕王觀國著、田瑞娟點校《學林》卷五「杜子美」條，中華書局 1988 年，第 176 頁。

〔註 30〕程毅中《程毅中文存》，中華書局 2006 年，第 230 頁。

四、馮贄《雲仙散錄》中少年杜甫「康水採文」的傳說

相傳爲五代後唐馮贄所作的《雲仙散錄》中記載了一則關於杜甫少年時期的神話：

> 《文覽》曰：杜甫十餘歲，夢人令採文於康水。覺而問人，此水在二十里外，乃往求之。見峨冠童子，告曰：「汝本書星典吏，天使汝下謫，爲唐世文章海，九雲誥已降，可於豆壟下取。」甫依其言，果得一石，金字曰：「詩王本在陳芳國，九夜捫之麟篆熟，聲振扶桑享天福。」後因佩入葸市，歸而飛火入室，有聲曰：「邂逅穢吾，令汝文而不貴。」〔註 31〕

相對於李白傳說中太白金星下凡、夢筆生花的故事而言（見《開元天寶遺事》），杜甫此事雖被後爲王昌會《詩話類編》等輾轉徵引，但流傳並不廣遠。聞一多先生《少陵先生年譜會箋》曰：「事本不經，聊贅於此（開元十三年），用資談助耳。」〔註 32〕可見嚴謹的學者並不把這條材料當眞，只是由於杜甫早年的文獻留存實在有限，才予以徵引以廣見聞。其實那九雲誥上的金字頗值得我們注意。陳芳國應是指河南洛陽，麟篆乃是古篆書的一種。這三句詩中首句和後面兩句不押韻，顯得有些蹩腳。況且從文辭上來看，意思粗淺近俚，「本在」、「享天福」等都是俗語，因此陳貽焮先生認爲，「這很可能出自世俗道士之口」。〔註 33〕從形式上看，這三句是七言詩，並且基本上都是律句。而在杜甫的少年時代，七律還沒有完全成熟，這種形式是到了杜甫手裏才加以完善的。所以別看這三句詩很短，其中仍透露出諸多作假的蛛絲馬跡，因此「九雲誥」上的文字應是由後人編造的。雖然「康水採文」的傳說肯定是後人杜撰的，不過杜撰者對杜甫出生地周邊的地理相當熟悉，應是本地人無疑。因爲故事中的康水是條不大的河，距離杜甫故里瑤灣土樓村並不遠，《施府志》云：「故鞏縣城有康水，去瑤灣二十里。」這與《雲仙散錄》中「此水在二十里外」的記載完全相符。不過從「康水採文」的傳說中，我們也看出杜撰者對杜甫一生坎坷命運的深刻理解與同情。這從側面說明，晚唐五代時期世人對杜甫的宗仰，已經達到了神化的程度。

〔註 31〕馮贄著、張力偉校點《雲仙散錄》，中華書局 1998 年，第 4 頁。
〔註 32〕聞一多《唐詩雜論》，上海古籍出版社 1998 年，第 42 頁。
〔註 33〕陳貽焮《杜甫評傳》上卷，北京大學出版社 2003 年，第 29 頁。

五、晚唐五代筆記小說杜撰杜甫生平事蹟原因分析

通過以上分析可以看出，在晚唐五代筆記小說對杜甫生平事蹟的記載中，有許多材料都被作爲史料爲新、舊《唐書》杜甫本傳所採信。其實只要認眞考察這些筆記小說的文獻來源就可以發現，其中大多數故事都是後人直接根據杜詩進行的杜撰與附會，其可信度相當低。然而由於其被正史所採錄，這些說法卻一直爲後人輾轉引述，並產生了極大的負面影響。晚唐五代筆記小說中之所以會出現大量關於杜甫生平事蹟的故事，主要有以下幾個方面的原因：首先，對盛唐風流的追慕與好奇，是晚唐五代小說中此類題材眾多的主要因素。從中唐開始，對杜甫的推尊之聲就已經不絕於耳。如韓愈《調張籍》曰：「李杜文章在，光焰萬丈長。」中唐詩人張籍對杜甫的崇拜程度，也頗令後人瞠目。馮贄《雲仙散錄》卷七《杜詩燒灰》條曰：「張籍取杜甫詩一帙，焚取灰燼，副以膏蜜，頻飲之，曰：『令吾肝腸從此改易』。」〔註 34〕而詩人的出生地、當時對他的評價、李杜兩大詩人之間的關係、杜甫離蜀原因及其死因等重大問題，逐漸成爲人們關注的重點，因此「康水採文」、「飯顆山之譏」、「嚴武欲殺杜甫」、「牛肉白酒飫死」等故事便被首先炮製出來。崔際銀指出，嚴武在史傳上以殘酷嗜殺著稱，而其卻獨獨厚待杜甫，個中緣由，難免會勾起讀者的好奇心，因此「嚴武欲殺杜甫」的故事才在晚唐格外受到人們的關注。〔註 35〕

此外，由於杜甫的聲譽和地位日益隆盛，而史傳文獻對其生平資料的記載過於簡單，這時的人們發現，僅有樊晃《杜工部小集序》、元稹《唐檢校工部員外郎杜君墓係銘》等有限的文獻材料記載了杜甫的簡要生平事蹟，而這些有限的材料遠遠不能滿足後人的巨大渴求，他們更加迫切地需要詩人鮮活生動的事蹟與言行，對大詩人的日常生活及後代情況也越來越感興趣。在這種需求的驅使下，這方面的故事就陸續地被杜撰出來。如《雲仙散錄》卷一《籠桶衫柿油巾》條曰：「杜甫在蜀，日以七金，買黃兒米半籃，細子魚一串，籠桶衫柿油巾，皆蜀人奉養之粗者。」注：「出《浣花旅地志》。」卷三《惠一絲兩絲》條曰：「杜甫寓蜀，每蠶熟，即與妻兒躬行而乞，曰：『如或相憫，惠我一絲兩絲』。」注：「《浣花旅地志》。」卷四《夜飛蟬》條曰：「杜甫每朋友至，引見妻子。章侍御退而使其婦送夜飛蟬，以助妝飾。」注：

〔註 34〕馮贄著、張力偉校點《雲仙散錄》，中華書局 1998 年，第 93 頁。
〔註 35〕崔際銀《論唐代小說中的杜甫故事》，《杜甫研究學刊》2012 年第 1 期。

「《放懷集》。」卷七《石斧欲斫斷詩手》條曰：「杜甫子宗武，以詩示阮兵曹。兵曹答以石斧一具，隨使並詩還之。宗武曰：『斧，父斤也。兵曹使我呈父，少加斤琢也。』俄而阮聞之，曰：『誤矣！欲子斫斷其手。此手若存，天下詩名，又在杜家矣』。」注：「出《文覽》。」《雲仙散錄》中所謂《浣花旅地志》、《放懷集》、《文覽》等書，於典籍中從未有過其他著錄和記載，都是子虛烏有的文獻，而馮贄又特意標明出處，眞是掩耳盜鈴、欲蓋彌彰。以上這些故事，也都是爲了迎合世俗趣味而進行的編撰。

晚唐五代筆記小說中的杜甫故事雖多是捕風捉影的杜撰，但也總需有些依據才好。這時杜撰者們發現，相對於史料的簡略模糊，杜詩本身由於具有強烈的寫實性，其中包涵了大量的個人生平及交遊信息，完全可以作爲編纂和杜撰事蹟的重要依據，於是大量關於杜甫生平事蹟的故事就如此這般地被編撰出來。然而倘若我們認眞追尋晚唐五代筆記小說的文獻依據和來源就可以發現，其中許多故事背後都閃動著杜詩的影子。而此後的兩《唐書》杜甫本傳中又富含了晚唐筆記小說的「營養」，將小說家言作爲史料加以吸收。若明乎此，我們在徵引史傳杜甫事蹟的時候，其實就會不可避免地面臨著較大的邏輯風險。故對晚唐五代筆記小說乃至史傳中的杜甫故事要特別小心，必須審愼地對其進行詳細深入的辨析，否則的話，極易陷入源流倒置、以訛傳訛的困窘之中。

第二節　宋人員安宇及其補輯杜詩考釋

員安宇，四川仁壽人，與其兄員安輿俱登北宋皇祐進士第，然其生平事蹟一直湮沒不彰。員安宇是宋代杜詩輯佚成就最大的學者，共補輯杜詩 27 首，這組杜詩有可能是杜詩在四川地區的最早結集，其作年具有連續性和密集性的特徵，這對於確定某些杜詩篇目的編年具有重要的參考意義。

一、員安宇生平事蹟考略

員姓，古作貟，古音讀作 yùn，不讀作 yuán。據《四川通志》卷三十三《選舉志》，員安輿、員安宇，爲仁壽縣人，俱爲北宋皇祐（1049～1054）進士。檢龔延明、祖慧《宋登科記考》中皇祐進士未收此二人，當係失考。員安宇的生平事蹟，似僅見於員興宗《九華集》卷二十一《左奉議郎致仕貟公墓誌銘》，此墓誌乃員興宗爲員安宇之孫員南圭所撰。墓誌銘撰者員興宗，字道顯，號九華，南圭從子，紹興二十七年進士。其文曰：

> 員氏自唐半千，而次咸有代，序具家牒，興宗鼻祖任城令君，諱延，稟資夷澹，嘗習道論於陳圖南所。圖南者，高世士所謂希夷先生者也。希夷爲人，師友造化，草芥視諸公貴人者。一見任城，遇之謹，每謁入，任城未嘗不趨風而庭，執禮恭甚。最後告歸蜀，圖南出一編書遺之曰：子誠去我矣乎？我亦有以遺子矣。子勉之，無病員宗之無人，員宗有人焉，子率禮而不越，韜德而不耀，是不三世，子孫其殆有興者，興則衣冠世鼎鼎矣，是書所以志也。任城因避席再拜，敬承其遺以去。徐回，發其書，蹤跡之古方書也。任城竟老於三嵎以死。死二世，生曾伯祖，諱安輿，次諱安宇，皆以學自力，登進士第。而安輿者，字文饒，詞最高偉，大儒蘇洵明允、文同與可，皆與之定交。此兩人者，立名天下，於世無所推，第獨敬尚文饒甚備。與可嘗曰：文饒樂府高處，當苗裔騷人，抗衡張籍，何乃今人也！當時通人，稱謂其嚴類此。官終屯田員外郎。子子思，亦第進士。安宇終朝奉大夫，知眉州。眉州生石，石生公，公諱南圭，德溫其字也。

又員興宗《九華集》卷二十一有《夫人員氏墓誌銘》，據此墓誌可知，員安輿曾孫女員氏（1109～1156），適眉山孫書言，紹興二十六年卒，年四十八。此墓誌曰：

> 至予曾伯祖安輿、安宇，聯第進士，而三嵎之員滋大。安輿者，字文饒，才茂異常，與西州處士蘇洵、張愈少愚通書，周旋文誼。當是時，巴蜀學士深心翰墨者，莫不共高此三人。

由以上兩方墓誌可知，員安輿、員安宇兄弟二人爲員延之曾孫，祖居仁壽縣，二人同年考中進士。證之《四川通志．選舉志》「皇祐進士」之說，恰好相符。員安宇官終朝奉大夫，曾任眉州知州，然檢《眉州縣志》未載其名。《中華姓氏大典》引《古今姓氏書辯證．二仙》：「宋仁壽員安宗，太子中允；弟安輿，屯田員外郎。」〔註 36〕其中所謂「員安宗」顯係「員安宇」之誤。而且其稱「弟安輿」者，亦將員氏兄弟二人的年紀大小搞反了。至於《古今姓氏書辯證》所稱員安宇曾任「太子中允」之職，亦不知何據。員氏兄弟二

〔註 36〕巫聲惠編《中華姓氏大典》，河北人民出版社 2000 年，第 147 頁。

人中以其兄員安輿文名較著，曾與蘇洵、文同、張愈交好。據許肇鼎《宋代蜀人著作存佚錄》，員安輿存詩一首《失題》:「國初吾鄉民，萬戶一逢掖。蓋自咸平後，俊髦始接跡。」收入《宋詩紀事補遺》卷十三。存文一篇，收入《宋代蜀文輯存》卷三十三。〔註 37〕《全宋文》卷九三八收錄其《靈泉縣石門院石像記》。員安輿，字文饒，而員安宇之字則不可考矣。

二、宋代杜詩輯佚成績最大的學者

「二王本」《杜工部集》(即《宋本杜工部集》) 共收杜詩 1405 首，此後宋人對杜詩的輯佚工作取得了很大成績，至蔡夢弼《杜工部草堂詩箋》收杜詩已達 1456 首，這多出的 51 首杜詩，多數是由宋人裴煜、員安宇、吳若、趙次公、卞圜等人補輯所得。其中裴煜補輯 5 首，員安宇 27 首，吳若 7 首，趙次公 1 首，卞圜 2 首 (此外尚有數首爲他集互見詩)。可見在宋代的杜詩輯佚過程中，員安宇取得的成績最大，所收散佚杜詩數量居諸家之冠。

員安宇補輯的 27 首杜詩，即《逃難》、《寄高適》、《送靈州李判官》、《與嚴二郎奉禮別》、《巴西驛亭觀江漲呈竇使君二首》、《遣憂》、《早花》、《巴山》、《收京》、《巴西聞收宮闕送班司馬入京》、《花底》、《柳邊》、《送竇九歸成都》、《贈裴南部聞袁判官自來欲有按問》、《奉使崔都水翁下峽》、《題郪縣郭三十二明府茅屋壁》、《遣悶戲呈路十九曹長》、《隨章留後新亭會送諸君》、《東津送韋諷攝閬州錄事》、《客舊館》、《閬州奉送二十四舅使自京赴任青城》、《愁坐》、《陪鄭公秋晚北池臨眺》、《去蜀》、《放船》、《哭台州鄭司戶蘇少監》。

以目前的材料來看，宋代杜集中最早吸收員安宇杜詩輯佚成果的是吳若本《杜工部集》，吳若本原本今已不傳，然錢謙益《錢注杜詩》以之爲底本，尚能存吳若本之大致面貌。《錢注杜詩》卷十八「附錄」曰:「右二十七篇，朝奉大夫員安宇所收。」〔註 38〕此後的杜集版本如佚名《分門集注杜工部詩》、郭知達《新刊校定集注杜詩》、題王十朋《王狀元集百家注編年杜陵詩史》、蔡夢弼《杜工部草堂詩箋》等均收錄了員安宇所輯杜甫逸詩。

三、員安宇所補輯 27 首杜詩考論

員安宇能夠於「二王本」《杜工部集》之外補輯出這麼一大批詩歌，對

〔註 37〕許肇鼎《宋代蜀人著作存佚錄》，巴蜀書社 1986 年，第 434～435 頁。
〔註 38〕錢謙益《錢注杜詩》，上海古籍出版社 1979 年，第 649 頁。

杜詩的輯佚可謂居功至偉。那麼對這些詩歌的來源、眞僞及其與早期杜集的流傳等問題，值得我們進行深入思考。首先，員安宇補輯詩歌的文獻來源是什麼？細檢員安宇所輯出的這 27 首杜詩可以發現，除了《逃難》、《送靈州李判官》、《遣悶戲呈路十九曹長》、《去蜀》、《放船》（「收帆下急水」）5 首外，其餘 22 首詩的作年均非常接近，都作於寶應元年（762）春至廣德二年（764）冬之間，其中作於廣德元年的詩作數量最多，斯時杜甫正漂泊於梓州、閬州、綿州一帶。這種情況似乎表明，員安宇所輯 27 首杜詩極有可能是杜甫流寓梓、閬時所作部分詩歌的結集傳本。由於受到流傳地域偏僻的局限，這個傳本一直沒被發現，直至宋初員安宇才輯出並被補入杜集。而員安宇爲仁壽人，仁壽縣今屬眉山市，距離杜甫活動的成都、梓州、閬州、綿州等地均不算遠，故能將這組杜詩較爲完整地保存下來。另外，杜甫廣德元年（763）秋在梓州作有《送陵州路使君之任》曰：「王室比多難，高官皆武臣。幽燕通使者，岳牧用詞人。國待賢良急，君當拔擢新。佩刀成氣象，行蓋出風塵。戰伐乾坤破，瘡痍府庫貧。眾僚宜潔白，萬役但平均。霄漢瞻佳士，泥塗任此身。秋天正搖落，回首大江濱。」陵州的治所即在今四川仁壽縣。據《舊唐書・地理志四》，陵州爲北周閔帝元年（557）置，隋代改稱隆山郡。唐武德元年（618），改爲陵州，治仁壽（今屬四川）。天寶元年，改陵州爲仁壽郡。乾元元年，復爲陵州。唐代陵州轄境相當於今四川新津南部、彭山、仁壽、青神、井研等縣市。考慮到杜甫此詩與仁壽縣的關係甚大，我們也許可以作這樣的聯想和推測：路使君此次途經梓州去仁壽縣上任，除了得到杜甫的一首贈詩之外，很有可能順便將當時杜甫篋中一部分詩稿抄錄並攜往仁壽。這組杜詩此後在仁壽地區被單獨保存並秘密流傳，與陵州路使君有較大關係。後來南宋的周紫芝亦曾輯出 28 首杜詩，與員安宇所輯篇目基本相同，這也進一步證明這組杜詩有可能是一個相對獨立的單元和結集。那麼作於永泰元年（765）的《去蜀》、《放船》，作於大曆二年（767）春的《遣悶戲呈路十九曹長》出現在這組詩歌中又該如何解釋呢？這幾首詩或許是後人在路使君所編杜詩小集的基礎上繼續搜錄所得，因爲這個小的杜詩傳本在宋初員安宇輯出之前在仁壽等地區已經流傳了近三百年，故而在流傳中又出現了篇目增益的現象。

此外，員安宇所輯杜詩對於《逃難》詩的作年問題也有一定的參考意義。杜甫《逃難》詩曰：「五十白頭翁，南北逃世難。疏布纏枯骨，奔走苦不暖。

已衰病方入，四海一塗炭。乾坤萬里內，莫見容身畔。妻孥復隨我，回首共悲歎。故國莽丘墟，鄰里各分散。歸路從此迷，涕盡湘江岸。」仇兆鼇曰：「末云『涕盡湘江岸』，當是避臧玠之亂而作。」〔註39〕仇氏據詩末「涕盡湘江岸」，認爲此詩乃大曆五年（770）四月避臧玠之亂時作，時杜甫正攜家乘舟逃往衡州（今湖南衡陽）。然而大曆五年杜甫已經五十九歲，何以詩中僅稱「五十白頭翁」呢？故王嗣奭以爲此詩乃杜甫在蜀避亂時作，《杜臆》曰：「代宗上元二年，公五十，時東川節度使段子璋反，崔光遠牙將花敬定斬之，而兵不戢，遂大掠，故公率妻子而逃。始則京師亂而逃蜀，既自北而南。今南又亂而逃，故云『南北逃世難』。」〔註40〕王嗣奭的上元二年（761）說，雖比之仇兆鼇的大曆五年說更爲合理，然亦不確。觀詩中「疏布纏枯骨，奔走苦不暖」之句，似作於秋冬之際。而據史書，上元二年四月，梓州副使段子璋謀反，以兵攻東川節度使李奐，李奐戰敗，奔成都。段子璋佔據綿州，自稱梁王，改元黃龍，以綿州爲安慶府，置百官，後又攻陷劍州，蜀中一片大亂。五月，高適率州兵隨同西川節度使崔光遠攻下綿州，斬段子璋。崔光遠的牙將花驚定恃勇，大掠東蜀。可見此次段子璋之亂發生在上元二年四、五月間，與詩中的秋冬時令並不相符。且此次戰亂主要發生在梓州、綿州一帶，並未殃及成都，杜甫其實並未曾離開成都逃難。由於存在以上的種種矛盾，甚或有人疑其爲僞作，如朱鶴齡曰：「按：公在湘江，雖嘗以避臧玠亂入衡州，然『故國丘墟』、『鄰里分散』等語，於事情不類，且全詩詞旨凡淺，斷非眞筆。」〔註41〕其實眾多宋本杜集中均收錄此詩，又怎麼能武斷地認定它爲贗作呢！倘若我們認可員安宇所輯27首杜詩乃杜甫生前編成的小集，則其作年斷不會在大曆五年（770），也非上元二年（761），此詩應與員安宇所輯其它大多數詩歌一樣作於寶應元年（762）至廣德二年（764）之間。檢杜甫年譜，寶應元年七月，嚴武離開成都入朝，劍南兵馬使徐知道作亂，杜甫乃流寓梓、閬間，他曾於秋末回成都迎家至梓州。是年杜甫五十一歲，與詩中「五十白頭翁」之語亦屬大致相合；況且杜甫此次離開成都確係逃難，又有妻子陪伴，與詩中「妻孥復隨我」之語亦相合；從時間上看，因此次逃難係秋末冬初，天氣寒冷，與詩中「疏布纏枯骨，奔走苦不暖」等語亦相吻合。故《逃難》

〔註39〕仇兆鼇《杜詩詳注》卷二十三，中華書局1979年，第2073頁。
〔註40〕王嗣奭《杜臆》卷五，上海古籍出版社1983年，第186頁。
〔註41〕朱鶴齡《杜工部詩集輯注》卷二十，河北大學出版社2009年，840頁。

一詩作於寶應元年秋末的可能性較大，其歷史背景應是徐知道之亂。可見，明乎員安宇所輯杜詩的整體性及作年的連續性和密集性，對杜詩編年的確定亦有重要的參考價值。

第三節　論杜詩校勘史上的「以意改字」現象
——以宋代杜詩校勘學爲中心

由於歷史的原因，杜詩在流傳過程中出現了數量龐大的異文〔註 42〕。而宋代的杜詩注家們在注釋杜詩的時候，往往要選擇其中的一種作爲底本正文，因此辨別杜詩字句的異文，就越來越受到注家的重視。不過眾多注家對杜詩異文一般還是採取兩存的辦法，讓讀者自行比較判斷其優劣，如王琪《杜工部集後記》曰：「義有兼通者，亦存而不敢削，閱之者固有深淺也。」〔註 43〕這無疑是尊重杜詩文本、避免主觀臆斷的妥善方法。但是也有很多注家在辨別異文眞僞、衡量優劣的過程中，開始出現以意改字的傾向，這成爲杜詩校勘史上極爲獨特的一種現象。本書即擬對這種詩學現象進行闡釋分析，並試圖總結其產生的原因與文化背景。

一、杜詩校勘史上「以意改字」的具體表現形式

（一）異文眾多，歸於一是

王安石是宋代較早對杜詩異文進行辨析之人，《苕溪漁隱叢話》前集卷九引《蔡寬夫詩話》云：「今世所傳子美集，本王翰林原叔所校定，辭有兩出者，多並存於注，不敢徹去。至王荊公爲《百家詩選》〔註 44〕，始參考擇其善者，定歸一辭。如『先生有才過屈宋』，注：『一云先生所談或屈宋』，則捨正而從注。『且如今年冬，未休關西卒』，注：『一云如今縱得歸，休爲關西卒』，則刊注而從正本。若此之類，不可概舉。其采擇之當，亦固可見矣。惟『天闕象緯逼，雲臥衣裳冷』，『闕』字與下句語不類；『隅目青熒夾鏡懸，肉騣碨礧連錢動』，『肉騣』於理若不通。乃直改『闕』作『閱』，改

〔註 42〕據郭在貽《杜詩異文釋例》（《草堂》1982 年第 2 期）統計，杜詩異文多達 3500 餘條。

〔註 43〕張元濟《續古逸叢書．宋本杜工部集》，江蘇古籍出版社 2001 年，第 344 頁。

〔註 44〕按：王安石《唐百家詩選》中並未選杜詩，而據《直齋書錄解題》著錄，王安石另選有《四家詩選》，專選杜、韓、歐、李四家。

『駿』作『鬃』，以爲本誤耳。」〔註 45〕王安石將「二王本」中並存未刪的異文通過辨析後定歸一辭，本無可厚非。不過而在異文酌定的過程中，他並未僅僅限於擇善歸一，有時甚至進行沒有任何文獻版本依據的臆改，可謂開杜詩校勘史上以意改字的先河。如上述校例中《驄馬行》的「肉駿」，王安石覺得「於理若不通」，便徑改爲「肉鬃」，然宋本《杜工部集》實作「肉騣」，杜田《補遺》稱吐蕃有馬，名「肉騣馬」，則「肉駿」或爲「肉騣」訛寫所致，可見王安石的徑改是沒有道理的。又如《鐵堂峽》「壁色立積鐵」之「積鐵」，王安石徑改作「精鐵」。其實檢宋代的杜集，從「二王本」開始，諸家注本中均未見「積」字有作「精」字者，王安石的臆改並沒有任何文獻依據。再如《秋雨歎三首》其二「闌風長雨秋紛紛」，「長」字下，《錢注杜詩》卷一注云：「去聲，一作『伏』，荊公作『仗』。」〔註 46〕仇兆鼇《杜詩詳注》卷三作「闌風伏雨」，謂：「荊公本作『仗雨』，當即『伏』字之訛。」〔註 47〕胡仔《苕溪漁隱叢話》曰：「《東皐雜錄》云：杜詩『闌風伏雨秋紛紛』，『伏』乃『仗』字之誤，闌珊之風，冗仗之雨也。苕溪漁隱曰：《世說》王忱求簟於王恭，恭曰：『丈人不悉恭，恭作人無長物。』則冗長用此『長』字爲是，《集韻》去聲與仗字同音，杜詩舊本作『長雨』。」〔註 48〕楊建國指出，「長」字讀去聲，「殆因音同而誤作『仗』，繼由形似再誤作『伏』。」〔註 49〕不過應該承認，王安石對杜詩校勘雖有上述臆改的毛病，有時態度還是審慎的，王欽臣《王氏談錄》中就記載了這樣的例子：「公言校書之例，它本有語異而意通者，不可取信。蓋不可決謂非昔人之意，俱當存之。但注爲『一云、一作』（二字已上謂之一云，一字謂之一作）。公自校杜甫詩，有『草閣臨無地』之句，它本又爲荒蕪之蕪，既兩存之。它日有人曰：爲『無』字以爲無義，公笑曰：《文選》云：『飛閣下臨於無地』，豈爲無義乎？」〔註 50〕《草閣》詩首句有「蕪地」和「無地」兩種異文，因其中「無地」難解，於是有人主張刪去這條異文而獨取「蕪地」，王安石指出，「無地」出自《文選・王

〔註 45〕胡仔著、廖明德校點《苕溪漁隱叢話》，人民文學出版社 1984 年，第 59 頁。
〔註 46〕錢謙益《錢注杜詩》卷一，上海古籍出版社 1979 年，第 13 頁。
〔註 47〕仇兆鼇《杜詩詳注》，中華書局 1979 年，第 218 頁。
〔註 48〕胡仔著、廖明德校點《苕溪漁隱叢話》後集卷八，人民文學出版社 1984 年，第 467 頁。
〔註 49〕楊建國《〈全唐詩〉一作校證集稿》，山東教育出版社 1997 年，第 33 頁。
〔註 50〕王欽臣《王氏談錄》，臺灣商務印書館 1986 年《影印文淵閣四庫全書》本，第 583 頁。

巾〈頭陀寺碑〉》：「飛閣逶迤，下臨無地。」作爲「精熟文選理」的杜甫這裡顯然是用《頭陀寺碑》中的語典，而淺人難識。倘若眞改爲「蕪地」，反而會降低杜詩的藝術水準，應該說王安石這則校例是相當高明和精彩的。有論者指出，唐詩異文中用非典故異文替換典故異文是一種「集體無意識」的文化減負活動〔註 51〕。而我們看到在杜詩校勘學中的情況往往正好相反，這是由於宋人秉持「杜詩無一字無來歷」的觀念，在校勘杜詩時往往肯定那些有典故含量的異文，而拋棄那些沒有出處的異文，這恰恰體現了宋代杜詩校勘學的獨特性。

宋代的蔡興宗和趙次公也是辨析杜詩異文用力較多的學者，周紫芝《竹坡老人詩話》謂：「東萊蔡伯世作《杜少陵正異》，甚有功，亦時有可疑者。如『峽雲籠樹小，湖日落船明。』以『落』爲『蕩』，且云非久在江湖之間者，不知此字之爲工也。以余觀之，不若『落』字爲佳耳。又『春色浮山外，天河宿殿陰。』以『宿』爲『沒』字，『沒』字不若『宿』字之意味深遠甚明。」〔註 52〕「峽雲」一聯出自《送段功曹歸廣州》，「春色」一聯出自《望牛頭寺》。上述異文，在宋本《杜工部集》中均已出現，蔡興宗試圖通過辨析，擇定其一爲正。不過由於個人趣味、藝術感覺、詩學宗尚等方面的差異，其辨析並不能獲得學界一致的贊同，如周紫芝就不同意蔡興宗的結論。除了將異文擇善歸一的努力外，蔡興宗和趙次公校勘杜集亦以改字著稱。宋晁公武《郡齋讀書志》曰：「近時有蔡興宗者，再用年月編次之；而趙次公者，又以古律詩雜次第之，且爲之注，兩人頗以意改定其誤字云。」〔註 53〕汪應辰《書少陵詩集正異》對蔡書評曰：「此書詮次先後，考索同異，亦已勤矣。世傳杜詩，往往不同，前輩多兼存之，今皆定從某字，其自任蓋不輕矣。詩以氣格高妙、意義精遠爲主，屬對之間，小有不諧，不足以累正氣。今悉遷就偶對，至於古詩亦然，若止爲偶對而已，似未能盡古人之意也。『千金買馬鞭，百金裝刀頭』，言其服用之盛爾。『故鄉歸不得，地入亞夫營』，言故鄉方用兵爾。今悉以他本改作『馬鞍』、『故園』，固未知其孰是。其說則云：若千金買鞭，以物直校之，非也。若故鄉爲營，則營亦大矣。此等去取，非所謂不以辭害意也。

〔註 51〕楊冰郁《文化學視角下的唐詩典故異文》，《社會科學家》2007 年第 6 期。
〔註 52〕周紫芝《竹坡老人詩話》，何文煥《歷代詩話》，中華書局 1981 年，第 340 頁。
〔註 53〕晁公武著、孫猛校證《郡齋讀書志》卷十七，上海古籍出版社 1990 年，第 857 頁。

律詩全篇，屬對固有此格，非盡然也。如『宓子彈琴邑宰日，終軍棄繻英妙時』、『黃峽峽西船不歸，赤甲山下行人稀』，皆律詩第一聯也，今改作『年妙』、『人行』，以就偶對。若他本不同，定從其一，猶不爲無據。此直以己意所見，徑行竄定，甚矣其自任不輕也！」〔註 54〕汪氏提出應審慎對待杜集異文的多種情況，最好以「兼存」的方式處理，並對蔡氏輕改文字的做法提出尖銳質疑。不過蔡興宗等人對杜詩異文的這種校勘方法，在宋代產生了較大影響。朱熹《朱子語類》云：「杜詩最多誤字，蔡興宗《正異》固好，而未盡。某嘗欲廣之，作《杜詩考異》，竟未暇也。」〔註 55〕朱熹認爲蔡興宗《正異》尚未能對杜詩全部異文進行校訂，故欲在其基礎上完成一部更爲全面《杜詩考異》。應該指出的是，從王安石、蔡興宗、趙次公到朱熹等人欲將杜詩異文歸於一是的做法，雖一直受到歷代嚴謹注家的鄙薄與反對。但是面對眞贗錯雜、訛誤並存的杜集，校勘者必然會產生其中必有一誤的懷疑和判斷，因此也都難以抑制住核訂異文的衝動，其學術思想是可以理解的，所以我們看到杜詩學史上延續這種校勘傾向的學者一直代不乏人，如明代趙統曰：「諸舊本各題下詩字之不同者，今但以意自定，爲取其一，不爲並列。如他有所眞知其爲倒訛者，各與改正。」〔註 56〕其論與宋人的將異文定從某字的想法並無二致。清代的李以峙亦曾有過類似朱熹《正異》那樣的想法，杭州圖書館藏李以峙手批仇兆鼇《杜詩詳注》曰：「杜集流傳，字多互異，近代善本，首推仇注，列其異同，間加辯論，然是正尚少，正矣而義或未盡，吟諷之下，其無間要妙者，不妨並存。若意義有顯乖，音節有失諧，誦之每不安於心，推原其故，訛於形聲相近者十之七，淆於後人臆改者十之三。不揣謬妄，爲之辯證，不敢襲朱子之『正異』，而易名曰訂，愚者千慮，豈無一得，倘遇其人，或不視爲覆瓿也。」然而對杜集異文斷以己意、歸於一是的做法，竟讓人始料不及地開了臆改杜詩底本的先河，造成了自「二王本」出現以來，首次由於人爲主觀因素的摻入而導致杜詩新的異文的出現。不僅由此拉開宋代杜詩校勘學的序幕，也對後世杜詩校勘學的發展從正反兩方面都產生了深

〔註 54〕汪應辰《文定集》卷十，臺灣商務印書館 1986 年《影印文淵閣四庫全書》本，第 679 頁。
〔註 55〕朱熹《朱子語類》卷一百四十，中華書局 1986 年，第 3327 頁。
〔註 56〕趙統《杜律意箋・凡例》，《四庫全書存目叢書》集部第 4 冊，齊魯書社 1997 年，第 468～469 頁。

遠影響。

（二）難以解釋，改字以通

杜集中的有些文字從字面意義上來看難以解通，因此歷代注家往往希望通過改字得出相對合理的解釋。如《大曆三年春白帝城放船》中有「五雲高太甲，六月曠摶扶」一聯，向爲注釋難點，杜詩學史上對這兩句典源和涵義的研討和探索可爲窮極苦心，特別是上句「五雲高太甲」，歷代注家更是眾說紛紜。或許正因爲文本的如此難解，宋代的嚴羽不禁萌生了改字以通的想法，《滄浪詩話·考證》云：「杜詩『五雲高太甲，六月曠摶扶。』『太甲』之義，殆不可曉，得非『高太乙』耶？『乙』與『甲』蓋亦相近，以星對風，亦從其類也。」〔註 57〕因「太甲」之義難以考證明白，故嚴羽將「太甲」徑改爲「太乙」，以便解釋出典。因爲「太乙」是星名，以之對「摶扶」（即飀風），從對仗的角度看，倒還算工整。不過從嚴謹校勘的角度來講，嚴羽爲求通順詩意而毫無根據地改字，則斷不可從。又如《八哀詩·故著作郎貶台州司戶滎陽鄭公虔》「薈蕞何技癢」，「技癢」，蔡夢弼《杜工部草堂詩箋》作「枝癢」。其實作「枝癢」從意義上是難以解釋的，而「技癢」則可以流暢地解釋詩意，故錢謙益指出：「《射雉賦》：徒心煩而技癢。徐爰注曰：有技藝欲逞，曰技癢。草堂本或作『枝癢』，誤。」〔註 58〕再如《陪章留後侍御宴南樓得風字》「鼓角滿天東」，「滿」，宋本一作「漏」。《朱子語類》云：「蜀有漏天，以其西北陰盛常雨，如天之漏也。故杜詩云『鼓角漏天東』，後人不曉其義，遂改爲『滿』字。」〔註 59〕將「漏天」改爲「滿天」固然使詩意變得曉暢，然卻失去了「天漏」的文化內涵，若眞是校勘者有意爲之，確也可算是一種「文化減負」吧。又如《奉贈韋左丞丈二十二韻》「白鷗沒浩蕩，萬里誰能馴。」「沒」一作「波」。方深道《諸家老杜詩評》云：「杜子美云『白鷗沒浩蕩，萬里誰能馴』，蓋滅沒於煙波間爾。而宋敏求謂予：鷗不解沒，改作『波』字。改此字，覺一篇神氣索然也。」〔註 60〕郭在貽先生認爲此處的異文難以定其是非，但他又說：「然以語法規律斷之，應以

〔註 57〕嚴羽著、郭紹虞校釋《滄浪詩話》，人民文學出版社 1983 年，第 241～242 頁。
〔註 58〕錢謙益《錢注杜詩》卷七，上海古籍出版社 1979 年，第 212 頁。
〔註 59〕朱熹《朱子語類》卷一百四十，中華書局 1986 年，第 3327 頁。
〔註 60〕方深道《諸家老杜詩評》卷二，張忠綱《杜甫詩話六種校注》，齊魯書社 2002 年，第 27 頁。

作沒爲允，若作波，則此句便缺少了謂語，不可通。」〔註 61〕所論甚是，可見宋敏求改「沒」作「波」也屬於失敗的臆改。杜甫同詩還有「騎驢三十載，旅食京華春」之句，盧元昌《杜詩闡》云：「『騎驢三十載』當是『騎驢十三載』，時公年未四十。」〔註 62〕盧氏將「三十」校改爲「十三」，其實並沒有任何版本依據，自宋迄清初的杜集各版本均作「三十」，並無「十三」的異文。但是盧氏的理校法是基於生活常理進行的推斷，此詩作於天寶九載，杜甫時年三十九，照說是不可能已經在京華「騎驢三十載」的，這就是盧氏改動杜詩底本的理由和根據。然而杜詩以用典繁密著稱，若從用典的角度來看，此詩顯然是化用陶淵明《歸園田居》「誤落塵網中，一去三十年」之語典，故「三十載」之意豁然可通，如此我們再反觀盧元昌的徑改，也就明曉其草率之處了。可見我們對杜詩異文進行理校，不可臆斷和偏執。然而即使以校勘嚴謹著稱的仇兆鼇《杜詩詳注》中，亦隨處可見臆改的例子，如《季秋蘇五弟纓江樓夜宴崔十三評事韋少府侄三首》其三末句，仇注作「百過落烏鴉」，宋本原作「百過落烏紗」。「烏鴉」與「烏紗」，僅一字之別，詩意卻大大不同。從字面來看，「百過落烏紗」似令人費解。仇注曰：「別本作『百過落烏紗』，言月移百度，照於紗帽，其說終曲。」那麼改成「百過落烏鴉」後，詩意又作何解釋呢？仇注曰：「烏鴉百過，月下久坐也。」〔註 63〕針對仇氏此解，鄧紹基指出：「月下久坐見鴉百過，卻和江樓夜宴笑舞熱鬧的場面不合，仇釋也就缺乏說服力。」〔註 64〕因此仇氏的臆改，是存有很大疑問的。又如《乾元中同谷縣作歌七首》其一「歲拾橡栗隨狙公」之「歲拾」，歷代版本並無異文，然「歲」字稍難解，清施鴻保便懷疑當作「饑拾」，其云：「『歲』字疑誤，公自秦州來同谷，未及一月，何以云歲？云歲，且若累歲矣。或云他本作『饑』，當是。」〔註 65〕施鴻保的懷疑和盧元昌一樣也無任何版本依據，雖看似有理，實則有誤。杜詩這裡的「歲」指歲暮，因爲下文有「天寒歲暮」之文，故可以從後省略，兼以避重，這是老杜的習慣做法。蕭滌非先生指出：「舊詩因受字數限制，往往使用從上文或下文而省的

〔註 61〕郭在貽《杜詩異文釋例》，《草堂》1982 年第 2 期。
〔註 62〕盧元昌《杜詩闡》卷一，黃永武《杜詩叢刊》，臺灣大通書局 1974 年。
〔註 63〕仇兆鼇《杜詩詳注》卷二十，中華書局 1979 年，第 1777 頁。
〔註 64〕鄧紹基《杜詩別解》，《學林漫錄》第四輯，中華書局 1981 年，第 230 頁。
〔註 65〕施鴻保《讀杜詩說》卷八，中華書局 1962 年，第 77 頁。

手法，必須合看，不能孤立作解。如杜《昔遊》詩『昔者與高李，晚登單父臺。』觀下文『寒蕪』、『清霜』諸句，知所謂『晚』，實指歲晚，亦因字數所限而略去歲字。」〔註 66〕蕭先生採用「以杜證杜」的方法說明杜詩的創作規律，故此「歲」字乃從後省略，斷不可改作「饑」，其論可稱定讞。劉鳳誥《杜工部詩話》云：「讀書有義未通而輒改字者，最學者大病也。」〔註 67〕誠為知言。宋代以來的杜詩校勘不乏類似上述那樣輕改致敗的校例，都是值得引以為戒的。毛春翔《古書版本常談》云：「校書未見善本，萬不可憑一己之見，亂改古書；即幸而猜中，也不可為訓。」〔註 68〕王利器先生也指出：「理校於萬不得已時，乃慎重出之，必須義據兼賅，始能還原古書本來面目，所謂『使古人見之，必曰我固如此』者也。切不可臆逞自恣，強古人以就我。」〔註 69〕此實為中肯不易之論，校勘者於斯不可不慎。

（三）從杜詩的創作規律出發，判定異文真偽

也有校勘者試圖從杜詩的藝術水準和創作規律出發，判定異文眞僞。這種理校法的初衷雖屬可取，但是限於個人藝術感覺的高低以及對杜詩藝術規律的熟悉程度，往往在判定正訛時產生偏差。如羅大經《鶴林玉露》引葉夢得云：「杜工部詩，對偶至嚴，而《送楊六判官》云：『子雲清自守，今日起為官。』獨不相對，竊意『今日』字當是『令尹』字傳寫之訛耳。」〔註 70〕葉夢得認為此聯「子雲」與「今日」對仗不工整，因此將「今日」臆改為「令尹」，以求對仗工穩。其實杜詩次聯乃是借對，羅大經已指出：「此聯之工，正為假『雲』對『日』，兩句一意，乃詩家活法。若作『令尹』字，則索然無神，夫人能道之矣。且送楊姓人，故用子雲為切題，豈應又泛然用一令尹耶？如『次第尋書箚，呼兒檢贈篇』之句，本是假以『第』對『兒』，詩家此類甚多。」〔註 71〕雖然葉夢得試圖從對仗的角度匡正杜詩字句，但由於不知杜甫擅用借對，故其臆改的謬誤是顯而易見的。又如《梅雨》「湛湛長江去，冥冥

〔註 66〕蕭滌非《杜甫詩選注》，人民文學出版社 1998 年，第 136～137 頁。
〔註 67〕劉鳳誥《杜工部詩話》卷五，張忠綱《杜甫詩話六種校注》，齊魯書社 2002 年，第 256 頁。
〔註 68〕毛春翔《古書版本常談》，中華書局上海編印所 1962 年，第 87 頁。
〔註 69〕王利器《杜集校文釋例（下）》，《西北大學學報》1980 年第 3 期。
〔註 70〕羅大經《鶴林玉露》乙編卷四，中華書局 1983 年，第 194 頁。
〔註 71〕同上。

細雨來。」明董斯張云：「僕以爲『去』字必誤，湛湛江水，並《招魂》所云『目極千里傷春心』也。若夏雨時，那得有晴春湛湛之色！『去』字定作『失』字。次聯云：『雲霧密難開』，可見大江失其湛湛矣。」〔註 72〕唐元竑《杜詩攟》駁曰：「《梅雨》詩：『湛湛長江去，冥冥細雨來。』佳在『去』字。董遐周欲改『去』爲『失』，豈有此理！詩須看全首氣格，須看本句對法，最不宜強爲之說。」〔註 73〕所論甚是。談遷《棗林雜俎》云：「鐸手閱杜子美集，嘗見其《冬深》詩『花葉遂天意』，改『因』字。以頷聯『早霞隨類影』，又一『隨』字也。《九日藍田崔氏莊》『羞將短發還吹帽，笑倩旁人爲正冠』，以『帽』犯『冠』，改作『雪』。」〔註 74〕王鐸又從避免重音重意的角度校改杜詩，也是毫無文獻根據的主觀臆改，難免膠杜鼓瑟之譏。又如《王兵馬使白黑二鷹》其二頷聯「在野只教心力破，千人何事網羅求？」其中的「千」字，宋本《杜工部集》並無異文。《錢注杜詩》云：「晉作『干』，或作『于』。」〔註 75〕稱晉者，指五代晉之開運二年官書本。王士禛《池北偶談》指出：「『于』字，恐無義；『千』字對上句『在』字，亦未切。」〔註 76〕他除了舉出杜牧詩「自滴階前大梧葉，干君何事動哀吟」、南唐李璟戲馮延巳云：「吹皺一池春水，干卿何事」諸語之外，還在《香祖筆記》中引了《舊唐書．玄宗本紀》明皇叱金吾將軍武懿宗的話：「吾家朝堂，干汝何事？敢迫吾騎從」，以證「干」字自有出處〔註 77〕。應該說王士禛的辨析充分考慮到了典故出處和對仗等因素，見出「干」字確有強於底本「千」字之處，因此這樣的校勘才顯得更具說服力。

（四）改易底本，矇騙世俗

在杜詩校勘史上，還存在著一種更爲惡劣的傾向，即通過改易杜詩文本來欺世盜名，炫耀才華。如明代的楊慎《升菴詩話》卷十四曰：「松江陸三汀深語予：杜詩《麗人行》，古本『珠壓腰衱穩稱身』下有『足下何所著？紅渠

〔註 72〕董斯張著、袁華編纂《董斯張詩話》，吳文治《明詩話全編》，江蘇古籍出版社 1997 年，第 9013 頁。

〔註 73〕唐元竑《杜詩攟》卷二，黃永武《杜詩叢刊》，臺北：臺灣大通書局，1974 年。

〔註 74〕談遷《棗林雜俎》卷二《仁集》，《四庫全書存目叢書．子部 113 冊》，齊魯書社 1997 年，第 786 頁。

〔註 75〕錢謙益《錢注杜詩》卷十六，上海古籍出版社 1979 年，第 588 頁。

〔註 76〕王士禛《池北偶談》卷十三，中華書局 1982 年，第 313 頁。

〔註 77〕王士禛《香祖筆記》卷三，上海古籍出版社 1982 年，第 53 頁。

羅襪穿鐙銀』二句，今本亡之。」〔註 78〕楊慎聲稱古本杜集的《麗人行》於「頭上何所有？翠微㔩葉垂鬢脣。背後何所見？珠壓腰衱穩稱身」四句詩後，尚有「足下何所著？紅渠羅襪穿鐙銀」兩句。楊氏所稱古本，乃是僞託，實爲其自作聰明地將自己所作詩句妄自闌入杜詩。錢謙益已經明確指出：「徧考宋刻本，並無，知楊氏僞託也，今削正。」〔註 79〕仇兆鼇亦云：「今按：兩段各十句爲界限，添此反贅。」〔註 80〕可見楊慎僞託杜詩古本，添加二句，破壞了藝術對稱，反爲蕪累。丁福保《重編升菴詩話弁言》曰：「升菴淵通賅博，而落魄不檢形骸，放言好僞撰古書，以自證其說。如稱宋本杜集《麗人行》中有『足下何所有？紅渠羅襪穿鐙銀』二句，錢牧齋遍檢各宋本杜集，均無此二句……王弇州譏其求之宇宙之外，而失之耳目之前。」〔註 81〕楊慎上述所爲確實是一種惡劣的行徑，讀者若不能細查，極容易上當。如被仇兆鼇譽爲「最有發見」的王嗣奭《杜臆》竟云：「用修謂他本於『穩稱身』之下有『足下何所著，紅渠羅襪穿凳銀』，此眞不可少。《詩歸》從之。」〔註 82〕看來不僅王嗣奭被矇騙，連鍾惺也同樣上了楊慎的當。又如《蘇大侍御訪江浦賦八韻記異》，詩題和詩序中均言「賦八韻記異」，則原詩應爲八韻十六句，而現存僅七韻十四句，明顯在流播過程中刊落了兩句。郭沫若《李白與杜甫》便以狗尾續貂，續補了「殷殷金石聲，滾滾雷霆思」兩句，更是不足爲訓，堪作笑柄。〔註 83〕應該說像楊慎等人這樣掩耳盜鈴的情形在杜集校勘史上雖不多見，但確可算作臆改文本暗流的代表。其實杜集最早的編纂者王琪、王洙輩也不一定能脫得了臆改底本的嫌疑。如《江村》第七句，二王本作「多病所須唯藥物」句，而唐代樊晃《杜工部小集》作「但有故人分祿米」，對這句詩的異文的孰是孰非，歷代注家一直聚訟紛紛。洪業先生指出，《江村》詩第七句的異文，當以樊晃《小集》的「但有故人分祿米」爲正〔註 84〕。這是因爲清初李因篤提出了一個著名的詩律理論，認爲杜甫七律單句末字皆四聲換用。而「多病所須唯藥物」的「物」字，與第五句末的「局」字相犯；若換

〔註 78〕楊慎《楊慎詩話》，丁福保《歷代詩話續編》，中華書局 1983 年，第 922～923 頁。
〔註 79〕錢謙益《錢注杜詩》卷一，上海古籍出版社 1979 年，第 24 頁。
〔註 80〕仇兆鼇《杜詩詳注》卷二，中華書局 1979 年，第 158 頁。
〔註 81〕楊慎《楊慎詩話》，丁福保《歷代詩話續編》，中華書局 1983 年，第 634～635 頁。
〔註 82〕王嗣奭《杜臆》卷一，上海古籍出版社 1983 年，第 24 頁。
〔註 83〕郭沫若《李白與杜甫》，人民文學出版社 1971 年，第 372 頁。
〔註 84〕洪業《洪業論學集．再說杜甫》，中華書局 1981 年，第 430 頁。

作「但有故人分祿米」，「米」字則與第三句末的「燕」字不相犯，恰恰是符合李因篤的詩律理論的〔註 85〕。樊晃《杜工部小集》的這句異文，文獻產生時間既早，又符合後人總結出的杜詩創作規律，因此應是最接近杜詩原貌的，而宋本杜集中「多病所須唯藥物」這樣截然不同異文的出現，便非常値得懷疑。洪業先生推測道：「吾恐校訂《杜集》者，如王洙輩，或爲杜甫恥之，遂奮改其言。其實，杜甫早年奏牘自言『寄食友朋』，後在夔州亦說『主人柏中丞頻分月俸』。但有其事，不自掩諱也。」〔註 86〕若果如洪業先生所云，王洙、王琪這些杜集的最早編纂者，也極有可能是杜詩底本的最早篡改者。雖然從客觀來說，二王對杜詩文本的改易是出於使之更加完美的目的，而非後世那樣通過篡改以魚目混珠、欺世盜名，但畢竟開了此種惡劣做法的先河。

二、「以意改字」現象出現的原因與背景

（一）體現了杜集早期傳播過程中的隨意性

在「二王本」杜集定本出現之前，從唐五代以迄北宋初期，杜詩主要是以抄本和寫本的形式的流傳，張忠綱先生《杜集敘錄》便著錄了唐五代的十三種抄本，實際的數字當遠不止於此。由於寫本在傳播中需要多次抄寫謄錄，抄寫者的文化水準和藝術眼光的高低各不相同，勢必在輾轉眾手的過程中會出現大量訛誤，這使得早期杜集文本增加了很多的不確定性。晚唐高彥休《唐闕史》之《韋進士見亡妓》條載：「京兆韋氏子舉進士，門閥甚盛。嘗納妓於潞，顏色明秀，尤善音律，慧心巧思，眾寡其倫。韋曾令寫杜工部詩，得本甚舛缺，妓隨筆鉛正，文理曉然。」〔註 87〕連韋氏妓都能「隨筆鉛正」杜詩的舛缺之處，不僅說明了早期的杜集中有大量訛誤的存在，而且從中可見杜詩的校勘也存在著很大的主觀性和隨意性。胡仔《苕溪漁隱叢話》曰：「東坡云：南都王誼伯《書江濱驛垣》謂：子美詩，歷五季兵火，多舛缺奇異，雖經其祖父所理，尚有疑闕者。」〔註 88〕王琪《杜工部集後記》

〔註 85〕關於李因篤的杜詩校勘理論，其詳可參孫微《杜詩學文獻研究論稿》第四章第三節「杜詩校勘學的基本方法」，河北大學出版社 2010 年，第 132～133 頁。

〔註 86〕洪業《洪業論學集・再說杜甫》，中華書局 1981 年，第 430 頁。

〔註 87〕高彥休《唐闕史》卷下，鮑廷博《知不足齋叢書》，上海古書流通處 1921 年。

〔註 88〕胡仔著、廖明德校點《苕溪漁隱叢話》前集卷七，人民文學出版社 1984 年，第 39 頁。

曰：「近世學者，爭言杜詩，愛之深者，至剽掠句語，迨所用險字而模畫之，沛然自以絕洪流而窮深源矣。又人人購其亡逸，多或百餘篇，小數十句。藏去矜大，復自以為有得……子美博聞稽古，其用事非老儒博士罕知其自出，然訛缺久矣，後人妄改而補之者眾，莫之遏也。非原叔多得其真，為害大矣。」〔註 89〕面對墜逸過半的杜詩，宋人人自採摭，對杜集全本定本的需求就變得越來越迫切。《吳郡志》曰：「嘉祐中……時方貴杜集，人間苦無全書。琪家藏本，讎校素精，即俾公使庫鏤板，印萬本，每部直千錢，士人爭買之。」〔註 90〕由於文獻的難徵，首次刊刻的杜集定本才會讓人如此珍視，從此杜詩的校勘才開始擺脫了晚唐五代以迄宋初言人人殊的混亂局面。歐陽修的《六一詩話》還記載了這樣一則故事：「陳舍人從易……時偶得杜集舊本，文多脫誤，至《送蔡都尉》詩云：『身輕一鳥□』，其下脫一字。陳公因與數客各用一字補之，或云『疾』，或云『落』，或云『起』，或云『下』，莫能定。其後得一善本，乃是『身輕一鳥過』。陳公歎服，以為雖一字，諸君亦不能到也。」〔註 91〕蘇軾對此賦詩曰：「如觀老杜飛鳥句，脫字欲補知無緣。」〔註 92〕陳從易是個專事校勘的文人，參加過《冊府元龜》的編纂，當時很有文名。然而從上面的記載來看，要不是後來得到杜集善本，陳從易恐怕要真要將自擬之字校補入杜詩之中了。《宋史．陳從易傳》云：「坐嘗課校太清樓書，字非訛誤而從易妄判竄之，降直史館。」〔註 93〕可見妄改古書是他一貫的做法，並因此得罪，此公真可謂與校書共榮辱了。不過我們從校勘的角度可以看到，陳從易等人的補字校勘，是在沒有文獻依據的情況下進行的，因此他們只能採用臆補的方式以求得文本的完善。應該說，在杜集定本出現之前，人們面對眾多杜詩寫本和抄本的時候，難免會對缺訛殘損的杜集進行揣度和臆定，因而難免會出現這種妄改現象。即使在「二王本」編纂刊刻以後，這種校勘習慣仍被延續下來，這也體現了杜詩在早期傳播中的存在著很大的隨意性，是杜集文獻早期流傳過程中的一種必然現象。

〔註 89〕張元濟《續古逸叢書．宋本杜工部集》，江蘇古籍出版社 2001 年，第 344 頁。

〔註 90〕范成大著、陸振岳校點《吳郡志》卷六《官宇》，江蘇古籍出版社 1999 年，第 51～52 頁。

〔註 91〕歐陽修著、鄭文校點《六一詩話》，人民文學出版社 1983 年，第 7～8 頁。

〔註 92〕蘇軾《蘇軾詩集》卷十八，中華書局 1982 年，第 830 頁。

〔註 93〕脫脫《宋史》卷三百，中華書局 1985 年，第 9978 頁。

（二）宋代推尊杜詩的特殊文化背景影響

我們注意到，對杜詩的臆改現象雖然在每個時代都有體現，但出現最多，表現最爲突出的還是宋代。蘇軾《書諸集改字》云：「近世人輕以意改書，鄙淺之人，好惡多同，故從而和之者眾，遂使古書日就訛舛，深可忿疾。」〔註 94〕在這種臆改古書的熱潮中，杜集成爲校改的重點對象，歸根結底，這種現象還是反映了宋代文人對杜詩的重視和揣摩。在諸唐人詩集中，杜集的整理是宋人用力最勤的一部，這和當時的崇杜熱潮密切相關。胡仔《苕溪漁隱叢話》引《蔡寬夫詩話》曰：「景祐、慶曆後，天下始尙古文，於是李太白、韋蘇州諸人，始雜見於世。杜子美最爲晚出，三十年來學詩者，非子美不道，雖武夫女子皆知尊異之，李太白而下，殆莫與抗。」〔註 95〕葉適《徐斯遠文集序》云：「慶曆、嘉祐以來，天下以杜甫爲師。」〔註 96〕陳善《捫虱新話》曰：「老杜詩當是詩中六經，他人詩乃諸子之流也。」〔註 97〕鄒浩《送裴仲孺赴官江西序》曰：「杜子美放浪沅湘，窺九疑，登衡山，以搜天地之秘，然後發憤一鳴，聲落萬古，儒家仰之，幾不減六經。」〔註 98〕魏慶之《詩人玉屑》引敖陶孫《臞翁詩評》謂：「獨唐杜工部如周公製作，後世莫能擬議。」〔註 99〕因爲宋人認爲杜詩都是表達「周情孔思」的，可與六經相併論，杜甫是他們心目中的聖人，對杜甫及其詩歌的評價便成了「聖賢法言，非特詩人而已。」〔註 100〕在宋代「以杜爲經」的時代背景下，杜詩被尊爲等同於六經的崇高經典地位，有一字不能改易的美譽。話雖如此，宋人在校閱杜集時往往技癢難禁，對其中難以理解，或自認爲有訛誤之處徑行校改。既然杜詩乃是「聖賢法言」，用以垂教萬世，從而改易杜詩也就成爲副翼聖賢的雅事，文人從中可以獲得相當的滿足感和成就感，因此也造成

〔註 94〕蘇軾著、孔凡禮點校《蘇軾文集》卷六十七《東坡題跋》，中華書局 1986 年，第 2099 頁。

〔註 95〕胡仔著、廖明德校點《苕溪漁隱叢話》前集卷七，人民文學出版社 1984 年，第 145 頁。

〔註 96〕葉適《葉適集》卷十二，中華書局 1961 年，第 214 頁。

〔註 97〕陳善《捫虱新話》下集卷一，商務印書館 1957 年《叢書集成初編》本，第 55 頁。

〔註 98〕鄒浩《道鄉先生鄒忠公文集》卷二十七，《宋集珍本叢刊》第 31 冊，線裝書局，2004 年。

〔註 99〕魏慶之《詩人玉屑》卷二，上海古籍出版社 1978 年，第 19 頁。

〔註 100〕張戒著、陳應鸞箋注《歲寒堂詩話》卷上，四川大學出版社 1990 年，第 47 頁。

了宋代杜詩異文數量的激增。

（三）杜集刊定過程中商業色彩的體現

如前所述，早期杜集一直是以殘破的面目艱難流傳，文本中難免會摻雜校讀者的臆改成分。然而隨著「二王本」《杜工部集》的刊刻行世，北宋中葉以後崇杜尊杜高潮的來臨，杜集刊印的版本越來越多。至兩宋之交，已經湧現出數十種杜詩注本。到了南宋時期，更是出現了「千家注杜」的盛況。這個時期的杜集編纂者，面對杜詩大量異文的處理方法，與當時杜集刊刻的商業色彩也有很密切的關係。隨著雕版印刷業的興盛，巨大的市場需求使得備受關注的杜集被大量刊刻、翻印，甚或成爲童蒙讀物。書商出於逐利的目的，爲了迎合讀者的需要，網羅眾多以編書爲業的中下層文士，只以營利和效率爲目的，杜集刊印得既快且濫。這時的杜集編輯者已經無暇在異文校勘方面花費更多功夫，但是出於商品宣傳的考慮，又不能任由大量異文在自己刊印的杜集中的存在，致使讀者覺得無所適從。爲標榜自己所刊杜集爲校勘精良的「定本」，乾脆將眾多異文予以刪削、定歸一是，也就成了他們必然的選擇。而他們在改變杜詩異文兼存形式的同時，也不可避免地對杜詩文字進行了臆改。由於這種臆改一般並沒有文獻版本依據，往往是以校勘者的主觀好惡爲準，這就爲杜集的校勘帶來了新的變數。在宋代杜集改字風潮中名頭最響的蔡興宗和趙次公二人，在當時都是頗具影響力的杜集的編纂者與刊印者。應該說宋代臆改杜詩風潮與宋代急功近利的雕版印書業的興盛之間存在著較爲密切的聯繫，體現了當時文化氛圍的某些特性。不過應該指出的是，隨著杜集流傳的趨穩，對杜詩校勘的浮躁心態逐漸被廓除，後代學者們對異文的校勘又重新回歸到純學術的考量上來。如清初的杜詩注家們，基本都能夠做到從杜詩藝術水準出發，對杜詩異文的用字予以斟酌校訂。雖然他們偶然也有對杜詩異文任意去取的情形，但都沒有宋人那樣浮躁的商業色彩。如《鳳凰臺》「炯然無外求」句，《錢注杜詩》於「無」字下注曰：「《方輿》作『忘』。」〔註101〕仇兆鼇《杜詩詳注》正文亦作「炯然無外求」，也於「無」字下注曰：「《勝覽》作『忘』。」〔註102〕其實所有遍檢現存之宋本杜集，此句均作「炯然忘外求」，其中「忘」字並沒有「無」字之異文，而錢謙益、仇兆鼇對此並非不知，卻獨取「無」字爲正文，還勉強擡出本不足爲據的《方輿勝覽》爲

〔註101〕錢謙益《錢注杜詩》卷三，上海古籍出版社1979年，第104頁。
〔註102〕仇兆鼇《杜詩詳注》卷八，中華書局1979年，第691頁。

校改依據，應該是故意爲之的〔註 103〕。這也許是因爲錢謙益、仇兆鼇都覺得「炯然無外求」比之「炯然忘外求」從詩意上來說更勝一籌的緣故。但是他們故意掩蓋了眾多宋本中此句並無異文的事實，又舉出《方輿勝覽》以混淆視聽，也算是臆改的一種表現形式，但是這種臆改顯然與宋人出於商業考慮的臆改迥乎不同。

（四）宋代文人雅集爭勝的產物

宋代杜集校勘中的「以意改字」現象也是雅集爭勝的產物。宋代文人在雅集中，通過賦詩爭勝是頗爲普遍的情形，如張邦基《墨莊漫錄》載：「逢原一日與王平甫數人登蔣山，相與賦詩，而逢原先成，舉數聯，平甫未屈。至聞『仰躋蒼崖顛，下視白日徂。夜半身在高，若騎箕尾居。』乃歎曰：『此天上語，非我曹所及。』遂閣筆。」〔註 104〕又如《誠齋詩話》云：「神宗徽猷閣成，告廟祝文，東坡當筆。時黃魯直、張文潛、晁无咎、陳無己畢集，觀東坡落筆云：『惟我神考，如日在天。』忽外有白事者，坡放筆而出。諸人擬續下句，皆莫測其意所向。頃之坡入，再落筆云：『雖光輝無所不充，而躔次必有所舍。』諸人大服。」〔註 105〕沈括《夢溪筆談》也記載了宋祁、歐陽修、刁景純、李獻臣等眾多文士改寫杜詩的一則趣事：「宋景文子京判太常日，歐陽文忠公、刁景純同知禮院。景純喜交遊，多所過從，到局或不下馬而去。一日退朝，與子京相遇，子京謂之曰：『久不辱至寺，但聞走馬過門。』李邯鄲獻臣立談間，戲改杜子美《贈鄭廣文》詩嘲之曰：『景純過官舍，走馬不曾下。忽地退朝逢，便遭官長罵。多羅四十年，偶未識磨氊。賴有王宣慶，時時乞與錢。』葉道卿、王原叔各爲一體詩，寫於一幅紙上，子京於其後題六字曰：『效子美誶景純。』獻臣復注其下曰：『道卿御著，原叔古篆，子京題篇，獻臣小書。』歐陽文忠公又以子美詩書於一綾扇上。高文莊在坐，曰：『今

〔註 103〕按，錢謙益《錢注杜詩》所採用的底本爲「吳若本」，吳若在《杜工部集後記》中稱該本參校了當時所見眾本（包括「二王本」），故此處存在異文且無校語的情形殊可懷疑。然吳若本大部已經散佚，商務印書館 1957 年影印《續古逸叢書》之《宋本杜工部集》中卷十至卷十四爲吳若本之翻刻本，然《鳳凰臺》一詩未在其中。《錢注杜詩》雖以吳若本爲底本，然已非原貌。關於吳若本問題，其詳可參孫微、王新芳《吳若本〈杜工部集〉研究》，載《圖書情報知識》2010 年第 3 期。

〔註 104〕張邦基《墨莊漫錄》卷一，中華書局 2002 年，第 44 頁。

〔註 105〕楊萬里《誠齋詩話》，丁福保《歷代詩話續編》，中華書局 1983 年，第 144～145 頁。

日我獨無功。』乃取四公所書紙爲一小帖，懸於景純直舍而去。時西羌首領唃廝羅新歸附，磨氈乃其子也。王宣慶大閹，求景純爲墓誌，送錢三百千，故有磨氈、王宣慶之誚。」〔註 106〕從上面例子可以看出，宋代文人在雅集中往往有娛樂性質的即興文字競賽，這種文字角逐除了同題共賦的形式外，有時是通過對杜詩的揣摩、改寫和印證實現的。我們通過上面陳從易集合諸人欲對「身輕一鳥□」之句進行校補的例子，已經依約可見宋代文人在雅集中爭勝的情形。又如褚人獲《堅瓠戊集》卷四《補濕字》條曰：「有書少陵『林花著雨胭脂濕』詩於壁，『濕』字爲蝸蜒所蝕。蘇子瞻、黃山谷、秦少游、佛印見之，都不記『濕』字，各思一字補之。子瞻云『潤』字，山谷云『老』字，少游云『嫩』字，佛印云『落』字。覓集觀之，乃『濕』字也。『濕』字出於自然，而四字遂分生老病死之說。詩言志，信夫！」〔註 107〕可見宋人非常喜歡在雅集中通過爲杜詩缺訛進行校補的方式顯示才情和品性，這可能已經成爲宋人雅集中進行文字角逐的一項重要內容。而這種文化習慣必然也會帶入杜集校勘之中，成爲臆改杜詩的又一個重要原因。

總之，杜詩校勘史上林林總總的以意改字現象，既折射出杜詩已經成爲天下公器的歷史現實，反映了杜詩被不斷尊崇異化的歷史地位變遷，也鎔鑄了宋以後文人的複雜心態和文化習慣。而這也恰好成爲我們瞭解古籍校勘史與學術史的極佳視角，由此切入，可以深入剖析杜集文本基本形態的變遷及其原因，這對於我們深入認識和理解杜詩學史嬗變的複雜歷程具有重要的參考價值。

〔註 106〕沈括著、胡金望校證《夢溪筆談校證．補筆談卷三》，上海出版公司 1956 年，第 983～984 頁。

〔註 107〕褚人獲《堅瓠戊集》卷四，《筆記小說大觀》第七冊，江蘇廣陵古籍刻印社 1995 年，第 1607 頁。

第二章　元明時期杜詩文獻研究

第一節　方回《瀛奎律髓》的杜詩評點與紀昀之再批評

我們注意到，在杜詩評點學史上，像盧坤「五家評本」《杜工部集》、劉濬《杜詩集評》諸家評點並存這種情形中，諸家的各自評語之間沒有相互交叉的情況，這些評語交互混雜在一起的形式是由編纂者盧坤、劉濬等人纂錄而成，目的是便於讀者瞭解諸家評點的綜合意見。但是在杜詩評點學史上，有些評點者之間的評語是存在緊密聯繫的，後人的評語往往直接針對前人所評，形成了評之評這種特殊的詩歌評點形式，李慶甲纂《瀛奎律髓彙評》中方回的杜詩評點與紀昀的杜詩評語就正是這種情況，由於二人所處時代不同，乃至形成了獨特的隔空對話的現象，其杜詩評點的價值與特色值得進行系統的梳理和總結。

一、紀昀對方回盲目崇杜傾向的糾正

在《瀛奎律髓》中，方回對杜詩倍加推崇，將杜甫列爲江西詩派「一祖三宗」之祖。他特別標舉杜詩之「格高」，其《唐長孺藝圃小集序》中「以四人爲格之尤高者，魯直、無己，上配淵明、子美爲四也。」〔註1〕表現在對杜詩的批評中，方回盲目崇杜的傾向較爲突出，對此，紀昀多有駁正和批評。

〔註1〕方回《桐江續集》卷三十三，文淵閣四庫全書本。

如方回評《登樓》曰：「老杜七言律詩一百五十九首，當寫以常玩，不可暫廢。今於『登覽』中選此爲式。『錦江』、『玉壘』一聯，景中寓情；後聯卻明說破，道理如此，豈徒模寫江山而已哉！」紀昀曰：「杜詩亦有佳有不佳，一百五十九首皆『不可暫廢』，是何言歟？此徒爲大耳。」紀昀沒有否定方回對《登樓》一詩的讚譽之詞，但他指出方回對杜甫全部七律的盲目推崇是不可取的。又如《曲江二首》其一，方回評曰：「第一句、第二句絕妙。一片花飛且不可，況於萬點乎？小堂巢翡翠，足見已更離亂；高冢臥麒麟，悲死者也。但詩三用『花』字，在老杜則可，在他人則不可。」則虛谷已經注意到此詩中迭用三個「花」字的情形，以律詩語言的精鍊整密，本不該出現過多重疊之字，方回對此卻只以「在老杜則可，在他人則不可」這樣含混之評輕輕帶過，眞有「只許州官放火，不許百姓點燈」的意味，因此紀昀批評道：「西子捧心，不得謂之非病；『老杜則可』之說，猶是壓於盛名。」又如《秋野五首》其一：「易識浮生理，難教一物違。水深魚極樂，林茂鳥知歸。吾老甘貧病，榮華有是非。秋風吹几杖，不厭北山薇。」方回曰：「或問『吾老』係單字，『榮華』是雙字，亦可對否？曰：在老杜則可，若我輩且當作『衰老甘貧病』，然不如『吾老』之語健意足也。」紀昀駁曰：「可則可，不可則不可，安在老杜獨可？此種純是英雄欺人。」又如《至日遣興奉寄北省舊閣老兩院故人二首》其二，方回曰：「凡老杜七言律詩，無有能及之者。而冬至四詩，檢唐、宋他集殆遍，亦無復有加於此矣。」紀昀評曰：「此種皆有意推崇，不爲定論。」又如《和裴迪發蜀州東亭送客逢早梅相憶見寄》，方回評曰：「老杜詩，凡有梅字者皆可喜……且不特老杜，凡唐人、宋人詩中有梅字者，即便清雅標致。」紀昀駁曰：「虛谷云『杜詩凡有梅字者皆可喜』，諸詩亦各有工拙，此眞膠柱之說。虛谷又云：『凡唐人、宋人詩中有梅字者，即便清雅標致』，偏僻至此，殊不足論。」紀昀的這些批評都是針對方回過分尊杜而發的。

二、紀昀對方回評點形式與選篇眼光的批評

方回在《瀛奎律髓》中，對句眼、字眼的圈點標示頗爲著力，紀昀認爲這種評點方式瑣碎小氣，後人若受其誤導，專學此種，則會忽略杜詩在藝術上取得的眞正的成就。其於《瀛奎律髓刊誤序》中批評方回的「標題句眼」之弊云：「『朱華冒綠池』，始見子建。『悠然見南山』，亦曰淵明。響字之說，

古人不廢。暨乎唐代，鍛鍊彌工。然其興象之深微，寄託之高遠，則固別有在也。虛谷置其本原，而拈其末節，每篇標舉一聯，每句標舉一字，將率天下之人而致力於是。所謂溫柔敦厚之旨，蔑如也，所謂文外曲致、思表纖旨，亦茫如也。後來纖仄之學，非虛谷階之厲也耶？」〔註2〕如方回評《登岳陽樓》曰：「岳陽樓天下壯觀，孟、杜二詩盡之矣。中兩聯，前言景，後言情，乃詩之一體也。凡圈處是句中眼。」（按：方回在「吳楚東南坼，乾坤日月浮」二句之末「坼」「浮」字旁加圈。）紀昀曰：「鍊字之法，古人不廢。若以所圈句眼，標爲宗旨，則逐末流而失其本原，睹一斑而遺其全體矣。」又如《宣政殿退朝晚出左掖》，方回在「天門日射黃金榜」至「爐煙細細駐遊絲」四句「射」、「薰」、「承」、「駐」等字旁皆加圈以示爲句眼。紀昀評曰：「著力寫禁庭景象，卻不見十分精彩。虛谷所圈四句句眼，亦是小家見解，盛唐人詩不在此種用力。」再如《奉酬李都督表丈早春作》，方回曰：「『力疾』、『采詩』，是重下斡旋字，若『來』字則無味，亦無力矣。」紀昀駁曰：「鍊字乃詩中之一法。若以此爲安身立命之所，則『九僧』、『四靈』，尚有突過李、杜處矣。虛谷論詩，見其小而不知其大，故時時標此爲宗旨。」

對方回《瀛奎律髓》對杜詩的選篇，紀昀亦多有批評。如《秦州雜詩二十首》其十三「傳道東柯谷，深藏數十家。對門藤蓋瓦，映竹水穿沙。瘦地翻宜粟，陽坡可種瓜。船人近相報，但恐失桃花。」方回評曰：「『瘦地』一句，古今人未嘗道。東南水田，秈粳皆欲肥，西北高原，種粟惟欲地瘦，亦格物者之所宜知也。二十首取一。」紀昀曰：「不是如此解。二十首中獨取此首，不可解。」又如《七月一日題終明府水樓二首》，方回曰：「前詩人所不及，後詩謂之吳體，惟山谷能學而肖之，餘人似難及也。老杜別有《秋興》七言律八首，在夔州懷長安而作，不專言秋，以多不能備取。」紀昀駁曰：「此首（指其一）殊無佳處。虛谷以爲人所不及，未免壓於盛名。」又曰：「此種純是門戶語，以此不取《秋興》，所見甚陋。」紀昀認爲對於《秋興八首》這樣公認的杜詩名篇，方回卻礙於門戶之見，以其「不專言秋」和數量過多而不全部選入，實在是眼光的淺陋所致。因此他在《秋興》詩後評曰：「八首取一，便減多少神采。此等去取，可謂庸妄至極。」又如對《對雪》一詩的選入，紀昀評曰：「古人尚不專以雪爲難題，故佳什較少。杜此作尤平平，虛谷

〔註2〕紀昀《瀛奎律髓刊誤序》，孫致中等校點《紀曉嵐文集》卷九，河北教育出版社1995年，第183頁。

以名取之耳。」

三、紀昀對方回論杜的質疑和反駁

在《瀛奎律髓彙評》中，紀昀針對方回之評進行了質疑和駁論是最爲引人注目的部分，這些內容構成方、紀二人隔空對話的主要部分。如方回評《春遠》曰：「後四句全是感慨，前四句言春事而起勢渾雄，無一字纖巧閉合。大抵老杜集，成都時詩勝似關、輔時，夔州時詩勝似成都詩，而湖南時詩，又勝似夔州時，一節高一節，愈老愈剝落也。」紀昀駁曰：「此宗山谷之論，其實英雄欺人。杜詩佳處，卷卷有之，若綜其大凡，則晚歲語多頹唐，精華自在中年耳。」這其實涉及到方回、紀昀二人對杜詩成就和發展階段的認識和看法。方回認爲，杜詩的成就呈逐段升高的趨勢，其風格也存在由富麗到瘦硬的變化過程。如其評《陪鄭廣文遊何將軍山林》曰：「天寶未亂之前，老杜在長安，猶是中年，其詩大既富麗，至晚年則尤高古奇瘦也。」紀昀則曰：「中年不止富麗，晚年亦不以奇瘦爲高，此論皆似高而不確。」方回於《晚出左掖》後評曰：「山谷評公詩，猶必以夔州後詩爲準。然則不變不進，欲變欲進。老杜且然，況他人乎？」紀昀則駁曰：「『愈變愈進』，自是一定之理，然老手亦有變而頹唐者，必以夔州以後爲準，非通方之論也。」可見二人對杜詩整體演進過程的認識和理解差異較大，可謂各執一端，互不相讓。此外，對方回的許多杜詩評點，紀昀質疑頗多。如《陪章劉後侍御宴南樓得風字》，方回評曰：「老杜登覽詩最多，此演至八韻者，整齊工密，而開闔抑揚。他如此者尚眾，當自於集中求之。」紀昀曰：「八字（指『整齊工密、開闔抑揚』）評此詩不錯，然杜之眞精神、眞力量不止於此八字，當求其淩跨百代處。」又如《公安送韋二少府匡贊》，方回曰：「老杜七言律詩一百五十餘首，唐人粗能及之者僅數公，而皆欠悲壯。晚唐人工於五言律，於七言律甚弱。觀此所選送行四詩，能並肩者幾人哉？」紀昀評曰：「老杜豈專以悲壯爲長？」又曰：「起句鄙，後四句自是老筆。杜七律雄壓三唐，此四首卻非極筆，除《送韓十四》一首外，餘三首皆頹唐之作。」這其實涉及到二人對《公安送韋二少府匡贊》一詩主體風格的判斷問題。紀昀認爲，作爲一種風格而言，方回所稱之「悲壯」，並不能作爲杜甫七律成就登峰造極的理由。然而廖宏昌等指出，方回在《瀛奎律髓》中的「悲壯」、「哀怨」、「悲慨」等評語，實際上就是「沉鬱頓挫」的替代語。〔註3〕可見紀昀所論雖不差，但似乎並未眞正把握方回「悲壯」之評的眞正用心，故這裡對方回的駁論，可謂失之毫釐，謬以千里。

四、紀昀對方回評杜的肯定和補充

方回《瀛奎律髓》中對杜詩的評析雖多謬誤，但對杜詩字法、句法的評析中也有很多精審透闢的分析。對於方回杜詩評點中的此類成就，紀昀亦能持論公允，予以充分肯定。如方回評《江亭》曰：「老杜詩不可以色相聲音求，如所謂『圓荷浮小葉，細麥落輕花』，『市橋官柳細，江路野梅香』，『杜穿蜂溜蜜，棧缺燕添巢』，『細雨魚兒出，微風燕子斜』，『芹泥香燕嘴，花蕊上蜂鬚』，他人豈不能之？晚唐詩千鍛萬煉，此等句極多，但如老杜『水流心不競，雲在意俱遲』，即如『片雲天共遠，永夜月同孤』，景在情中，情在景中，未易道也。又如『寂寂春將晚，欣欣物自私』，『江山如有待，花柳更無私』，作一串說，無斧鑿痕，無妝點跡，又豈只是說景者之所能乎？他如『有客過茅宇，呼兒正葛巾』，『自愧無鮭菜，空煩卸馬鞍』，『憂我營茅棟，攜錢過野橋』，十字只是五字，卻下在第五、第六句上，亦不如晚唐之拘。正如山谷詩『秋盤登鴨腳，春網薦琴高』，其下卻云『共理須良守，今年輟省曹』，上聯太工，下聯放平淡，一直道破，自有無窮之味，所謂善學老杜者也。又此篇末句『排悶』，似與『心不競』、『意俱遲』同異，殊不知老杜詩以世亂爲客，故多感慨，其初長吟野望時閒適如此，久之即又觸動羈情如彼，不可以律束縛拘羈也。」紀昀曰：「虛谷此評最精。蓋此詩轉關在五、六句：春已寂寂，則有歲時遲春之慨；物各欣欣，即有我獨失所之悲。所以感念滋深，裁詩排悶耳。若說五、六亦是寫景，則失作者之意。」又如《秋夜》：「露下天高秋氣清，空山獨夜旅魂驚。疏燈自照孤帆宿，新月猶懸雙杵鳴。南菊再逢人臥病，北書不至雁無情。步簷倚杖看牛斗，銀漢遙應接鳳城。」方回評曰：「此詩中四句自是一家句法。『千岩無人萬壑靜，三步回頭五步空』，是也。『耕田欲雨刈欲晴，去得順風來者怨』，亦是也。山谷得之，則古詩用爲『滄江鷗鷺野心性，陰壑虎豹雄牙鬚』，亦是也。蓋上四字、下三字，本是兩句。今以合爲一句，而中不相黏，實則不可拆離也。試先讀上四字絕句，然後讀下三字，則句法截然可見矣。」紀昀對此評頗爲贊同，評曰：

〔註3〕廖宏昌、譽高槐《方回與紀昀評點杜甫沉鬱頓挫詩風的不同視野》，《武漢大學學報》2012年第2期。

「此論句法卻是。」又曰:「筆筆清拔，而意境又極闊遠。」又如方回評《立春》曰:「老杜如此賦詩，可謂自我作古也。第一句自爲題目，曰『春日春盤細生菜』。第二句下『忽憶』二字已頓挫矣。三、四應盤、應菜，加以『白玉』、『青絲』之想，亦所謂『忽憶』者也。巫峽江、杜陵客不見此物，又只如此大片繳去，自有無窮之味。晚唐之弊，既不敢望此江西之弊，又或有太粗疏而失邯鄲之步，亦足以發文章與時高下之歎也。」紀昀評曰:「此詩本不佳，此評卻公。」又曰:「所選少陵七言六首，多頹唐之作。蓋宋人以此種爲老境耳。」方回評《曲江陪鄭八丈南史飲》曰:「此詩中四句不言景，皆直言乎情。後山得其法，故多瘦健者此也。」對此，紀昀補充道:「晚唐詩但知點綴景物，故宋人矯之，以本色爲公。然此非有眞氣力，則才薄者淺弱，才大者粗野，初學易成油滑，老手亦致頹唐，不可不愼也。」又如方回評《江漢》曰:「此詩餘幼而學書，有此古印本爲式，雲杜牧之書也。味之久矣，愈老而愈見其工。中四句用『雲天』、『夜月』、『落日』、『秋風』，皆景也，以情觀之，『共遠』、『同孤』、『猶壯』、『欲蘇』八字絕妙。世之能詩者，不復有出其右矣。」紀昀評曰:「前四句是思歸，『片雲』二句緊承思歸說出，後四句乃壯心斗發，『落日』二句提筆振起，呼出末二句，語氣截然不同。虛谷此評卻不差。」又如《送韓十四江東省覲》，紀昀評曰:「因峽靜而聞灘聲之轉，因江寒而見樹影之稀。四字上下相生，虛谷卻未標出。」紀昀這些評論都是在方回評語的基礎上的發展和補充。

五、《瀛奎律髓刊誤》中紀昀的獨語批評

在《瀛奎律髓刊誤》中，還有不少地方方回未加評論而紀昀有批語補充之，或紀昀之批語與方回所評並無干涉或關聯甚少，此類情形均屬於紀昀的獨語性質。如《向夕》，方回未予置評，而紀昀評曰:「山深則障日，樹高則招風。眼前景寫來精切，惜後半稍弱。」又曰:「一『同』字連人嵌入，末二句始不突然。」又如《日暮》，方回亦未評，紀昀評曰:「寂寥之景，都從次句生出。六句『滴』字有神，『滿』字笨而少味。」再如《草堂即事》:「荒村建子月，獨樹老夫家。霧裏江船渡，風前竹徑斜。寒魚依密藻，宿雁聚圓沙。蜀酒禁愁得，無錢何處賒?」方回曰:「末句無錢賒酒，其窮甚矣。『風』、『雪』一聯如畫，四句皆體物者。」紀昀評曰:「起句不佳，上二字下三字不貫。此首非老杜佳處。」其實這裡紀昀並未能深入體察杜詩之藝術匠心，

「荒村建子月，獨樹老夫家」一聯乃是巧妙的借對，「建子月」之「子」本是指十二地支之「子」，杜甫這裡借用它所具有的「兒女」之義，與下句「老夫」之「夫」構成人倫類的對仗，對得工整絕妙，紀昀對此視而不見，乃有「不佳」之惡評，實不足爲訓。其實在《瀛奎律髓刊誤》中，紀昀對杜詩的貶義隨處可見，表現出一幅承繼明代駁杜派衣鉢的樣子。如評《初冬》曰：「杜詩中之不出色者。」評《晚行口號》曰：「此非杜之高作。」評《杜位宅守歲》曰：「杜之極不佳者。」評《人日》曰：「亦杜之極不佳者。」評《小至》曰：「此非杜之佳作。」評《至後》曰：「此亦不佳。」評《臘日》曰：「亦非杜之至者。」諸如此類甚多。除了上述對某些杜詩全篇進行否定之外，紀昀對杜詩字句的指摘也爲數甚多。如《雨四首》其一「微雨不滑道，斷雲疏復行。紫崖奔處黑，白鳥去邊明。秋日新霑影，寒江舊落聲。柴扉臨野碓，半濕搗香粳。」紀昀評曰：「三句不佳，四句是陰雨之景，五句亦不佳。」其實紀昀所謂「不佳」，只是出於自己的主觀觀感。「紫崖奔處黑」、「秋日新霑影」這樣的詩句，從精準狀物的角度來看未嘗不是佳句，況且從章法來看，「秋日新霑影」正好呼應了首句「微雨不滑道」，律法頗爲謹嚴。又如《對雨書懷走邀許主簿》：「東岳雲峰起，溶溶滿太虛。震雷翻幕燕，驟雨落河魚。座對賢人酒，門聽長者車。相邀愧泥濘，騎馬到階除。」紀昀評曰：「未能免俗，三句尤不妥。」所謂「未能免俗」，不知所指。而三句「震雷翻幕燕」爲何尤其不妥？聯繫紀昀評《湘夫人祠》頷聯「蟲書玉佩蘚，燕舞翠帷塵」曰：「三、四終是疊砌，不可爲法。」似乎可以看出紀昀對此類細弱意象都表現出頗爲貶抑的態度，他認爲這既不是杜詩的主體風格，也非杜詩之極致。其實此詩頷聯「震雷翻幕燕，驟雨落河魚」寫震雷雨勢之大及雷雨中的燕、魚情狀，而「翻」從「震」生，「落」從「驟」生，含有無限理趣。幕燕，典自《左傳・襄公二十九年》：「夫子之在此也，猶燕之巢於幕上。」本謂建巢於帷幕上的燕子，喻處境至危。王士禛贊曰：「亦是即目妙境。」〔註 4〕石閭居士曰：「此詩以雲起，以雷雨承，以書懷轉，以走邀合，層次極其清楚，乃依題順布之格也。」〔註 5〕可見紀昀對杜詩的某些批評實在過於主觀臆斷，有明顯承繼明清以來駁杜論的傾向。雖然不乏鞭闢入裏的深透之見，但其以古今第一才子自詡的傲慢自大態度，使他對杜

〔註 4〕楊倫《杜詩鏡銓》卷一，上海古籍出版社 1980 年，第 5 頁。
〔註 5〕石閭居士《藏雲山房杜律詳解》五律卷一，清光緒元年（1875）刻本。

詩的成見過多，這極大地影響了其持論的客觀公允。因此對紀昀《瀛奎律髓刊誤》中的獨語批評，我們當採取分別而觀的態度，不可一概而論。

第二節　鄭善夫杜詩評點研究

一、鄭善夫杜詩批評及其影響

鄭善夫(1485～1523)，字繼之，閩縣(今福建閩侯)人，明弘治十八年(1505)進士。連遭內外艱，正德六年(1511)始爲戶部主事。以嬖幸用事，憤而告歸。起禮部主事，進員外郎。武宗將南巡，偕同列切諫，杖於廷，明年力請得歸。嘉靖改元，用薦起南京刑部郎中，未上，改吏部。行抵建寧，便道遊武夷九曲，風雪絕糧，得病卒。《明史》有傳。有《鄭少谷集》。在「前七子」於弘治、正德年間掀起的文學復古運動中，鄭善夫是代表人物。《明史・文苑傳》曰：「夢陽才思雄鷙，卓然以復古自命。弘治時，宰相李東陽主文柄，天下翕然宗之，夢陽獨譏其萎弱。倡言文必秦漢，詩必盛唐，非是者弗道。與何景明、徐禎卿、邊貢、朱應登、顧璘、陳沂、鄭善夫、康海、王九思等號十才子。」〔註6〕

在歷代貶杜論者中，明代鄭善夫的杜詩批點無論是在當時還是後代都產生了相當大的影響。焦竑《焦氏筆乘》卷三稱鄭善夫的批點杜詩乃「知其所長，而又知其敝者也。」焦竑之評爲許多明人視爲允當，從中亦可見一代之風氣。胡震亨《唐音癸籤》對鄭善夫的杜詩評點也給予了很高評價：「吾嘗謂近代談詩，集大成者，無如胡元瑞。其別出勝解者，惟鄭繼之老杜詩評，可與劉辰翁諸家詩評並參。吟人從此入，庶不誤歧向爾。」〔註7〕仇兆鰲曰：「至嘉、隆間，突有王慎中、鄭繼之、郭子章諸人，嚴駁杜詩，幾令身無完膚，眞少陵蟊賊也。楊用修則抑揚參半，亦非深知少陵者。」〔註8〕浦起龍曰：「自昔以攻杜爲快者，在宋惟楊大年，在明則有王遵岩愼中、鄭善夫繼之、郭相奎子章、楊用修愼、譚友夏元春。之數人者，吾不責之而哀之。即看翡翠，誰擊鯨魚；可笑蚍蜉，爭撼大樹。南華老人云：『朝菌不知晦朔，蟪蛄不知春秋。』唯不知，故不嘿也。」〔註9〕邊連寶曰：「杜詩中不無拙句、俚句、晦句、

〔註6〕張廷玉等《明史》卷二百八十六《文苑二》，中華書局1974年，第7348頁。
〔註7〕胡震亨《唐音癸籤》卷三十二，上海古籍出版社1981年，第333頁。
〔註8〕仇兆鼇《杜詩詳注・凡例・杜詩褒貶》，中華書局1979年，第23頁。
〔註9〕浦起龍《讀杜心解・發凡》，中華書局1961年，第10頁。

粗質句、堆累塡湊句，然自不害其爲大家。若如近世詩人，字字甘滑，言言工美，了無眞意行乎其間，則亦詩中之鄉愿而已，何大家之有？故遇此等句，必明加指摘，不敢模棱附會，自誤誤人，而兼以誤杜。然必再四思維，至徑絕路塞之後，敢下一字之貶。非如楊億、王愼中、鄭繼之輩，不自量度力，作蚍蜉之撼也。」〔註 10〕恒仁曰：「自昔好駁杜詩者，宋楊億、明王愼中、鄭繼之、郭子章、楊愼、譚元春，而祝允明之論，尤爲狂誖。」〔註 11〕從以上諸家的評論可以看出，在歷代貶杜論者中，鄭善夫是一個重量級的人物，其貶杜言論和傾向從某種意義上可以作爲貶杜派的重要代表。那麼我們以鄭善夫作爲歷代貶杜譜系中的一個關鍵節點進行考察，不僅可以考察一代詩學風尚，而且可以從側面補充和完善杜詩學史，因此需要對其貶杜論進行細緻深入的考察。

二、鄭善夫杜詩批語輯錄

（一）鄭善夫杜詩評點的文獻來源及輯錄方法

鄭善夫的貶杜論雖然在當時學界產生了較大影響，然而其對杜詩的批評並沒有單行本傳世，人們對其貶杜之論的最早認識，均來自於焦竑《焦氏筆乘》中的零星記載：「余家有鄭善夫《批點杜詩》，其指摘疵纇，不遺餘力，然實子美之知己。餘子議論雖多，直觀場之見耳。嘗記其數則：一云，詩之妙處，正在不必說到盡，不必寫到眞。而其欲說欲寫者，自宛然可想，雖可想而又不可道，斯得風人之義。杜公往往要到眞處盡處，所以失之。一云，長篇沉著頓挫，指事陳情，有根節骨格，此杜老獨擅之能，唐人皆出其下。然詩正不以此爲貴，但可以爲難而已。宋人學之，往往以文爲詩，雅道大壞，由杜老起之也。一云，杜陵只欲脫去唐人工麗之體，而獨佔高古，蓋意在自成一家，不肯隨場作劇也。如孟詩云：『當杯已入手，歌伎莫停聲。』便自風度，視『玉佩仍當歌』，不啻霄壤矣。此詩終以興致爲宗，而氣格反爲病也。善夫之詩本出子美，而其持論如此，正子瞻所謂知其所長，而又知其敝者也。」〔註 12〕然焦氏所見《批點杜詩》一書未見傳本，應已散逸。其實除了《焦氏筆乘》記載的幾則之外，鄭善夫論杜之語亦見於明清諸家杜詩注本之中。就目前所見，收錄鄭善夫杜詩評語最多的文獻要屬明末胡震亨的《杜

〔註 10〕邊連寶《杜律啓蒙・凡例》，齊魯書社 2005 年，第 3 頁。

〔註 11〕恒仁《月山詩話》，《叢書集成初編》本，商務印書館 1937 年。

〔註 12〕焦竑《焦氏筆乘》卷三，吳文治主編《明代詩話全編》，江蘇古籍出版社 1997 年，第 4919 頁。

詩通》了。《杜詩通》四十卷，爲胡震亨《李杜詩通》之杜詩編，成書於明崇禎十五年（1642），正值明、清易代之際，胡震亨亦已七十四歲高齡，書未及刻印而卒。直至清順治七年（1650），方由朱茂時刻印刊行，是爲初刻本。《杜詩通》中大量徵引鄭善夫之評語，共計 322 首 300 條。如此大量的徵引，雖未必是鄭善夫《評點杜詩》的全本，亦可幫助後人窺見鄭善夫論杜之一斑。然而胡震亨《杜詩通》因成於亂世，歷經兵燹，傳世極罕，世人不易得見，故鄭善夫論杜之語亦久不被人知。茲就山東大學文史哲研究院所藏清順治七年刻本《杜詩通》對鄭善夫杜詩評語進行輯錄，以饗讀者。其評點次序，悉按原書的卷次排列。爲節省篇幅，現將杜詩文本大多刪削，一般只節錄鄭善夫評點的杜詩相關詩句。

（二）鄭善夫杜詩批語輯錄

《杜詩通》卷一：

《前出塞九首》其四，鄭云：此猶有樂府之風。

《前出塞九首》其五「軍中異苦樂，主將寧盡聞。」鄭云：似魏人。

《前出塞九首》其七：「驅馬天雨雪，軍行入高山。逕危抱寒石，指落曾冰間。已去漢月遠，何時築城還？浮雲暮南征，可望不可攀。」鄭云：結語似學魏人，然魏人緩而有意，此則殊無謂矣。

《後出塞五首》其一，鄭云：純用魏人體格口氣。

《後出塞五首》其三，鄭云：此篇拙甚。

《後出塞五首》其五「將驕益愁思」，鄭云：亦拙。

《留花門》「中原有驅除，隱忍用此物。」鄭云：幾於押韻。

《新安吏》「眼枯即見骨，天地終無情。」鄭云：悲痛極矣。

《石壕吏》，鄭云：目前實事，寫得就是樂府。

《杜詩通》卷二：

《遣興三首》其一「蓬生非無根」、其二「我今日夜憂」，鄭云：二詩皆有魏人風格，以其不造一種苦怪語也。

《遣興二首》「天用莫如龍」及「地用莫如馬」，鄭云：二首艱晦，無神氣。

《寫懷二首》其二，「夜深坐南軒，明月照我膝。驚風翻河漢，梁棟已出日。群生各一宿，飛動自儔匹。吾亦驅其兒，營營爲私實。」鄭云：有阮嗣宗之致。又曰：結句（「終然契眞如，得匪合仙術」）不甚可解。

《壯遊》，鄭云：此詩豪宕奇偉，無一句一字不穩貼，此等乃見老杜之神力。

《杜詩通》卷三：

《夏夜歎》「安得萬里風，飄颻吹我裳？昊天出華月，茂林延疏光。」鄭云：眞魏人語。

《牽牛織女》，鄭云：拗鬱多事，反不成篇。

《火》，鄭云：韓文公《陸渾詩》已自不成詩，然猶以學問勝，此何爲者？

《遊龍門奉先寺》「已從招提遊，更宿招提境。」鄭云：起句無味，「已」、「更」二字更無味。

《同諸公登慈恩寺塔》，鄭云：後段於遊覽間寓感慨時事，苦刻徒然無味。

《自京赴奉先縣詠懷五百字》「聖人筐篚恩，實欲邦國活。」鄭云：雜議論，而自有風旨。「吾寧捨一哀，里巷亦嗚咽。所愧爲人父，無食致夭折。」鄭云：置之《三百篇》中亦不愧。

《述懷》「涕淚受拾遺，流離主恩厚。柴門雖得去，未忍即開口。」鄭云：固善造語，亦由忠悃有本性，言不可以強爲也。

《杜詩通》卷四：

《鐵堂峽》，鄭云：悲苦感慨，盡行旅之況。

《龍門鎭》，鄭云：此篇爲劣。

《石龕》「熊羆咆我東，虎豹號我西。」鄭云：此類起語，雖學樂府，都無甚意致在。詩末批曰：亦劣。

《鳳凰臺》，鄭云：此等詩意、詩格，只杜子爲之，已自不愜人意，世人欲效之者，眞癡也。

《萬丈潭》，鄭云：無字不經鍛琢，雄峻峭深，令人神奪。

《水會渡》「微月沒已久，崖傾路何難。」鄭云：此豈不尋常，而尤爲佳造。「始知眾星乾」，鄭云：太巧。

《五盤》「好鳥不妄飛」，鄭云：又作一種風味。

《杜詩通》卷五：

《南池》，鄭云：故爲奇刻，而實膚陋，爲詩決不可學。

《上水遣懷》「篙工密逞巧，氣若酣杯酒。歌謳互激越，回斡明受授。善知應觸類，各藉穎脫手。古來經濟才，何事獨罕有？蒼蒼眾色晚，熊掛玄蛇吼。黃羆在樹顚，正爲群虎守。羸骸將何適？履險顏益厚。庶與達者論，吞聲混瑕垢。」鄭云：觀篙工觸類推之，求古來經濟之才，如操舟之妙者，何獨罕有？屈曲用比，詩何得如是耶？此皆老杜逗滯處，篇篇有之。

《次晚洲》「擺浪散帙妨，危沙折花當。羈離暫愉悅，羸老反惆悵。」鄭云：沙勢善崩，折木以當之，而所折之木，皆花也，蓋戲爲之，故下云「暫愉悅」。

《杜詩通》卷六：

《破船》「船舷不重扣，埋沒已經秋。仰看西飛翼，下愧東逝流。」鄭云：破船亦不倫。

《除草》，鄭云：比《送菜》、《伐木》稍成文理，然亦不必作，亦不必傳，今人一概誦之，可笑也。

《催宗文樹雞柵》，鄭云：此類皆山谷所謂「不煩繩削而自合」者，皆夢說也。文公不滿夔詩，是矣。

《暇日小園散病，將種秋菜，督勒耕牛，兼書觸目》「飛來雙白鶴，暮啄泥中芹。」鄭云：老杜最有此病。

《杜詩通》卷七：

《奉同郭給事湯東靈湫作》「飄飄青瑣郎，文采珊瑚鈎。浩歌淥水曲，清絕聽者愁。」鄭云：結語俗浮。

《雨過蘇端》「雞鳴風雨交，久旱雨亦好。」鄭云：「亦」字緩。

《晦日尋崔戢李封》「草牙既青出，蜂聲亦暖遊。」鄭云：「點綴極濃麗。」

全詩末，鄭云：全篇皆是唐人公派，但從杜公口中陶鑄一番，自與人不同。自「上古葛天民」以下十句，乃杜公自作機軸，就不爲妙。信乎能爲異者，要於同中異，不宜以異異也。

《白水崔少府十九翁高齋三十韻》，鄭云：其多處固爲長技，然何如刪去累句，成一純然佳篇。

《贈蜀僧閭丘師兄》，鄭云：此篇雖備極委屈，而乏神韻。

《杜詩通》卷八：

《贈蘇四徯》「有才何棲棲，將老委所窮。」鄭云：老杜好用「所」字，而多用不恰。

《杜詩通》卷九：

《苦雨奉寄隴西公兼呈王徵士》首句「今秋乃淫雨」，鄭云：「乃」字不倫。

《別唐十五誡因寄禮部賈侍郎》「蕭條四海內，人少豺虎多。」鄭云：詩人安得有此，《三百篇》正義也。

《送高三十五書記十五韻》「又如參與商」，鄭云：「又」字無下落。

《送樊二十三侍御赴漢中判官》「天子從北來」，鄭云：不成語。

《送從弟亞赴河西判官》「坐看清流沙，所以子奉使。」鄭云：「所以」二字無當。全詩末，鄭云：雄心銳氣，奮發飛騰，而造語雕字之力，妙出筆墨外。

《送韋十六評事充同谷防禦判官》「論兵遠壑淨」，鄭云：不成語。「題詩得秀句，札翰時相投。」鄭云：詩家送人，此等結，自是常調，但此篇全皆□□□。

《杜詩通》卷十：

《閬州東樓筵奉送十一舅往青城得昏字》「雖有車馬客，而無人世喧。」鄭云：無意趣。「天寒鳥獸伏，霜露在草根。」鄭云：語古。

《送高司直尋封閬州》「長卿消渴再」，鄭云：(「再」字）無謂。

《送重表侄王砅評事使南海》，鄭云：一篇《史記》，此等筆力，眞扛鼎手也。

《將適吳楚留別章使君留後兼幕府諸公得柳字》「我來入蜀門，歲月亦已久。豈惟長兒童，自覺成老醜。常恐性坦率，失身爲杯酒。近辭痛飲徒，折節萬夫後。昔如縱壑魚，今如喪家狗。既無遊方戀，行止復何有。相逢半新故，取別隨薄厚。」鄭云：世情行跡，時久事變之感，崢嶸飛動，無不極其工。「不意青草湖，扁舟落吾手。」鄭云：不成語。

《杜詩通》卷十一：

《八哀詩．贈左僕射鄭國公嚴公武》「京兆空柳色，尚書無履聲。」鄭云：已言其死，又言其死，終覺重複。「顏回竟短折，賈誼徒忠貞。」鄭云：雖欲明其短折，然人事大不相類。

《八哀詩．贈太子太師汝陽郡王璡》「袖中諫獵書，扣馬久上陳。」鄭云：敘其遊從親暱，指一獵事，而他可想見。此又繼之以正，以見忠而能誨。

《八哀詩．故秘書少監武功蘇公源明》「煌煌齋房芝，事絕萬手搴。垂之俟來者，正始徵勸勉。」鄭云：此四句是模寫其詩，得用之郊廟歌頌，可以垂後傳世，非如舊注所謂諫喻也。

《八哀詩·故著作郎貶台州司戶滎陽鄭公虔》「反復歸聖朝，點染無滌蕩。」鄭云：替他洗脫污僞之名，用意深至。

《杜詩通》卷十二：

《病橘》，鄭云：苦惱勉強，只欲擺脫一時工聲韻者習氣，然已非詩法矣，亦作俑之弊也。此類甚多，聊著於此。

《枯棕》，鄭云：《病橘》、《枯棕》二首，枯槁淺澀，如擊土缶，絕無意味。

《義鶻行》，鄭云：此亦杜公之能，人亦不必能也。

《夜聽許十一誦詩愛而有作》，鄭云：苦刻而傷於情韻，都不可諷矣。

《杜詩通》卷十三：

《兵車行》，鄭云：此行爲諸家所賞，然實未爲杜公絕唱也。

「君不見，青海頭，古來白骨無人收。新鬼煩冤舊鬼哭，天陰雨濕聲啾啾。」鄭云：結語亦尋常而節緩。

《哀王孫》「昨夜東風吹血腥」，鄭云：以下乃爲王孫立斯須短語。

全詩末，鄭云：詞體樂府，意義則二雅之奧也，如何贊得！

《洗兵馬》，鄭云：此篇多陋語，可怪。

《錦樹行》，鄭云：信是雜亂，但次第無端由處，見一種感歎。

《可歎》，鄭云：雜亂鈍拙，都不可讀。

《杜詩通》卷十四：

《百憂集行》，鄭云：此詩只以拙樸勝，情韻終不爲工。

《秋雨歎三首》，鄭云：三首有樂府之意，悲咽感慨，語短意長，眞堪屢諷也。

《楠樹爲風雨所拔歎》「幹排雷雨猶力爭，根斷泉源豈天意。」鄭云：怪語險思。

《杜詩通》卷十五：

《樂遊園歌》「卻憶年年人醉時，只今未醉已先悲。」鄭云：情韻始起。

《石犀行》，鄭云：何大復謂詩法亡於杜，雖不可謂亡，然如《石筍》、《石犀》等篇，體亦已大變矣，宜其起宋人一種村惡詩派也。

《最能行》，鄭云：此類詩，總不必作。

《發閬中》「女病妻憂歸意急，秋花錦石誰能數？」鄭云：敗語。

《杜詩通》卷十六：

《蘇端薛復筵簡薛華醉歌》，鄭云：篇中「端復得之名譽早」、「開筵上日思芳草」及「移遠梅」、「插晴昊」、「如澠之酒」等句，皆杜撰不成語。

《久雨期王將軍不至》，鄭云：結得寂然，通無着落。

《投簡咸華兩縣諸子》，鄭云：全篇悲壯，絕無字句之恨矣。

《徐卿二子歌》，鄭云：尋常平穩耳。

《狂歌行贈四兄》，鄭云：人倫天性之間，風雅爲近。

《大覺高僧蘭若》，胡震亨云：鄭繼之謂此篇殊不成語，得之。

《杜詩通》卷十七：

《玄都壇歌寄元逸人》「故人昔隱東蒙峰，已佩含景蒼精龍。」鄭云：二句竟無謂。

《寄柏學士林居》「自胡之反持干戈」，鄭云：不成語。

《寄韓諫議注》，鄭云：全不成章。

《杜詩通》卷十八：

《杜鵑行》（君不見昔日蜀天子），鄭云：《鳳凰臺》、《石筍行》、《杜鵑行》，皆不是詩家本宗，雖刻苦出奇，難以爲訓。

《奉先劉少府新畫山水障歌》「野亭春還雜花遠」，鄭云：媚婉處又詣極幽巧。

《觀公孫大娘弟子舞劍器行》，鄭云：自是佳篇，然終少奇警處。

《杜詩通》卷十九：

《喜達行在所三首》其三「猶瞻太白雪，喜遇武功天。」鄭云：直而不工。

《晚出左掖》「退朝花底散，歸院柳邊迷。」鄭云：不爲佳句。

《王命》「血埋諸將甲」，鄭云：何語？

《覆舟二首》，鄭云：二首大不成語。

《杜詩通》卷二十：

《落日》「啅雀爭枝墜，飛蟲滿院遊。」鄭云：小點綴，自是佳句。

《返照》「已低魚復暗，不盡白鹽孤。」鄭云：語若無難者，而妙處非人可及。

《雨》「微雨不滑道，斷雲疏復行。」鄭云：起語閒適，而甚鍛鍊。

《朝雨》「黃綺終辭漢」，鄭云：忽入此，妥否？

《春夜喜雨》「曉看紅濕處，花重錦官城。」鄭云：挽得風味。

《雨晴》（天外秋雲薄）「胡笳樓上發」，鄭云：何故？

《雨晴》（雨時山不改）「雨時山不改，晴罷峽如新。」鄭云：刻意之句，然不成詩。

《晚晴》（村晚驚風度）「杯乾自可添」，鄭云：樸得好。「時聞有餘論，未怪老夫潛。」鄭云：翻得好。

《對雪》「胡雲冷萬家」，鄭云：險語突兀，自是一種。

《又雪》「愁邊有江水，焉得北之朝」，鄭云：雪中着此，不倫。

《早起》「一丘藏曲折，緩步有躋攀。」鄭云：不刻不急，趣味殊深。

《向夕》「鶴下雲汀近」，鄭云：篇中此語，略少味。

《熱三首》其一「乞爲寒水玉，願作冷秋菰。」鄭云：雖戲，亦自成語。

《杜詩通》卷二十一：

《秋盡》，鄭云：亦稍近情致。

《春日江村五首》其一「乾坤萬里眼，時序百年心。」鄭云：此等語，今不可復作矣。

《春日江村五首》其四「郊扉存晚計，幕府愧群材。」鄭云：此等語，便不可及，不必在苦作翻硬也。

《春日江村五首》其五，鄭云：此詩體惟杜老有之，他人學之，不成說話矣。

《獨坐二首》其二「白狗斜臨北，黃牛更在東。」鄭云：二峽名取對，有何情趣？

《獨酌成詩》「燈花何太喜，酒綠正相親。醉裏從爲客，詩成覺有神。」鄭云：不得云好，亦與他人不同。

《遣興》「地卑荒野大，天遠暮江遲。」鄭云：唐人無此律，惟杜有之。

《遣意二首》其一「一徑野花落，孤村春水生。」鄭云：沖容閒適，杜公如此絕少，唐人往往工爲此。

《遣懷》，鄭云：通篇用語，工苦特甚。

《可惜》，鄭云：樸得妙。

《避地》「詩書遂牆壁，奴僕且旌旄。」鄭云：「遂」字不可曉。

《杜詩通》卷二十二：

《客亭》「日出寒山外，江流宿霧中。」鄭云：詠景之語，超出唐人之外。

《旅夜書懷》「星垂平野闊，月湧大江流。」鄭云：宏壯。

《游子》「蓬萊如可到」，鄭云：野哉！

《杜詩通》卷二十三：

《秦州雜詩二十首》其二「苔蘚山門古，丹青野殿空。月明垂葉露，雲逐渡溪風。」鄭云：豈不巧？然不足貴，此類是也。

其三「州圖領同谷，驛道出流沙。」鄭云：詩中題山川界，至人人所有，而此兩句，與人不同。讀之便見控扼要害險遠、形勢關係之意。

其九，鄭云：通首不成章。

《自閬州領妻子卻赴蜀山行三首》其三，鄭云：亦有一種情興。

《春日梓州登樓二首》其一「行路難如此，登樓望欲迷。」鄭云：感歎淒然。

其二「天畔登樓眼，隨春入故園。戰場今始定，移柳更能存。厭蜀交遊冷，思吳勝事繁。應須理舟楫，長嘯下荊門。」鄭云：直率說話，自是情感，而風致亦具，詩正合如此。

《九日登梓州城》「伊昔黃花酒，如今白髮翁。」鄭云：淡中極巧，無緣無由，偏似着得。「弟妹悲歌裏，朝廷醉眼中。」鄭云：此類獨老杜好之，甚非佳語也。

《南楚》「無名江上草，隨意嶺頭雲。」鄭云：欲為超灑，實閒淡耳。

《銅官渚守風》「水耕先浸草，春火更燒山。」鄭云：用事無興感。

《雙楓浦》「自驚衰謝力，不道棟梁材。」鄭云：陋。

《杜詩通》卷二十四：

《與任城許主簿遊南池》，鄭云：無味。

《奉陪鄭駙馬韋曲二首》，鄭云：二首純好。

《李監宅二首》其一「尚覺王孫貴」，鄭云：「尚」字全無當。

《陪鄭廣文遊何將軍山林十首》，鄭云：十首有四首兩截詩，亦忌也，二四六七首是。

其二「翻疑舵樓底，晚飯越中行。」鄭云：湊合閒話作結語。

其七「脆添生菜美，陰益食單涼。」鄭云：杜可厭皆此類也。

其九「階前樹拂雲」，鄭云：此句無味。「將軍不好武，稚子總能文。」鄭云：上句好，下句不爲佳。

其十「回首白雲多」，鄭云：末首正須如此形容，始見欲去而不忍之意。

《重過何氏五首》其一「問訊東橋竹」，鄭云：五字豈容易下得，細思之，當見其妙。「重來休沐地，眞作野人居。」鄭云：聯中既有「吾廬」，結句復如此用，失於太照顧矣。

其三「石欄斜點筆」，鄭云：五字極無味。

其四「手自移蒲柳，家才足稻粱。」鄭云：對不得，非別業中語。

其五「到此應常宿」，鄭云：「應常」二字，不大可通，杜公多此病。

《陪王使君晦日泛江就黃家亭子二首》其一「稍知花改岸，始驗鳥隨舟。」鄭云：工巧，不爲佳句。

《過南鄰朱山人水亭》，鄭云：眞率爾雅。

《杜詩通》卷二十五：

《重題鄭氏東亭》「殘雲傍馬飛」，鄭云：不成語。

《秋日寄題鄭監湖上亭三首》其三「揮金應物理，拖玉豈吾身。」鄭云：不是詩句，此等往往引壞後人。

《禹廟》「早知乘四載，疏鑿控三巴。」鄭云：二句不甚可解。

《湘夫人祠》「蟲書玉佩蘚，燕舞翠帷塵。」鄭云：陋弱。

《龍門》「往來時屢改，川陸日悠哉。」鄭云：排律則可，律詩如此，雖占氣象，終是思致不足。

《宿贊公房》「雨荒深院菊，霜倒半池蓮。」鄭云：形容秋意，陋而不工。

《謁眞諦寺禪師》「凍泉依細石」，鄭云：無味。

《贈高式顏》「昔別是何處，相逢皆老夫。」鄭云：無限情話，在十字中。

《巴西驛亭觀江漲呈竇十五使君》「孤亭淩噴薄，萬井逼春容。」鄭云：包含變化。

《觀作橋成，月夜舟中有述，還呈李司馬》「天高雲去盡，江迴月來遲。」鄭云：小有風韻。

《杜詩通》卷二十六：

《暫如臨邑至䳍山湖亭奉懷李員外率而成興》「鼉吼風奔浪，魚跳日映山。」鄭云：多事語，反不如尋常爲工。

《戲寄崔評事表侄蘇五表弟韋大少府諸侄》「泥多仍徑曲，心醉沮賢群。」鄭云：大謬語。

《江閣臥病走筆寄呈崔、盧兩侍御》「滑憶雕胡飯，香聞錦帶羹。」鄭云：又作饞態。

《杜詩通》卷二十七：

《送翰林張司馬南海勒碑》「不知滄海使，天遣幾時回。」鄭云：此皆一一詣其趣矣。

《奉濟驛重送嚴公四韻》「列郡謳歌惜，三朝出入榮。」鄭云：蘊藉崇隆。

《鄠城西原送李判官兄武判官弟赴成都府》「野花隨處發，官柳著行新。」鄭云：閑得有結構。

《送何侍御歸朝》「春日垂霜鬢，天隅把繡衣。」鄭云：似刻而拙。

《巴西聞收京闕送班司馬入京》，鄭云：詩之妙處，不必寫到眞，不必說到盡，而其欲寫欲說者，自宛然可想，而又不可道，斯得風人之義。杜公往往要到眞處、盡處，反不爲妙。如「念君經世亂」二句，則有不眞不盡之興矣。杜公如此尚多，偶著其凡于此。

《船下夔州郭宿，雨濕不得上岸，別王十二判官》，鄭云：無謂。

《杜詩通》卷二十八：

《月夜憶舍弟》「戍鼓斷人行，邊秋一雁聲。」鄭云：二句皆佳，上句雅，下句陋，此難辨也。

《第五弟豐獨在江左，近三四載寂無消息，覓使寄此二首》其二「聞汝依山寺，杭州定越州。」鄭云：流離寄寓、傳聞不的之情宛然。

《佐還山後寄三首》其二「白露黃粱熟，分張素有期。已應舂得細，頗覺寄來遲。味豈同金菊？香宜配綠葵。老人他日愛，正想滑流匙。」鄭云：乞相饞樣。

《示姪佐》「多病秋風落，君來慰眼前。自聞茅屋趣，只想竹林眠。滿谷山林起，侵籬澗水懸。嗣宗諸子姪，早覺仲容賢。」鄭云：既用此語爲結，則聯中不宜復用「竹林」字矣，此亦詩家所忌也。

《別房太尉墓》「近淚無乾土，低空有斷雲。」鄭云：鍾情苦語，着「近」、「低」二字，作者少有。「對棋陪謝傅，把劍覓徐君。」鄭云：如此用事入聯，依稀可通，終不合。

《故武衛將軍挽詞三首》其一，鄭云：唐人挽詩，無能如此，用意造語，眞奇特也。

其二「銛鋒行愜順，猛噬失蹻騰。」鄭云：此等句，雖自氣格，而詩人風致，元不如此。

《不歸》「河間尚戰伐，汝骨在空城。」鄭云：苦語，然不佳。

《杜詩通》卷二十九：

《天寶初，南曹小司寇舅與我太夫人堂下累土爲山，一匱盈尺，以代彼朽木，承諸焚香瓷甌，甌甚安矣。傍植慈竹，蓋茲數峰，嶔岑嬋娟，宛有塵外數致。乃不知興之所至，而作是詩》，鄭云：費一長題，總無一語可觀。

《柑園》「青雲羞葉密」，鄭云：大陋俗。

《歸燕》「不獨避霜雪」，鄭云：無故。

《歸雁》「聞道今春雁，南歸自廣州。」鄭云：「聞道」二字無故。

《病馬》「乘爾亦已久」，鄭云：此語自好。

《秋笛》「相逢恐恨過，故作發聲微。」鄭云：全不成語。

《嚴公廳宴同詠蜀道畫圖得空字》「日臨公館靜，畫滿地圖雄。」鄭云：無意韻。

《杜詩通》卷三十：

《西閣二首》其二「詩盡人間興，兼須入海求。」鄭云：此句不可曉，亦不爲佳，吾謂非苦心詩道者不知此句之妙。李克恭《吊賈島》云：「海底也應搜得淨」，正此意也。

《杜詩通》卷三十一：

《喜聞官軍已臨賊境二十韻》「帳殿羅玄冕，轅門照白袍。」鄭云：用陳慶之事，無謂。

全詩末，鄭云：殊欠腴潤，一味枯瘦耳。

《建都十二韻》，鄭云：都無聲響可諷。

《傷春五首》，鄭云：五首總是一首，不過道一時之亂，雖見其愛君憂國之誠，而於詩自是疊床。

《遣興》（驥子好男兒）「問知人客姓，誦得老夫詩。」鄭云：眞率，實工。

《杜詩通》卷三十二：

《奉和嚴中丞西城晚眺十韻》「層城臨暇景，絕域望餘春。」鄭云：點綴之工，自殊凡手。

《上韋左相二十韻》「豫章深出地，滄海闊無津。」鄭云：形容人物有格力。

《贈特進汝陽王二十韻》「聖情常有眷，朝退若無憑。」鄭云：「無憑」，猶漢高失蕭何如失左右手意，言帝眷之切，非言汝陽之謙。

　　「硯寒金井水，簷動玉壺冰。」鄭云：此二語不顧「花月」一句（指「花月窮遊宴」），只下「避炎蒸」注腳耳。（指「炎天避鬱蒸」）

《贈韋左丞丈濟》「時議歸前烈，天倫恨莫俱。」鄭云：此等入處，最是難。

　　按：明代安磐《頤山詩話》云:「杜子美《贈韋左丞丈》中頗自負，云「讀書破萬卷，下筆如有神」……繼之曰:「自謂頗挺出，立登要路津。致君堯舜上，再使風氣淳。」不知子美以上所云辭賦，足以致君歟？末云：「朝扣富兒門，暮隨肥馬塵。殘杯與冷炙，到處潛悲辛。」衰颯不振，致君堯舜者，恐不如此也。今人以爲出於子美便不敢雌黃，亦過矣。

《贈翰林張四學士垍》，鄭云：此中無有可感之事，用「泣螢」、「山陽」等語，惜公不自注，使後人無因知之。

《奉贈鮮于京兆二十韻》「王國稱多士，賢良復幾人？」鄭云：不多事，而實異凡格。

　　「驊騮開道路，雕鶚離風塵。」鄭云：此類老杜慣能之。

《投贈哥舒開府翰二十韻》「勳業青冥上，交親氣概中。」鄭云：看他入處。

《贈崔十三評事公輔》，鄭云：無端無緒無意味，多不可曉。

《移居公安縣敬贈衛大郎鈞》「雅量涵高遠，清襟照等夷。」鄭云：此類語，自有深趣。

《杜詩通》卷三十三：

《臨邑舍弟書至，苦雨，黃河泛溢，堤防之患，簿領所憂，因寄此詩，用寬其意》「聞道洪河坼，遙連滄海高。」鄭云：大可厭處，然難爲人言也。

　　「版築不時操」，鄭云：（版築）二字用不着。

「雖假黿鼉力，空瞻烏鵲毛。」鄭云：尤陋。

「利涉想蟠桃」，鄭云：不可通。

全詩末，鄭云：高廷禮選《正聲》，首置此詩，尊之過，不能別也。

《秦州見敕目，薛三據授司議郎，畢四曜除監察，與二子有故，遠喜遷官，兼述索居，凡三十韻》「仰思調玉燭，誰定握青萍。」鄭云：「萍」字重出（指上有「浩蕩逐流萍」句），又礙掘劍（指上「掘獄知埋劍」句），爲重用，殆偶誤。

「秋風動關塞，高臥想儀形。」鄭云：結語草草。

《敝廬遣興奉寄嚴公》「府中瞻暇日，江上憶詞源。」鄭云：詞源指嚴武，公居在江上，而以「詞源」影「江」字，此其著意處，然不爲佳也。

《寄董卿嘉榮十韻》，鄭云：都無一毫情韻，苦拗特甚，不足貴也。

《秋日夔府詠懷奉寄鄭監審李賓客之芳一百韻》，鄭云：長篇沉着頓挫，指事陳情，有根節，有骨骼，此老杜獨擅之能，唐人皆出其下，然詩亦不以此爲貴，但可以爲難而已。宋人往往學之，遂以詩當文，濫觴不已，詩道大壞，由老杜啓之也。漫發凡于此云。

「春草何曾歇，寒花亦可憐。」鄭云：無要緊處見情景。

《杜詩通》卷三十四：

《奉留贈集賢院崔國輔於休烈二學士》，鄭云：樸雅。

《送嚴侍郎到綿州同登杜使君江樓得心字》「野興每難盡」，鄭云：灑然。

《別蘇徯》，鄭云：每句中多有不甚通之字。

《送大理封主簿五郎親事不合，卻赴通州。主簿，前閬州賢子，余與主簿平章鄭氏女子，垂欲納采，鄭氏伯父京書至，女子已許他族，親事遂停》，鄭云：有此詩題，有此題詩！

《奉送蘇州李二十五長史丈之任》，鄭云：雖不爲佳，亦自老成。

《冬晚送長孫漸舍人歸州》，鄭云：不獨無情味，而氣韻已索然矣。

《奉送二十三舅錄事之攝郴州》，鄭云：太不成調。

《杜詩通》卷三十五：

《奉和賈至舍人早朝大明宮》「九重春色醉仙桃」，鄭云：不成語。

《曲江二首》其二「酒債尋常行處有，人生七十古來稀。」鄭云：眞率有情。

《曲江值雨》「龍武新軍深駐輦，芙蓉別殿謾焚香。」鄭云：「深」、「謾」二字皆無謂。

《曲江陪鄭八丈南史飲》「自知白髮非春事，且盡芳樽戀物華。」鄭云：瀟灑流暢。

《鄭駙馬宅宴洞中》，鄭云：變體至此，都不是詩，用意可謂過矣。

《院中晚晴懷西郭茅舍》「復有樓臺銜暮景，不勞鐘鼓報新晴。」鄭云：律詩何得如此苟且！

《暮歸》，鄭云：雕苦之過，反合自然，此爲最佳者。

《閣夜》「五更鼓角聲悲壯，三峽星河影動搖。」鄭云：此一聯古今傳誦，終非佳句，此可與知者道。

《小寒食舟中作》「雲白山青」，鄭云：不成語。

《九日》（去年登高郪縣北）「酒闌卻憶十年事，腸斷驪山清路塵。」鄭云：悲歎清楚。

《登高》，鄭云：起結語皆逗滯，節促而興淺，劉辰翁取其鄭重，失之矣。

《秋盡》「秋盡東行且未回」，鄭云：杜公有許多「且」字，用得不愜好。

《秋興八首》其三，鄭云：用匡、劉只是自寓，結句正見同輩以曲學致通顯，而己獨不遇也。

《冬至》「江上形容吾獨老」，鄭云：「吾」字可議。

《杜詩通》卷三十六：

《恨別》「洛城一別四千里，胡騎長驅五六年。」鄭云：上句猶可，此一儷語，不可觀矣。

「思家步月清宵立，憶弟看雲白日眠。」鄭云：終於情景不穩貼，無味故也。

《進艇》，鄭云：不成文理。

《蜀相》「三顧頻煩天下計，兩朝開濟老臣心。」鄭云：此類語鈍滯。

《涪城縣香積寺官閣》「寺下春江深不流，山腰官閣迥添愁。」鄭云：不知何故，要作此語。

「小院迴廊春寂寂，浴鳧飛鷺晚悠悠。」鄭云：亦不爲工。

《詠懷古跡五首》其二「風流儒雅亦吾師」，鄭云：無此等詩句。

《題張氏隱居》（春山無伴獨相求）「澗道餘寒歷冰雪，石門斜日到林丘。」

鄭云：「歷冰雪」牽強。「斜日到林丘」亦無意味。

《七月一日題終明府水樓二首》其二「承家節操尚不泯，爲政風流今在茲。」鄭云：是何結構？

《嚴中丞枉駕見過》「川合東西瞻使節，地分南北任流萍。」鄭云：俱是塡塞七字。

《賓至》「豈有文章驚海內？漫勞車馬駐江干。」鄭云：詩中不可無此風旨。

《杜詩通》卷三十七：

《贈獻納使起居田舍人澄》「晴窗點檢白雲篇」，鄭云：「白雲篇」必有出處，然正使有出，此句總不謂之詩。

《簡吳郎司法》「雲石熒熒高葉曙，風江颯颯亂帆秋。」鄭云：自有風格。

《奉待嚴大夫》，鄭云：悲感動人。

《暮登四安寺鐘樓寄裴十迪》「近市浮煙翠且重」，鄭云：一語無味。

《奉寄章十侍御》「指揮能事回天地，訓練強兵動鬼神。」鄭云：此等語不爲佳，而用意又不爲不苦。

《寄常徵君》「白水青山空復春」，鄭云：不了徹。

《寄杜位》「干戈況復塵隨眼，鬢髮還應雪滿頭。」鄭云：「況復」、「還應」二字全無關係，徒塡滿七字耳，杜老亦有蹋蹳處。

《舍弟觀赴藍田取妻子到江陵喜寄三首》其一「鴻雁影來連峽內，鶺鴒飛急到沙頭。」鄭云：無味。

《杜詩通》卷三十八：

《送王十五判官扶侍還黔中得開字》「大家東征逐子回」，鄭云：「逐」字妥否？

「白白江魚入饌來」，鄭云：用事俗。

《題桃樹》，鄭云：何爲者？

《野人送朱櫻》，鄭云：亦有一種風格，但不工耳。

《釋悶》「四海十年不解兵，犬戎也復臨咸京。」鄭云：「也復」二字無着落。

《杜詩通》卷三十九：

《絕句三首》其三「謾道春來好，狂風大放顛。吹花隨水去，翻卻釣魚船。」

鄭云：有情致。

《少年行》，鄭云：詩亦甚豪。

《三絕句》（前年渝州殺刺史），鄭云：都不是詩。

《承聞河北諸道節度入朝歡喜口號絕句十二首》，鄭云：無一佳者。

《杜詩通》卷四十：

《解悶十二首》其二，鄭云：流麗逍遙。

其八「最傳秀句寰區滿，未絕風流相國能。」鄭云：不成句。

《三絕句》（楸樹馨香倚釣磯）其二，鄭云：有風致。

其三「無數春笋滿林生，柴門密掩斷人行。會須上番看成竹，客至從嗔不出迎。」鄭云：如此絕句，格調既高，風致又妙，眞可空唐人矣。惜其純此者不多，而他皆作一種樸拙之語、鈍滯之聲，不可諷而可恨也。

《贈花卿》，鄭云：杜公絕句，流洒疏俊如此者絕少。

《投簡梓州幕府兼簡韋十郎官》「幕下郎官安隱無？從來不奉一行書。固知貧病人須棄，能使韋郎跡也疏。」鄭云：方是風人本色。

三、鄭善夫評杜傾向分析

（一）標舉《詩經》、漢魏樂府和漢魏古詩，將其作為評價詩歌優劣的最高準繩

鄭善夫是以學杜著稱的詩人，他作詩特別強調對社會現實的干預和諷諫作用，所以他充分肯定並積極繼承杜詩「善陳時事」的現實主義精神，也極力讚揚杜詩所取得的偉大成就，其《葉古厓集序》云：「杜詩渾涵淵澄，千彙萬狀，兼古今而有之，他人不足，彼乃有餘。又善陳時事，精深至千言不少衰。世之學者，劬情畢生，往往只得其一肢半體，杜亦難哉！」王世貞《藝苑卮言》曾謂：「鄭繼之詩如冰淩石骨，質勁不華；又如天寶父老談喪亂，事皆實際，時時感慨。」《福建通志》卷四三《文苑傳》則云：「善夫工於詩，以氣格爲主，憂憤時事，往往發之篇章，評者以爲得杜之骨。」所以鄭善夫對杜詩的批評中，亦時可見對「風旨」的標舉與提倡。如其評《自京赴奉先縣詠懷五百字》「聖人筐篚恩，實欲邦國活」云：「雜議論而自有風旨。」評《賓至》「豈有文章驚海內？漫勞車馬駐江干」云：「詩中不可無此風旨。」

評「吾寧捨一哀，里巷亦嗚咽。所愧爲人父，無食致夭折」云：「置之《三百篇》中亦不愧。」此外，由於「感於哀樂，緣事而發」的漢魏樂府直接繼承了風雅精神，故而鄭善夫亦加以推尊，對老杜此類詩歌多有稱述。如評《哀王孫》曰：「詞體樂府，意義則二雅之奧也，如何贊得！」評《前出塞九首》其四云：「此猶有樂府之風。」評《石壕吏》云：「目前實事，寫得就是樂府。」評《秋雨歎三首》云：「三首有樂府之意，悲咽感慨，語短意長，眞堪屢諷也。」評《狂歌行贈四兄》云：「人倫天性之間，風雅爲近。」

「文必秦漢，詩必盛唐」的理論主張只是人們對李夢陽、何景明文學復古主張的大略概括，就其具體而言仍有分別，他們提倡散文學先秦西漢，古詩學漢魏，近體詩則學盛唐。而鄭善夫無疑全面接受了這種理論主張，其《讀李質庵稿》云：「雅音失其傳，作者隨風移。於楚有屈宋，漢則河梁詞。曹劉氣軒軒，逸文振哀悲。兩晉一精工，六朝遂陵遲。」〔註 13〕這就是鄭善夫對詩歌史的認識，可見他對漢魏以前的古詩頗爲推崇，而對六朝以後詩歌深致不滿，因此鄭善夫評點杜詩古體時亦鮮明地表現出對漢魏格調的拘守與推崇。如其評《前出塞九首》其五「軍中異苦樂，主將寧盡聞」云：「似魏人。」評《後出塞五首》其一云：「純用魏人體格口氣。」評《遣興三首》其一「蓬生非無根」、其二「我今日夜憂」云：「二詩皆有魏人風格，以其不造一種苦怪語也。」評《寫懷二首》其二（「夜深坐南軒）云：「有阮嗣宗之致。」評《夏夜歎》「安得萬里風，飄颻吹我裳？昊天出華月，茂林延疏光」云：「眞魏人語。」

（二）強調詩歌的風神情韻，提倡含蓄，反對真盡苦刻、樸拙無味

鄭善夫對杜詩的偉大成就雖也極力讚揚，但對杜詩藝術上的缺點也有嚴厲的批評。鄭善夫作爲前七子一派，其論詩與何景明相通，何景明在《明月篇序》中以杜詩「出於夫婦者常少」爲失「風人之義」，強調比興手法的運用。鄭善夫也認爲：「詩之妙處，不必寫到眞，不必說到盡，而其欲寫欲說者，自宛然可想，而又不可道，斯得風人之義。杜公往往要到眞處、盡處，反不爲妙。」（按，此乃評《巴西聞收京闕送班司馬入京》之語，焦竑《焦氏筆乘》卷三即引此條，文字稍有異同）鄭則以杜「說到盡」，「寫到眞」爲不得「風人之義」，同樣是強調比興的手法，要求詩歌應含蓄而有韻味，故而特別反對

〔註 13〕鄭善夫《少谷集》卷一下，文淵閣四庫全書本。

杜詩中那些苦刻無味之作。如評《同諸公登慈恩寺塔》云:「後段於遊覽間寓感慨時事,苦刻徒然無味。」評《遣興二首》「天用莫如龍」及「地用莫如馬」云:「二首艱晦,無神氣。」評《贈蜀僧閭丘師兄》鄭云:「此篇雖備極委屈,而乏神韻。」評《閬州東樓筵奉送十一舅往青城得昏字》「雖有車馬客,而無人世喧」云:「無意趣。」評《病橘》、《枯棕》云:「《病橘》、《枯棕》二首,枯槁淺澀,如擊土缶,絕無意味。」評《夜聽許十一誦詩愛而有作》云:「苦刻而傷於情韻,都不可諷矣。」評《百憂集行》云:「此詩只以拙樸勝,情韻終不爲工。」評《與任城許主簿遊南池》云:「無味。」評《陪鄭廣文遊何將軍山林十首》其九「階前樹拂雲」云:「此句無味。」評《重過何氏五首》其三「石欄斜點筆」云:「五字極無味。」評《謁眞諦寺禪師》「凍泉依細石」云:「無味。」評《嚴公廳宴同詠蜀道畫圖得空字》「日臨公館靜,畫滿地圖雄」云:「無意韻。」評《寄董卿嘉榮十韻》云:「都無一毫情韻,苦拗特甚,不足貴也。」鄭善夫認爲詩歌的語言要自然眞率,具有充沛的情感,這樣就自然會具有風致韻味,不必從苦刻錘鍊中求之。《春日梓州登樓二首》其二「天畔登樓眼,隨春入故園。戰場今始定,移柳更能存。厭蜀交遊冷,思吳勝事繁。應須理舟楫,長嘯下荊門。」鄭善夫評云:「直率說話,自是情感,而風致亦具,詩正合如此。」評《曲江二首》其二「酒債尋常行處有,人生七十古來稀」云:「眞率有情。」如前所述,鄭善夫對漢魏樂府頗爲推崇,然而對杜甫那些雖然學習和模仿樂府詩歌,但卻缺乏風致情韻之作,亦持否定態度。如其評杜甫《石龕》開篇「熊羆咆我東,虎豹號我西」二句云:「此類起語,雖學樂府,都無甚意致在。」詩末批曰:「亦劣。」鄭善夫認爲此類機械模仿樂府語成詩之作,由於模仿的痕跡太重,難以抒發作者個人情志,況久而久之,易成俗套,故特別加以反對。然而本此成見而批評杜甫,總不免膠柱鼓瑟,偏頗狹隘。

鄭善夫還認爲詩當以「興致爲宗」,「氣格爲病」,杜甫一些詩作故爲高古,不如孟浩然詩有風度韻致。與鄭同時的王廷相在《與郭價夫學士論詩書》中提出「詩貴意象透瑩」的主張,並批評杜甫《北征》、韓愈《南山》等詩「漫敷繁敘,塡事委實」。而鄭善夫評杜甫《火》詩云:「韓文公《陸渾詩》已自不成詩,然猶以學問勝,此何爲者?」其論與王廷相可謂同出一轍,二人所論反映了明中期開始的尚虛靈的審美傾向,這種傾向又與七子派的重視比興緊密相關。如《三絕句》其三:「無數春笋滿林生,柴門密掩斷人行。會須上番看成竹，客至從嗔不出迎。」鄭善夫評云：「如此絕句，格調既高，風致又妙，眞可空唐人矣。惜其純此者不多，而他皆作一種樸拙之語、鈍滯之聲，不可諷而可恨也。」楊愼亦曰：「『楸樹』三絕句，格調既高，風致又韻，眞可一空唐人。」（《杜詩詳注》卷一一引）二人所評竟完全一致，又是同時人，本不易辨出先後，然鄭善夫比楊愼要大三歲，從鄭善夫評語的連貫性來看，出於鄭善夫的可能性很大。此詩通過歌詠春笋，表達了閉門謝客、護笋成竹的心願，雖用意新巧，寄託遙深，然而鄭善夫置杜甫的大量名篇佳作而不顧，反將此類詩歌奉爲杜詩成就最高之作，正可看出其理論偏差所導致的審美偏離程度。

（三）注意區分唐音與杜格，以為杜詩乃風雅之「變體」，主張有限度有選擇地學習

高棅《唐詩品彙・凡例》曰：「大略以初唐爲正始，盛唐爲正宗、大家、名家、羽翼，中唐爲接武，晚唐爲正變、餘響。」是謂「九格」。他又將唐詩分爲七類，與「九格」組合，排定唐代詩人。結果，七類中李白均爲正宗，杜甫有五類是大家，兩類是羽翼，均未登正宗之列。李東陽也注意把杜詩與唐音區分開來，《麓堂詩話》評閩派詩人曰：「林子羽《鳴盛集》專學唐，袁凱《在野集》專學杜。」〔註 14〕何景明《明月篇序》曰：「乃知子美辭固沉著，而調失流轉，雖成一家語，實則詩歌之變體也。夫詩本性情之發者也。其切而易見者，莫如夫婦之間，是以《三百篇》首乎雎鳩，六義首乎風。而漢魏作者，義關君臣朋友，辭必託諸夫婦，以宣鬱而達情焉，其旨遠矣。由是觀之，子美之詩，博涉世故，出於夫婦者常少；致兼雅頌，而風人之義或缺，此其調反在四子之下歟？」

鄭善夫對何景明的理論頗爲認同，如評《客亭》「日出寒山外，江流宿霧中」云：「詠景之語，超出唐人之外。」評《秋日夔府詠懷奉寄鄭監審李賓客之芳一百韻》云：「長篇沉着頓挫，指事陳情，有根節，有骨骼，此老杜獨擅之能，唐人皆出其下，然詩亦不以此爲貴，但可以爲難而已。宋人往往學之，遂以詩當文，濫觴不已，詩道大壞，由老杜啓之也。漫發凡於此云。」對杜詩長篇的「沉着頓挫，指事陳情，有根節、骨格」，鄭善夫只承認杜甫是達到了別人難以達到的高度，但認爲這並不是詩歌最爲重要的東西，而且宋人學

〔註 14〕李東陽《麓堂詩話》，丁福保輯《歷代詩話續編》本，中華書局 1983 年，第 1374 頁。

之，反致「以文爲詩，詩道大壞」。又評《石犀行》云：「何大復謂詩法亡於杜，雖不可謂亡，然如《石筍》、《石犀》等篇，體亦已大變矣，宜其起宋人一種村惡詩派也。」評《秋日寄題鄭監湖上亭三首》其三「揮金應物理，拖玉豈吾身」云：「不是詩句，此等往往引壞後人。」如其評《鳳凰臺》云：「此等詩意、詩格，只杜子爲之，已自不愜人意，世人欲傚之者，眞癡也。」評《南池》云：「故爲奇刻，而實膚陋，爲詩決不可學。」評《除草》云：「比《送菜》、《伐木》稍成文理，然亦不必作，亦不必傳，今人一概誦之，可笑也。」評《病橘》云：「苦惱勉強，只欲擺脫一時工聲韻者習氣，然已非詩法矣，亦作俑之弊也。此類甚多，聊著於此。」如評《義鶻行》云：「此亦杜公之能，人亦不必能也。」評《最能行》云：「此類詩，總不必作。」基於此種認識，鄭善夫對杜甫的許多詩句都抱著批評和防範的態度，因此出現大量的「不足貴」、「不必作」、「不必能」這樣的評語也就不足爲奇了。

（四）批評杜詩字法句法之不當

鄭善夫的杜詩評點中「不成語」、「不成句」、「敗語」之類的評語數量最多，如評《蘇端薛復筵簡薛華醉歌》云：「篇中『端復得之名譽早』、『開筵上日思芳草』及『移遠梅』、『插晴昊』、『如澠之酒』等句，皆杜撰不成語。」評《送樊二十三侍御赴漢中判官》「天子從北來」云：「不成語。」評《送韋十六評事充同谷防禦判官》「論兵遠壑淨」云：「不成語。」評《將適吳楚留別章使君留後兼幕府諸公得柳字》「不意青草湖，扁舟落吾手」云：「不成語。」評《寄柏學士林居》「自胡之反持干戈」云：「不成語。」評《覆舟二首》云：「二首大不成語。」評《重題鄭氏東亭》「殘雲傍馬飛」云：「不成語。」此類甚多，不暇盡舉。王世貞曾說：「太白不成語者少，老杜不成語者多，如『無食無兒』、『舉家聞若欬』之類。凡看二公詩，不必病其累句，不必曲爲之護。正使瑕瑜不掩，亦是大家。」〔註 15〕王世貞比鄭善夫要晚約五十年，那麼我們從他們對杜詩「不成語」之類評價中，也許能夠發現貶杜論從鄭善夫到王世貞之間呈遞的脈絡。

鄭善夫對杜詩的異議中，對詩句中的副詞指摘較多，如評《李監宅二首》其一「尚覺王孫貴」云：「『尚』字全無當。」評《重過何氏五首》其五「到此應常宿」云：「『應常』二字，不大可通，杜公多此病。」評《秋盡》「秋盡

〔註 15〕王世貞《藝苑卮言》卷四，《歷代詩話續編》本，中華書局 1983 年，第 1009 頁。

東行且未回」云：「杜公有許多『且』字，用得不愜好。」評《冬至》「江上形容吾獨老」云：「『吾』字可議。」評《送王十五判官扶侍還黔中得開字》「大家東征逐子回」云：「『逐』字妥否？」評《釋悶》「四海十年不解兵，犬戎也復臨咸京」云：「『也復』二字無著落。」在鄭善夫的杜詩評語中，有大量內容由於過於簡短，令人不知所云，從中可見鄭善夫輕率與不負責任的批點態度。

四、鄭善夫貶杜論平議

（一）由於空疏不學導致對杜詩含義和妙處不能理解和領悟

在鄭善夫的貶杜論中，有很多內容表達了對杜詩的不解，多著「不可解」之評。如《寫懷二首》其二結句：「終然契眞如，得匪合仙術」，鄭善夫評曰：「不甚可解。」按，「眞如」乃佛教用語的梵文意譯，謂永恒存在的實體、實性，亦即宇宙萬有的本體，與「實相」、「法界」同義。《成唯識論》卷九曰：「眞謂眞實，顯非虛妄；如謂如常，故曰眞如。」「合仙術」之「合」，一作「金」。宋阮閱《詩話總龜》卷十八曰：「『終然契眞如，得匪金仙術』二句，並從一作。正文作『終契如往還，得匪合仙術』，今不取。」「金仙」即佛，「金仙術」，實爲佛教教義。其實此處異文，宋本《九家集注杜詩》當中即已作爲異文存在，又徵引了趙次公、師古對「金仙術」的注釋，可謂清晰明瞭。而鄭善夫似無暇翻閱舊本，倉促作評，故難得正解，正可見其不學之淺陋。又如《禹廟》「早知乘四載，疏鑿控三巴。」鄭云：「二句不甚可解。」按，「乘四載」，語出《尚書・益稷》：「予乘四載，隨山刊木。」孔傳：「所載者四，謂水乘舟，陸乘車，泥乘輴，山乘樏。」孔穎達疏：「我乘舟、車、輴、樏等四種之載。」因此這兩句的意思是，禹乘四載以治水，以前我早已知之，現今我親至三巴而見其疏鑿遺跡，爲其治水偉業而讚歎不已。揣摩鄭善夫以爲此二句的不可解之原因，極有可能一是不明「乘四載」的典故出處，二是對「早知」語氣的不解。亦可見鄭善夫的空疏不學，正是導致他不能眞正理解杜詩的重要原因之一。又如鄭善夫評《獨坐二首》其二「白狗斜臨北，黃牛更在東」云：「二峽名取對，有何情趣？」按，詩中這兩個地名均是以險峻著名。白狗峽，在今湖北秭歸縣歸州鎮東二十里，今稱兵書寶劍峽。此處長江南岸巨壁聳立，白石隱見，狀如狗吠，故稱。黃牛峽，今湖北宜昌西二十公里的西陵峽內，灘多水險，曲折難行。可見這兩句詩雖在字面上只是敘述地理，實爲表達不得路途既遙遠又多險阻，表現出詩人滯留峽中不得返鄉的遺憾與落寞。杜甫善於在詩中將兩地之名並提以表達獨特情感，如《送韓十四江東省覲》「黃牛峽靜灘聲轉，白馬江寒樹影稀」，一寫客到之地，一寫己留之地，兩地情景中暗含了友朋之間互致思念的款款深情。又如「地闊峨眉晚，天高峴首春」（《贈別鄭煉赴襄陽》），「寒空巫峽曙，落日渭陽情」（《奉送卿二翁統節度鎮軍還江陵》）均是如此。除此之外，「白狗斜臨北，黃牛更在東」一聯從句法來看，也是杜甫擅用的一種表現手法，也就是他常打破結構句法的常規，將富有形象感和表現力的顏色字置於句子開頭，從而收到更強烈的表現效果。如「青惜峰巒過，黃知桔柚來」（《放船》），「紅取風霜實，青看雨露柯」（《江頭五詠》），「紫收岷嶺芋，白種陸池蓮」（《秋日夔府詠懷奉寄鄭監李賓客一百韻》），「碧知湖外草，紅見海東雲」（《晴二首》）。可見鄭繼之對此聯的不解，認爲它缺乏情趣，乃是由於個人藝術感覺的偏狹與淺陋，難以對杜詩中特殊的藝術手法和藝術匠心理解和欣賞。以上這些都是鄭善夫空疏不學的表現，是其評杜中最爲失敗之處。

（二）藝術審美感覺的偏狹，導致對杜詩批評的偏頗

鄭善夫杜詩評點中還有相當一部分內容表現出其藝術感覺的偏狹，因此其對杜詩的批評頗多不當之處。審美感覺的偏差與其性格的偏頗應該有很大關聯，但遺憾的是鄭善夫對此在主觀上並未有充分的認識，反而常常自以爲獨得，其評點杜詩的態度輕率，漫自矜大，傲慢輕人，使氣罵座，令人生厭。例如其評《兵車行》云：「此行爲諸家所賞，然實未爲杜公絕唱也。」對此詩末尾「君不見，青海頭，古來白骨無人收。新鬼煩冤舊鬼哭，天陰雨濕聲啾啾。」鄭善夫評云：「結語亦尋常而節緩。」評《洗兵馬》云：「此篇多陋語，可怪。」評《月夜憶舍弟》「戍鼓斷人行，邊秋一雁聲」云：「二句皆佳，上句雅，下句陋，此難辨也。」評《閣夜》「五更鼓角聲悲壯，三峽星河影動搖」云：「此一聯古今傳誦，終非佳句，此可與知者道。」評《觀公孫大娘弟子舞劍器行》云：「自是佳篇，然終少奇警處。」評《登高》云：「起結語皆逗滯，節促而興淺，劉辰翁取其鄭重，失之矣。」評《恨別》「洛城一別四千里，胡騎長驅五六年」云：「上句猶可，此一儷語，不可觀矣。」評「思家步月清宵立，憶弟看雲白日眠」云：「終於情景不穩貼，無味故也。」評《蜀相》「三顧頻煩天下計，兩朝開濟老臣心」云：「此類語鈍滯。」評《詠懷古跡五首》其二「風流儒雅亦吾師」云：「無此等詩句。」通過鄭善夫對杜詩名篇的指摘

可以看出，其藝術感覺常迥異諸家，故意標新立異，顯示出他吹毛求疵、狹隘苛刻的缺點。除了藝術感覺的偏狹之外，從鄭善夫貶杜論中可以看到其似乎偏執的心理，就是偏要顛覆詩聖頭上的光環，通過指摘其詩歌的毛病，把他拉回普通詩人的行列，甚至讓杜甫就和自己一樣沒什麼區別，這種陰暗的心理表現就是，他一直以一種異樣的眼神審視杜詩，努力尋找「老杜躡蹶處」，如其評《寄杜位》「干戈況復塵隨眼，鬢髮還應雪滿頭」云：「『況復』、『還應』二字全無關係，徒填滿七字耳，杜老亦有躡蹶處。」評《嚴中丞枉駕見過》「川合東西瞻使節，地分南北任流萍」云：「俱是填塞七字。」而且凡是杜詩中涉及飲食的詩句，鄭善夫都表示厭惡和嘲諷，如評《陪鄭廣文遊何將軍山林十首》其七「脆添生菜美，陰益食單涼」云：「杜可厭皆此類也。」評《江閣臥病走筆寄呈崔、盧兩侍御》「滑憶雕胡飯，香聞錦帶羹」云：「又作饞態。」《佐還山後寄三首》其二「白露黃粱熟，分張素有期。已應舂得細，頗覺寄來遲。味豈同金菊？香宜配綠葵。老人他日愛，正想滑流匙。」鄭善夫評云：「乞相饞樣。」從這些評語的表現來看，眞讓人懷疑鄭善夫只是以個人的好惡作爲評價的標準，看來我們若寄希望於鄭善夫能採取客觀公正的批評態度，那定將是一種奢求。

（三）某些對杜詩藝術細節的指摘具有參考價值

不容否認，鄭善夫的杜詩評語中，對某些藝術細節的指摘具有一定的參考價值。比如鄭善夫對杜詩中的用典非常關注，其批點中多次批評杜詩用典不當，反對藝術上重複，其論有些道理。如《八哀詩·贈左僕射鄭國公嚴公武》「京兆空柳色，尙書無履聲。」鄭云：「已言其死，又言其死，終覺重複。」「顏回竟短折，賈誼徒忠貞。」鄭云：「雖欲明其短折，然人事大不相類。」鄭善夫認爲杜詩中以孔子弟子顏回的短命來比擬嚴武的英年早逝不甚妥當，因爲嚴武是一介武夫，而顏回是個文人，所以「人事大不相類」，應該說這個指摘還是有道理的。又如《秦州見敕目》「仰思調玉燭，誰定握青萍。」鄭善夫評云：「『萍』字重出（指上有『浩蕩逐流萍』句），又礙『掘劍』（指上『掘獄知埋劍』句），爲重用，殆偶誤。」「青萍」乃寶劍之典，雖與「流萍」含義不同，畢竟字面有些重複。至於與上面「掘劍」之典相重，考慮到律詩起承轉合的章法，倒並不屬於什麼特別明顯的瑕疵。又如《示姪佐》「多病秋風落，君來慰眼前。自聞茅屋趣，只想竹林眠。滿谷山雲起，侵籬澗水懸。嗣宗諸子侄，早覺仲容賢。」鄭善夫評云：「既用此語爲結，則聯中不宜復用『竹林』字矣，此亦詩家所忌也。」鄭善夫指出「頷聯」中「只想竹林眠」句從字面上已經容易讓人生發對「竹林七賢」的聯繫，而尾聯「仲容賢」又用竹林七賢阮籍、阮咸之事，乃是重複，其論雖有些道理，但似乎也忽略了律詩的起承轉合之道。又如《重過何氏五首》其一：「問訊東橋竹，將軍有報書。倒衣還命駕，高枕乃吾廬。花妥鶯捎蝶，溪喧獺趁魚。重來休沐地，眞作野人居」鄭善夫評云：「聯中既有『吾廬』，結句復如此用，失於太照顧矣。」雖從字面意思上看，尾聯的「野人居」與頷聯「吾廬」重複，但是從全詩整體的照應來看，這正是杜律嚴謹細緻之處，王嗣奭《杜臆》便指出：「『倒衣還命駕』二語，正述『報書』，而末有『眞作野人居』之語，正與『吾廬』相應，加一『眞』字以實之。」〔註16〕可見，王愼中所言雖亦有據，但未必爲知言，其論與王嗣奭相較，淺深自別。

總之，鄭善夫評杜從前七子的詩歌理論出發，表現出對杜詩接受鮮明的選擇性與傾向性。由於其詩歌理論的偏狹，對杜詩的評價出現了迥異諸家的偏頗傾向。其批評中雖有少量有價值的意見，對杜詩中的某些瑕疵能夠突破尊杜論的藩籬進行大膽指摘，有助於人們全面認識杜詩的創作成就和藝術水準，但由於空疏不學，導致對杜詩妙處難以深入理解和領悟。加之審美感覺的異常偏狹和批評態度的偏執，造成對杜詩大量不公正的評價，貶損和抹殺了杜詩的藝術成就。其輕率無知的表現，自詡過甚的傲慢態度，已經到了令人吃驚的程度。且此風一開，在明清的杜詩學界產生了較爲惡劣的影響。鄭善夫的貶杜論作爲杜詩學史上的一種獨特的現象，雖然本身所論無甚價值，但作爲杜詩接受的反面教材，對於我們瞭解明代文化背景下杜詩學發生演變的過程，無疑仍有較大的認識意義和參考價值。

第三節　鄭善夫與王愼中杜詩評語的釐定與區分

鄭善夫與王愼中都是明代駁杜論的代表人物，二人的杜詩評語中多有相重之處，爲了明晰起見，茲將二人相同或相似之評語並列排出，以供研究者比較分析。鄭善夫評語均出自胡震亨《杜詩通》，王愼中評語則出自盧坤「五家評本」《杜工部集》（簡稱《五家評本》）和許自昌《集千家注杜工部集》王愼中手批本（簡稱《手批本》）。爲了便於區分比較，茲以《杜詩通》中徵引

〔註16〕王嗣奭《杜臆》卷一，上海古籍出版社1983年，第24頁。

鄭善夫評語之先後爲次，將《五家評本》和《手批本》本中的相關內容附列其下以供參照。

一、鄭善夫與王慎中杜詩評語相同或相似內容輯錄比較

《前出塞九首》其七：「浮雲暮南征，可望不可攀。」

鄭云：結語似學魏人，然魏人緩而有意，此則殊無謂矣。（《杜詩通》卷一）

王云：結學魏人，然魏人緩而有意，此殊無謂。（《五家評本》卷三、《手批本》卷六）

《後出塞五首》其一

鄭云：純用魏人體格口氣。（《杜詩通》卷一）

王云：純用魏人體格口氣。（《五家評本》卷三、《手批本》卷六）

《後出塞五首》其三

鄭云：此篇拙甚。

王云：（豈知英雄主，出師亙長雲）語拙甚（《手批本》卷六作「二語甚拙」）

《留花門》「中原有驅除，隱忍用此物。」

鄭云：幾於押韻。（《杜詩通》卷一）

王云：幾於押韻而已。（《五家評本》卷二、《手批本》卷三）

《遣興三首》其一「蓬生非無根」、其二「我今日夜憂」

鄭云：二詩皆有魏人風格，以其不造一種苦怪語也。（《杜詩通》卷二）

王云：皆有魏人風骨，以其不造一種苦怪語也。（《手批本》卷五）

《遣興二首》「天用莫如龍」及「地用莫如馬」

鄭云：二首艱晦，無神氣。（《杜詩通》卷二）

王云：艱晦，無神氣。（《五家評本》卷三、《手批本》卷五）

《寫懷二首》其二

鄭云：結句（「終然契眞如，得匪合仙術」）不甚可解。（《杜詩通》卷二）

王云：結語不甚可解。（《五家評本》卷七、《手批本》卷十八）

《壯遊》

鄭云：此詩豪宕奇偉，無一句一字不穩貼，此等乃見老杜之神力。（《杜詩通》卷二）

王云：豪蕩奇偉，無一字一句不穩貼，此乃可見老杜神力，欲學者宜於此處參究。（《五家評本》卷七、《手批本》卷十五）

《牽牛織女》

鄭云：拗鬱多事，反不成篇。（《杜詩通》卷三）

王云：抑鬱多事，反不成篇。（《五家評本》卷六、《手批本》卷十四）

《火》

鄭云：韓文公《陸渾詩》已自不成詩，然猶以學問勝，此何為者？（《杜詩通》卷三）

王云：韓文公《陸渾火》詩已不成章，猶以學問勝，如此欲何為哉？（《五家評本》卷六、《手批本》卷十四）

《遊龍門奉先寺》「已從招提遊，更宿招提境。」

鄭云：起句無味，「已」、「更」二字更無味。（《杜詩通》卷三）

王云：起無味，（已、更）二字更無味。（《五家評本》卷一）

《同諸公登慈恩寺塔》

鄭云：後段於遊覽間寓感慨時事，苦刻徒然無味。（《杜詩通》卷三）

王云：後八句殊不成文理，於遊覽間寓感慨時事，自不應如此苦刻沉晦，徒然無味。（《五家評本》卷一、《手批本》卷一）

《自京赴奉先縣詠懷五百字》「聖人筐篚恩，實欲邦國活。」

鄭云：雜議論，而自有風旨。又云：置之《三百篇》中亦不愧。（《杜詩通》卷三）

王云：雖議論，而自有風旨。又云：置之《三百篇》中亦不愧。（《五家評本》卷一）

《述懷》「涕淚受拾遺，流離主恩厚。柴門雖得去，未忍即開口。」

鄭云：固善造語，亦由忠怛有本性，言不可以強為也。（《杜詩通》卷三）

王云：固善造語，亦由忠怛有本性，言不可強為也。（《五家評本》卷二）

《鐵堂峽》

鄭云：悲苦感慨，盡行旅之況。（《杜詩通》卷四）

王云：二篇行旅之況，悲苦感慨，妙不可極，與後《寒硤》同。（《五家評本》卷三、《手批本》卷六）

《龍門鎮》

鄭云：此篇爲劣。（《杜詩通》卷四）

王云：此篇爲劣。（《五家評本》卷三）

《石龕》「熊羆咆我東，虎豹號我西。」

鄭云：此類起語，雖學樂府，都無甚意致在。詩末批曰：亦劣。（《杜詩通》卷四）

王云：起雖學樂府，然不佳，都無甚意致。（《五家評本》卷三、《手批本》卷六）

《萬丈潭》

鄭云：無字不經鍛琢，雄峻峭深，令人神奪。（《杜詩通》卷四）

王云：無一字不經鍛鍊雕琢，雄峻深峭，令人神奪，但韻不勝耳。（《五家評本》卷三）（《手批本》卷六）

《水會渡》「微月沒已久，崖傾路何難。」

鄭云：此豈不尋常，而尤爲佳造。（《杜詩通》卷四）

王云：此豈不尋常，而尤爲難造。（《五家評本》卷三、《手批本》卷六）

《五盤》「好鳥不妄飛」

鄭云：又作一種風味。（《杜詩通》卷四）

王云：又作一等風味。（《五家評本》卷三）

王云：又作一種風味。（《手批本》卷六）

《上水遣懷》「篙工密逞巧，氣若酣杯酒。歌謳互激越，回斡明受授。」

鄭云：觀篙工觸類推之，求古來經濟之才，如操舟之妙者，何獨罕有？屈曲用比，詩何得如是耶？此皆老杜逗滯處，篇篇有之。（《杜詩通》卷五）

王云：此老杜逗滯處，篇篇有之。（《五家評本》卷八、《手批本》卷十九）

《破船》「船舷不重扣，埋沒已經秋。仰看西飛翼，下愧東逝流。」

鄭云：破船亦不倫。（《杜詩通》卷六）

王云：不倫。（《五家評本》卷五、《手批本》卷十一）

《除草》

鄭云：比《送菜》、《伐木》稍成文理，然亦不必作，亦不必傳，今人一概誦之，可笑也。（《杜詩通》卷六）

王云：較前二作，稍成文理。（《五家評本》卷五、《手批本》卷十四）

《暇日小園散病，將種秋菜，督勒耕牛，兼書觸目》「飛來雙白鶴，暮啄泥中芹。」

鄭云：老杜最有此病。（《杜詩通》卷六）

王云：最有此病。（《五家評本》卷六、《手批本》卷十七）

《雨過蘇端》「雞鳴風雨交，久旱雨亦好。」

鄭云：「亦」字緩。（《杜詩通》卷六）

王云：「亦」字緩。（《五家評本》卷二）

《晦日尋崔戢李封》

鄭云：全篇皆是唐人公派，但從杜公口中陶鑄一番，自與人不同。自「上古葛天民」以下十句，乃杜公自作機軸，就不爲妙。信乎能爲異者，要於同中異，不宜以異異也。（《杜詩通》卷七）

王云：全篇皆是唐人公派，出杜公口，自與他人不同。自（《手批本》作「至」）「上古」以下十句，自出機軸（《手批本》作「是公自出機軸」），就不爲妙，信能爲異者，須同而異也。（《五家評本》卷二、《手批本》卷四）

《白水崔少府十九翁高齋三十韻》

鄭云：其多處固爲長技，然何如刪去累句，成一純然佳篇。（《杜詩通》卷七）

王云：其多處固爲長技，然刪去累句，純然佳篇，何必以多爲尚哉！（《五家評本》卷一、《手批本》卷三）

《贈蜀僧閭丘師兄》

鄭云：此篇雖備極委屈，而乏神韻。（《杜詩通》卷七）

王云：雖極委屈，終無神韻。（《五家評本》卷四）（《手批本》卷七）

《贈蘇四徯》「有才何棲棲，將老委所窮。」

鄭云：老杜好用「所」字，而多用不恰。（《杜詩通》卷八）

王云：老杜好用「所」字，用不當者頗多。（《五家評本》卷七）

《別唐十五誡因寄禮部賈侍郎》「蕭條四海內，人少豺虎多。」

鄭云：詩人安得有此？《三百篇》正義也。（《杜詩通》卷九）

王云：詩人安得有此？皆《三百》正義也。（《五家評本》卷五、《手批本》卷十一）

《送高三十五書記十五韻》「又如參與商」

鄭云：「又」字無下落。（《杜詩通》卷九）

王云：「又」，此一字無下落。（《五家評本》卷一、《手批本》卷二）

《送樊二十三侍御赴漢中判官》「天子從北來」

鄭云：不成語。（《杜詩通》卷九）

王云：不成語。（《五家評本》卷二、《手批本》卷三）

《送從弟亞赴河西判官》「坐看清流沙，所以子奉使。」

鄭云：「所以」二字無當。（《杜詩通》卷九）

王云：（所以）二字無當。（《手批本》卷三）

全詩末，鄭云：雄心銳氣，奮發飛騰，而造語雕字之力，妙出筆墨外。

王云：雄心銳氣，奮發飛騰，而造語雕字之力，妙出筆墨（「墨」，《手批本》作「毫」）。（《五家評本》卷二、《手批本》卷三）

《送韋十六評事充同谷防禦判官》「論兵遠壑淨」

鄭云：不成語。（《杜詩通》卷九）

王云：（遠壑淨）不成語。（《五家評本》卷二、《手批本》卷三）

「題詩得秀句，箚翰時相投。」

鄭云：詩家送人，此等結，自是常調，但此篇全皆□□□。

王云：結語似爲不倫。

《閬州東樓筵奉送十一舅往青城得昏字》「雖有車馬客，而無人世喧。」

鄭云：無意趣。（《杜詩通》卷十）

王云：無意趣。（《五家評本》卷五、《手批本》卷十）

「天寒鳥獸伏，霜露在草根。」

鄭云：語古。（《杜詩通》卷十）

王云：語古。（《手批本》卷十）

《送重表侄王砅評事使南海》

鄭云：一篇《史記》，此等筆力，眞扛鼎手也。（《杜詩通》卷十）

王云：一篇《史記》，此等筆力，眞扛鼎手。（《五家評本》卷八）

《將適吳楚留別章使君留後兼幕府諸公得柳字》

鄭云：世情行跡，時久事變之感，崢嶸飛動，無不極其工。（《杜詩通》卷十）

王云：世情行跡，時久事變，崢嶸飛動，妙絕意表，其欲去此適彼及難與為別而留語諸公之意，無不極其工。（《五家評本》卷五）

「不意青草湖，扁舟落吾手。」

鄭云：不成語。

王云：不成語。（《五家評本》卷五、《手批本》卷十）

《八哀詩．贈左僕射鄭國公嚴公武》「京兆空柳色，尚書無履聲。」

鄭云：已言其死，又言其死，終覺重複。（《杜詩通》卷十一）

王云：又言其死，重出。（《五家評本》卷七、《手批本》卷十三）

《八哀詩．故著作郎貶台州司戶滎陽鄭公虔》「反復歸聖朝，點染無滌蕩。」

鄭云：替他洗脫污僞之名，用意深至。（《杜詩通》卷十一）

王云：替他出脫污僞之罪，用意深至。（《五家評本》卷七、《手批本》卷十四）

《病橘》

鄭云：苦惱勉強，只欲擺脫一時工聲韻者習氣，然已非詩法矣，亦作俑之弊也。此類甚多，聊著於此。（《杜詩通》卷十二）

王云：苦惱勉強，只欲擺脫一時。（《五家評本》卷四、《手批本》卷八）

《枯椶》

鄭云：《病橘》、《枯椶》二首，枯槁淺澀，如擊土缶，絕無意味。（《杜詩通》卷十二）

王云：與前首皆枯槁淺澀，如擊土（「土」，《五家評本》作「大」）缶，絕無意味。（《五家評本》卷四、《手批本》卷八）

《義鶻行》

鄭云：此亦杜公之能，人亦不必能也。（《杜詩通》卷十二）

王云：奇事奇篇，此亦杜公之能，人固不能，而亦不必能也。（《五家評本》卷二、《手批本》卷四）

《哀王孫》

鄭云：詞體樂府，意義則二雅之奧也，如何贊得！（《杜詩通》卷十三）

王云：詞體化出樂府，而意義則雅頌之奧也，如何替？（《五家評本》卷一）

《錦樹行》

鄭云：信是雜亂，但次第無端由處，見一種感歎。（《杜詩通》卷十三）

王云：信是紊亂，但於次第無由中，見一種感慨。（《五家評本》卷七）

《可歎》

鄭云：雜亂鈍拙，都不可讀。（《杜詩通》卷十三）

王云：雜亂鈍拙，皆不可讀。（《五家評本》卷七、《手批本》卷二十）

《百憂集行》

鄭云：此詩只以拙樸勝，情韻終不爲工。（《杜詩通》卷十四）

王云：以拙樸勝，情韻終不工。（《五家評本》卷四、《手批本》卷八）

《秋雨歎三首》

鄭云：三首有樂府之意，悲咽感慨，語短意長，眞堪屢諷也。（《杜詩通》卷十四）

王云：三首有樂府意，悲咽感慨，語短意長，眞可屢諷也。（《五家評本》卷一）

《石犀行》

鄭云：何大復謂詩法亡於杜，雖不可謂亡，然如《石筍》、《石犀》等篇，體亦已大變矣，宜其起宋人一種村惡詩派也。（《杜詩通》卷十五）

王云：即是《石筍行》也。何大復常謂詩法亡於杜，雖不謂亡，亦已變矣，宜有一種江西詩派。（《五家評本》卷四、《手批本》卷八）

《最能行》

鄭云：此類詩，總不必作。（《杜詩通》卷十五）

王云：比《杜鵑》稍成音節，亦不必作。（《五家評本》卷六、《手批本》卷十四）

《久雨期王將軍不至》

鄭云：結得寂然，通無着落。（《杜詩通》卷十六）

王云：結甚寂然，通無着落。（《五家評本》卷七）

《投簡咸華兩縣諸子》

鄭云：全篇悲壯，絕無字句之恨矣。（《杜詩通》卷十六）

王云：全篇悲壯，絕無一字之恨。（《五家評本》卷四、《手批本》卷一）

《徐卿二子歌》

鄭云：尋常平穩耳。（《杜詩通》卷十六）

王云：尋常平穩耳。（《五家評本》卷四、《手批本》卷八）

《狂歌行贈四兄》

鄭云：人倫天性之間，風雅爲近。（《杜詩通》卷十六）

王云：人倫天性之間，發得風騷。（《五家評本》卷十八、《手批本》卷十二）

《大覺高僧蘭若》

胡震亨云：鄭繼之謂此篇殊不成語，得之。（《杜詩通》卷十六）

王云：（一老猶鳴日暮鐘，諸僧尚乞齋時飯）不成語。（《五家評本》卷八、《手批本》卷十七）

《寄柏學士林居》「自胡之反持干戈」

鄭云：不成語。（《杜詩通》卷十七）

王云：不成語。（《五家評本》卷七）

《杜鵑行》（君不見昔日蜀天子）

鄭云：《鳳凰臺》、《石筍行》、《杜鵑行》，皆不是詩家本宗，雖刻苦出奇，難以爲訓。（《杜詩通》卷十八）

王云：雖刻苦出奇，難以爲訓。（《五家評本》卷四、《手批本》卷十三）

《奉先劉少府新畫山水障歌》「野亭春還雜花遠」

鄭云：媚婉處又詣極幽巧。（《杜詩通》卷十八）

王云：媚婉，又語極幽秀。（《五家評本》卷一）

《觀公孫大娘弟子舞劍器行》

鄭云：自是佳篇，然終少奇警處。（《杜詩通》卷十八）

王云：自是佳篇，然中少奇警處。（《五家評本》卷七）

《喜達行在所三首》其三「猶瞻太白雪，喜遇武功天。」

鄭云：直而不工。（《杜詩通》卷十九）

王云：平直不工。（《五家評本》卷十）

《覆舟二首》

鄭云：二首大不成語。（《杜詩通》卷十九）

王云：大不成詩。（《五家評本》卷十五、《手批本》卷十五）

《落日》「啅雀爭枝墜，飛蟲滿院遊。」

鄭云：小點綴，自是佳句。（《杜詩通》卷二十）

王云：小點綴，佳。（《五家評本》卷十一、《手批本》卷七）

《返照》「已低魚復暗，不盡白鹽孤。」

鄭云：語若無難者，而妙處非人可及。（《杜詩通》卷二十）

王云：二句若無難者，妙處人自不能及。（《五家評本》卷十五）

《朝雨》「黃綺終辭漢」

鄭云：忽入此，妥否？（《杜詩通》卷二十）

王云：忽然入此，亦不妥。（《五家評本》卷十一、《手批本》卷八）

《春夜喜雨》「曉看紅濕處，花重錦官城。」

鄭云：挽得風味。（《杜詩通》卷二十）

王云：宛得風味。（《五家評本》卷十一、《手批本》卷七）

《雨晴》（天外秋雲薄）「胡笳樓上發」

鄭云：何故？（《杜詩通》卷二十）

王云：是何故也？（《五家評本》卷十、《手批本》卷四）

《雨晴》（雨時山不改）「雨時山不改，晴罷峽如新。」

鄭云：刻意之句，然不成詩。（《杜詩通》卷二十）

王云：刻意之句，不成詩。（《五家評本》卷十五、《手批本》卷十五）

《晚晴》（村晚驚風度）「杯乾自可添」

鄭云：樸得好。（《杜詩通》卷二十）

王云：樸得好。（《手批本》卷八）

「時聞有餘論，未怪老夫潛。」

鄭云：翻得好。

王云：翻得異（「異」，《手批本》作「實」）。（《五家評本》卷十一、《手批本》卷八）

《對雪》「胡雲冷萬家」

鄭云：險語突兀，自是一種。(《杜詩通》卷二十)

王云：險語突兀，自是一種。(《五家評本》卷十八、《手批本》卷二十)

《又雪》「焉得北之朝」

鄭云：雪中着此，不倫。(《杜詩通》卷二十)

王云：雪中着此，亦不倫。(《五家評本》卷十四、《手批本》卷十二)

《早起》「一丘藏曲折，緩步有躋攀。」

鄭云：不刻不急，趣味殊深。(《杜詩通》卷二十)

王云：不刻不急，趣況獨深。(《五家評本》卷十一、《手批本》卷七)

《春日江村五首》其一「乾坤萬里眼，時序百年心。」

鄭云：此等語，今不可復作矣。(《杜詩通》卷二十一)

王云：此等語，亦不可復作矣。(《五家評本》卷十三、《手批本》卷十二)

其四「郊扉存晚計，幕府愧群材。」

鄭云：此等語，便不可及，不必在苦作翻硬也。

王云：只此尤不可及，正不必苦作翻硬也。

其五

鄭云：此詩體惟杜老有之，他人學之，不成說話矣。

王云：此體惟杜有之，若他人作，便不成話說矣（「便不成說」，《手批本》作「便不得謂說矣」)。

《獨坐二首》其二「白狗斜臨北，黃牛更在東。」

鄭云：二峽名取對，有何情趣？(《杜詩通》卷二十一)

王云：起句有何情趣？(《五家評本》卷十五)

《獨酌成詩》「燈花何太喜，酒綠正相親。醉裏從爲客，詩成覺有神。」

鄭云：不得云好，亦與他人不同。(《杜詩通》卷二十一)

王云：不得謂好，而與他人不同。(《五家評本》卷十)

《遣興》「地卑荒野大，天遠暮江遲。」

鄭云：唐人無此律，惟杜有之。(《杜詩通》卷二十一)

王云：唐人無此等律，惟杜有之，須思乃巧也。(《五家評本》卷十一、《手批本》卷五)

《遣意二首》其一「一徑野花落，孤村春水生。」

鄭云：沖容閒適，杜公如此絕少，唐人往往工爲此。（《杜詩通》卷二十一）

王云：沖容閒適，杜公如此絕少，唐人往往爲此。（《五家評本》卷十一、《手批本》卷七）

《遣懷》

鄭云：通篇用語，工苦特甚。（《杜詩通》卷二十一）

王云：通篇用語，工苦特甚。（《五家評本》卷十）（《手批本》卷六）

《可惜》

鄭云：樸得妙。（《杜詩通》卷二十一）

王云：三篇（指《村夜》《早起》《可惜》）皆全首佳妙，無字句之憾，妙得樸。（《五家評本》卷十一）

《避地》「詩書遂牆壁，奴僕且旌旄。」

鄭云：「遂」字不可曉。（《杜詩通》卷二十一）

王云：「遂」字不可曉，老杜病不少。（《五家評本》卷十八、《手批本》卷十）

《客亭》「日出寒山外，江流宿霧中。」

鄭云：詠景之語，超出唐人之外。（《杜詩通》卷二十二）

王云：詠景語，超出唐人之外。（《五家評本》卷十二）

《旅夜書懷》「星垂平野闊，月湧大江流。」

鄭云：宏壯。（《杜詩通》卷二十二）

王云：宏壯。（《五家評本》卷十四、《手批本》卷十二）

《遊子》「蓬萊如可到」

鄭云：野哉！（《杜詩通》卷二十二）

王云：野哉！（《手批本》卷十）

《秦州雜詩二十首》其二「苔蘚山門古，丹青野殿空。月明垂葉露，雲逐渡溪風。」

鄭云：豈不巧？然不足貴，此類是也。（《杜詩通》卷二十三）

王云：豈不巧？不足貴，此類是也。（《五家評本》卷十、《手批本》卷五）

其三「州圖領同谷，驛道出流沙。」

鄭云：詩中題山川界，至人人所有，而此兩句，與人不同。讀之便見控扼要害險遠、形勢關係之意。

王云：詩中題山川，人人所有，而如此二句，便與人不同。有不知其所以然者，只可意喻耳，讀之自具「扶扼要害險遠，而形勢關係」之意。

其九

鄭云：通首不成章。

王云：通不成章。

《自閬州領妻子卻赴蜀山行三首》其三

鄭云：亦有一種情興。（《杜詩通》卷二十三）

王云：亦自有一種情興。（《五家評本》卷十三、《手批本》卷十）

《春日梓州登樓二首》其一「行路難如此，登樓望欲迷。」

鄭云：感歎淒然。（《杜詩通》卷二十三）

王云：感歎淒然。（《五家評本》卷十二、《手批本》卷九）

其二

鄭云：直率說話，自是情感，而風致亦具，詩正合如此。

王云：平直說話，自是情感，而風致亦具，正合如此。

《九日登梓州城》「伊昔黃花酒，如今白髮翁。」

鄭云：淡中極巧，無緣無由，偏似着得。（《杜詩通》卷二十三）

王云：起淡中極巧，無緣無由，偏似着得。（《五家評本》卷十二、《手批本》卷九）

「弟妹悲歌裏，乾坤醉眼中。」

鄭云：此類獨老杜好之，甚非佳語也。

王云：甚不佳。

《南楚》「無名江上草，隨意嶺頭雲。」

鄭云：欲爲超灑，實閒淡耳。（《杜詩通》卷二十三）

王云：欲爲超濃，實閒淡耳。（《五家評本》卷十四、《手批本》卷十三）

《銅官渚守風》「水耕先浸草，春火更燒山。」

鄭云：用事無興感。(《杜詩通》卷二十三)

王云：用事無興感。(《五家評本》卷十八)

《雙楓浦》「自驚衰謝力，不道棟梁材。」

鄭云：陋。(《杜詩通》卷二十三)

王云：陋。(《手批本》卷十九)

《與任城許主簿遊南池》

鄭云：無味。(《杜詩通》卷二十四)

王云：(晨朝降白露，遙憶舊青氈。) 亦無味。(《手批本》卷一)

《奉陪鄭駙馬韋曲二首》

鄭云：二首純好。(《杜詩通》卷二十四)

王云：二首純好。(《手批本》卷四)

《李監宅二首》其一「尚覺王孫貴」

鄭云：「尚」字全無當。(《杜詩通》卷二十四)

王云：「尚」字全無當。(《五家評本》卷九、《手批本》卷一)

《陪鄭廣文遊何將軍山林十首》

鄭云：十首有四首兩截詩，亦忌也，二四六七首是。(《杜詩通》卷二十四)

王云：十首有四首兩截詩，亦忌也。(《手批本》卷二)

其二「翻疑舵樓底，晚飯越中行。」

鄭云：湊合閒話作結語。

王云：湊合閒話作結，若不得了事，而自有一種情致，信可尋也。

其七「脆添生菜美，陰益食單涼。」

鄭云：杜可厭皆此類也。

王云：(脆添生菜美) 可厭。(陰益食單涼) 胡說。

其九「階前樹拂雲」

鄭云：此句無味。

王云：無味。

其十「回首白雲多」

鄭云：末首正須如此形容，始見欲去而不忍之意。

王云：末首正須如此，見欲去不忍去意(「意」，《手批本》作「也」)。

《重過何氏五首》其一「重來休沐地，眞作野人居。」

鄭云：聯中既有「吾廬」，結句復如此用，失於太照顧矣。（《杜詩通》卷二十四）

王云：聯中既有「吾廬」，結不當如此，亦失照顧。（《五家評本》卷九、《手批本》卷二）

其三「石欄斜點筆」

鄭云：五字極無味。

王云：極無味。

其四「手自移蒲柳，家才足稻粱。」

鄭云：對不得，非別業中語。

王云：對不得，又非別業中語。

其五「到此應常宿」

鄭云：「應常」二字，不大可通，杜公多此病。

王云：（應常）二字不可通。

《陪王使君晦日泛江就黃家亭子二首》其一「稍知花改岸，始驗鳥隨舟。」

鄭云：工巧，不爲佳句。（《杜詩通》卷二十四）

王云：亦極工巧，然不佳，「驗」字俗，後四句同。」（《五家評本》卷十三、《手批本》卷十）

《過南鄰朱山人水亭》

鄭云：眞率爾雅。（《杜詩通》卷二十四）

王云：眞率深雅。（《五家評本》卷十一、《手批本》卷十一）

《重題鄭氏東亭》「殘雲傍馬飛」

鄭云：不成語。（《杜詩通》卷二十五）

王云：不成語。（《五家評本》卷九）

《秋日寄題鄭監湖上亭三首》其三「揮金應物理，拖玉豈吾身。」

鄭云：不是詩句，此等往往引壞後人。（《杜詩通》卷二十五）

王云：引壞後人。（《五家評本》卷十六、《手批本》卷十五）

《禹廟》「早知乘四載，疏鑿控三巴。」

鄭云：二句不甚可解。（《杜詩通》卷二十五）

王云：二句不甚可解。（《五家評本》卷十四、《手批本》卷十二）

《湘夫人祠》「蟲書玉佩蘚，燕舞翠帷塵。」

鄭云：陋弱。（《杜詩通》卷二十五）

王云：下語又陋弱。（《五家評本》卷十八、《手批本》卷十九）

《龍門》「往來時屢改，川陸日悠哉。」

鄭云：排律則可，律詩如此，雖占氣象，終是思致不足。（《杜詩通》卷二十五）

王云：排律則可，排詩如此，雖占氣象，終是神氣不足。（《五家評本》卷九、《手批本》卷一）

《宿贊公房》「雨荒深院菊，霜倒半池蓮。」

鄭云：形容秋意，陋而不工。（《杜詩通》卷二十五）

王云：亦陋而不工。（《五家評本》卷十、《手批本》卷六）

《謁眞諦寺禪師》「凍泉依細石」

鄭云：無味。（《杜詩通》卷二十五）

王云：無味。（《五家評本》卷十六）

《贈高式顏》「昔別是何處，相逢皆老夫。」

鄭云：無限情話，在十字中。（《杜詩通》卷二十五）

王云：無限情語，在十字中，讀之令人飛動。（《五家評本》卷九、《手批本》卷三）

《巴西驛亭觀江漲呈竇十五使君》「孤亭淩噴薄，萬井逼春容。」

鄭云：包含變化。（《杜詩通》卷二十五）

王云：包含變化。（《五家評本》卷十二、《手批本》卷九）

《觀作橋成，月夜舟中有述，還呈李司馬》「天高雲去盡，江迥月來遲。」

鄭云：小有風韻。（《杜詩通》卷二十五）

王云：少有風韻。（《五家評本》卷十一）

《暫如臨邑至鵲山湖亭奉懷李員外率而成興》「鼉吼風奔浪，魚跳日映山。」

鄭云：多事語，反不如尋常爲工。（《杜詩通》卷二十六）

王云：多事之語。（《五家評本》卷九、《手批本》卷一）

《戲寄崔評事表姪蘇五表弟韋大少府諸姪》「泥多仍徑曲，心醉沮賢群。」

鄭云：大謬語。（《杜詩通》卷二十六）

王云：太謬（「謬」，《手批本》作「語」）拙。（《五家評本》卷十六、《手

批本》卷十七）

《江閣臥病走筆寄呈崔、盧兩侍御》「滑憶雕胡飯，香聞錦帶羹。」

鄭云：又作饞態。（《杜詩通》卷二十六）

王云：又作饞態，語可厭。（《五家評本》卷十八、《手批本》卷十九）

《奉濟驛重送嚴公四韻》「列郡謳歌惜，三朝出入榮。」

鄭云：蘊藉崇隆。（《杜詩通》卷二十七）

王云：蘊藉崇隆。（《手批本》卷八）

《鄭城西原送李判官兄武判官弟赴成都府》「野花隨處發，官柳著行新。」

鄭云：閑得有結構。（《杜詩通》卷二十七）

王云：有結撰（「撰」，疑應作「構」）。（《五家評本》卷十二、《手批本》卷九）

《送何侍御歸朝》「春日垂霜鬢，天隅把繡衣。」

鄭云：似刻而拙。（《杜詩通》卷二十七）

王云：苦刻而拙。（《五家評本》卷十二、《手批本》卷九）

《船下夔州郭宿，雨濕不得上岸，別王十二判官》

鄭云：無謂。（《杜詩通》卷二十七）

王云：無謂。（《五家評本》卷十四、《手批本》卷十四）

《月夜憶舍弟》「戍鼓斷人行，邊秋一雁聲。」

鄭云：二句皆佳，上句雅，下句陋，此難辨也。（《杜詩通》卷二十八）

王云：一二皆佳，然上句雅，而下句陋，此難辨也；五六皆古，然上句淺，而下句（《手批本》無「句」字）深，此亦難辨也（《五家評本》無「也」字）。（《五家評本》卷十、《手批本》卷五）

《佐還山後寄三首》其二「白露黃粱熟，分張素有期。已應舂得細，頗覺寄來遲。味豈同金菊？香宜配綠葵。老人他日愛，正想滑流匙。」

鄭云：乞相饞樣。（《杜詩通》卷二十八）

王云：乞相饞樣。（《五家評本》卷十）

《示姪佐》「多病秋風落，君來慰眼前。自聞茅屋趣，只想竹林眠。滿谷山雲起，侵籬澗水懸。嗣宗諸子姪，早覺仲容賢。」

鄭云：既用此語爲結，則聯中不宜復用「竹林」字矣，此亦詩家所忌也。（《杜詩通》卷二十八）

王云：既如此結，便不宜用「竹林」字，此詩家忌也。(《五家評本》卷十、《手批本》卷六)

《故武衛將軍挽詞三首》其一

鄭云：唐人挽詩，無能如此，用意造語，眞奇特也。(《杜詩通》卷二十八)

王云：唐人挽詩，無能如此，造意用語，眞奇特也。(《五家評本》卷九、《手批本》卷一)

其二「銛鋒行愜順，猛噬失蹻騰。」

鄭云：此等句，雖自氣格，而詩人風致，元不如此。

王云：雖見氣格，而詩人風致，元不如此。

《歸燕》「不獨避霜雪」

鄭云：無故。(《杜詩通》卷二十九)

王云：無故。(《五家評本》卷十、《手批本》卷五)

《歸雁》「聞道今春雁，南歸自廣州。」

鄭云：「聞道」二字無故。(《杜詩通》卷二十九)

王云：(聞道)二字無謂。(《五家評本》卷十三、《手批本》卷十一)

《病馬》「乘爾亦已久」

鄭云：此語自好。(《杜詩通》卷二十九)

王云：此語自好。(《五家評本》卷十、《手批本》卷六)

《西閣二首》其二「詩盡人間興，兼須入海求。」

鄭云：此句不可曉，亦不爲佳，吾謂非苦心詩道者不知此句之妙。李克恭《吊賈島》云：「海底也應搜得淨」，正此意也。(《杜詩通》卷三十)

王云：不可曉也，即可曉，亦不佳。(《五家評本》卷十四、《手批本》卷十五)

《喜聞官軍已臨賊境二十韻》「帳殿羅玄冕，轅門照白袍。」

鄭云：用陳慶之事，無謂。(《杜詩通》卷三十一)

王云：無謂。(《五家評本》卷十、《手批本》卷三)

全詩末，鄭云：殊欠腴潤，一味枯瘦耳。

王云：殊欠潤腴，一味枯瘦耳。

《建都十二韻》

鄭云：都無聲響可諷。(《杜詩通》卷三十一)

王云：都無些（《手批本》無「些」字）聲響可誦。(《五家評本》卷十一、《手批本》卷九)

《遣興》(驥子好男兒)「問知人客姓，誦得老夫詩。」

鄭云：眞率，實工。(《杜詩通》卷三十一)

王云：眞率，實工。(《五家評本》卷九、《手批本》卷三)

《奉和嚴中丞西城晚眺十韻》「層城臨暇景，絕域望餘春。」

鄭云：點綴之工，自殊凡手。(《杜詩通》卷三十二)

王云：點綴之工，自異（「異」，《手批本》作「非」）凡手。(《五家評本》卷十二、《手批本》卷八)

《上韋左相二十韻》「豫章深出地，滄海闊無津。」

鄭云：形容人物有格力。(《杜詩通》卷三十二)

王云：形容人物有格力。(《五家評本》卷九、《手批本》卷二)

《奉贈鮮于京兆二十韻》「王國稱多士，賢良復幾人？」

鄭云：不多事，而實異凡格。(《杜詩通》卷三十二)

王云：不多事，實異凡格。(《五家評本》卷九、《手批本》卷一)

《移居公安縣敬贈衛大郎鈞》「雅量涵高遠，清襟照等夷。」

鄭云：此類語，自有深趣。(《杜詩通》卷三十二)

王云：自有深趣。(《五家評本》卷十七、《手批本》卷十九)

《臨邑舍弟書至，苦雨，黃河泛溢，堤防之患，簿領所憂，因寄此詩，用寬其意》「聞道洪河坼，遙連滄海高。」

鄭云：大可厭處，然難爲人言也。(《杜詩通》卷三十三)

王云：大可厭，然難爲人言也。(《五家評本》卷九、《手批本》卷一)

「版築不時操」

鄭云：(版築）二字用不着。

王云：(版築）用不着。

《秦州見敕目，薛三璩授司議郎，畢四曜除監察，與二子有故，遠喜遷官，兼述索居，凡三十韻》「仰思調玉燭，誰定握青萍。」

鄭云：「萍」字重出（指上有「浩蕩逐流萍」句)，又礙掘劍（指上「掘

獄知埋劍」句），為重用，殆偶誤。（《杜詩通》卷三十三）

王云：（「萍」字）重出。（《五家評本》卷十、《手批本》卷六）

「秋風動關塞，高臥想儀形。」

鄭云：結語草草。

王云：結不工。

《敝廬遣興奉寄嚴公》「府中瞻暇日，江上憶詞源。」

鄭云：詞源指嚴武，公居在江上，而以「詞源」影「江」字，此其著意處，然不為佳也。（《杜詩通》卷三十三）

王云：故為深刻，而不甚妙。（《五家評本》卷十三、《手批本》卷八）

《寄董卿嘉榮十韻》

鄭云：都無一毫情韻，苦拗特甚，不足貴也。（《杜詩通》卷三十三）

王云：無一毫情韻，苦構特甚，何足貴也？（《五家評本》卷十三、《手批本》卷十一）

《秋日夔府詠懷奉寄鄭監審李賓客之芳一百韻》

鄭云：長篇沉着頓挫，指事陳情，有根節，有骨骼，此老杜獨擅之能，唐人皆出其下，然詩亦不以此為貴，但可以為難而已。宋人往往學之，遂以詩當文，濫觴不已，詩道大壞，由老杜啓之也。漫發凡於此云。（《杜詩通》卷三十三）

王云：沉着頓挫，指事陳情，有根節骨格，唐人皆出其下，然詩不以此貴，但可為難矣（「矣」，《手批本》作「而已」）。（《五家評本》卷十五、《手批本》卷十四）

「春草何曾歇，寒花亦可憐。」

鄭云：無要緊處見情景。

王云：無要緊處見情景。

《奉留贈集賢院崔國輔于休烈二學士》

鄭云：樸雅。（《杜詩通》卷三十四）

王云：古樸典雅，詩人多不及此。（《五家評本》卷九、《手批本》卷二）

《送嚴侍郎到綿州同登杜使君江樓得心字》「野興每難盡」

鄭云：灑然。（《杜詩通》卷三十四）

王云：灑然。（《五家評本》卷十二、《手批本》卷八）

《送大理封主簿五郎親事不合，卻赴通州。主簿，前閬州賢子，余與主簿平章鄭氏女子，垂欲納采，鄭氏伯父京書至，女子已許他族，親事遂停》

鄭云：有此詩題，有此題詩！（《杜詩通》卷三十四）

王云：此題不是詩題，此詩不是題詩。（《五家評本》卷十七、《手批本》卷十八）

《奉送蘇州李二十五長史丈之任》

鄭云：雖不爲佳，亦自老成。（《杜詩通》卷三十四）

王云：雖不佳，亦老成。（《五家評本》卷十七、《手批本》卷十八）

《曲江二首》其二「酒債尋常行處有，人生七十古來稀。」

鄭云：眞率有情。（《杜詩通》卷三十五）

王云：眞率有情。（《五家評本》卷十、《手批本》卷四）

《曲江值雨》「龍武新軍深駐輦，芙蓉別殿謾焚香。」

鄭云：「深」、「謾」二字皆無謂。（《杜詩通》卷三十五）

王云：（深、漫）二字無謂。（《五家評本》卷十、《手批本》卷四）

《曲江陪鄭八丈南史飲》「自知白髮非春事，且盡芳樽戀物華。」

鄭云：瀟灑流暢。（《杜詩通》卷三十五）

王云：瀟灑流暢。（《五家評本》卷十、《手批本》卷四）

《鄭駙馬宅宴洞中》

鄭云：變體至此，都不是詩，用意可謂過矣。（《杜詩通》卷三十五）

王云：不過爲主家鋪敘，直變其體。（《五家評本》卷九、《手批本》卷一）

《院中晚晴懷西郭茅舍》「復有樓臺銜暮景，不勞鐘鼓報新晴。」

鄭云：律詩何得如此苟且！（《杜詩通》卷三十五）

王云：律詩何得如此苟且！（《五家評本》卷十三、《手批本》卷十一）

《暮歸》

鄭云：雕苦之過，反合自然，此爲最佳者。（《杜詩通》卷三十五）

王云：雕苦之過，反合自然。（《五家評本》卷十七、《手批本》卷十七）

《九日》（去年登高郪縣北）「酒闌卻憶十年事，腸斷驪山清路塵。」

鄭云：悲歎清楚。（《杜詩通》卷三十五）

王云：悲歎清楚。（《五家評本》卷十二、《手批本》卷十）

《登高》

鄭云：起結語皆逗滯，節促而興淺，劉辰翁取其鄭重，失之矣。（《杜詩通》卷三十五）

王云：起結皆臃腫逗滯，節促而興短，句句實，乃不滿耳。（《五家評本》卷十二）

《秋盡》「秋盡東行且未回」

鄭云：杜公有許多「且」字，用得不愜好。（《杜詩通》卷三十五）

王云：有許多「且」字，不佳。（《五家評本》卷十二）

《冬至》「江上形容吾獨老」

鄭云：「吾」字可議。（《杜詩通》卷三十五）

王云：「吾」字不工。（《五家評本》卷十六）

《恨別》「洛城一別四千里，胡騎長驅五六年。」

鄭云：上句猶可，此一儷語，不可觀矣。（《杜詩通》卷三十六）

王云：上句猶可，此句便不可觀。（《五家評本》卷十一、《手批本》卷六）

「思家步月清宵立，憶弟看雲白日眠。」

鄭云：終於情景不穩貼，無味故也。

王云：終於情景不穩貼，無味故也。

《蜀相》「三顧頻煩天下計，兩朝開濟老臣心。」

鄭云：此類語鈍滯。（《杜詩通》卷三十六）

王云：鈍滯。（《五家評本》卷十一、《手批本》卷七）

《涪城縣香積寺官閣》「小院回廊春寂寂，浴鳧飛鷺晚悠悠。」

鄭云：亦不為工。（《杜詩通》卷三十六）

王云：亦不為工。（《五家評本》卷十二、《手批本》卷九）

《詠懷古跡五首》其二「風流儒雅亦吾師」

鄭云：無此等詩句。（《杜詩通》卷三十六）

王云：無此等語（「語」，《手批本》作「詩句」）。（《五家評本》卷十五、《手批本》卷十五）

《七月一日題終明府水樓二首》其二「承家節操尚不泯，爲政風流今在茲。」

鄭云：是何結構？（《杜詩通》卷三十六）

王云：有何結構？（《手批本》卷十四）

《嚴中丞枉駕見過》「川合東西瞻使節，地分南北任流萍。」

鄭云：俱是塡塞七字。（《杜詩通》卷三十六）

王云：塡滿（「滿」，《手批本》作「塞」）七字耳。（《五家評本》卷十二、《手批本》卷八）

《賓至》「豈有文章驚海內？漫勞車馬駐江干。」

鄭云：詩中不可無此風旨。（《杜詩通》卷三十六）

王云：不可無此風旨。（《五家評本》卷十一、《手批本》卷七）

《贈獻納使起居田舍人澄》「晴窗點檢白雲篇」

鄭云：「白雲篇」必有出處，然正使有出，此句總不謂之詩。（《杜詩通》卷三十七）

王云：「白雲篇」必有出乃可。（《五家評本》卷九、《手批本》卷二）

《寄常徵君》「白水青山空復春」

鄭云：不了徹。（《杜詩通》卷三十七）

王云：不清澈。（《五家評本》卷十四、《手批本》卷十四）

《舍弟觀赴藍田取妻子到江陵喜寄三首》其一「鴻雁影來連峽內，鶺鴒飛急到沙頭。」

鄭云：無味。（《杜詩通》卷三十七）

王云：無味。（《五家評本》卷十六、《手批本》卷十八）

《絕句三首》其三「謾道春來好，狂風大放顛。吹花隨水去，翻卻釣魚船。」

鄭云：有情致。（《杜詩通》卷三十九）

王云：有情致。（《五家評本》卷十八、《手批本》卷十二）

《少年行》

鄭云：詩亦甚豪。（《杜詩通》卷三十九）

王云：甚豪。（《五家評本》卷十一、《手批本》卷八）

《三絕句》（前年渝州殺刺史），鄭云：都不是詩。（《杜詩通》卷三十九）

王云：都不是詩。（《手批本》卷十八）

《承聞河北諸道節度入朝歡喜口號絕句十二首》

鄭云：無一佳者。（《杜詩通》卷三十九）

王云：無一佳者。（《五家評本》卷十五）

《解悶十二首》其二

鄭云：流麗逍遙。（《杜詩通》卷四十）

王云：流麗逍遙。（《五家評本》卷十五、《手批本》卷十五）

其八「最傳秀句寰區滿，未絕風流相國能。」

鄭云：不成句。

王云：不成句。

《三絕句》其三「無數春笋滿林生，柴門密掩斷人行。會須上番看成竹，客至從嗔不出迎。」

鄭云：如此絕句，格調既高，風致又妙，眞可空唐人矣。惜其純此者不多，而他皆作一種樸拙之語、鈍滯之聲，不可諷而可恨也。（《杜詩通》卷四十）

王云：格調既高，風致又妙，可空唐人矣。（《五家評本》卷十二、《手批本》卷八）

二、王愼中對鄭善夫評語襲用情況總結

從上面輯錄的鄭、王二人之評的相同或相似內容來看，二者之間存在著大量內容的重複與交叉，足以說明鄭、王二人之評有著相互交融混雜的關係。因此要論析鄭善夫、王愼中二人評杜的特點和傾向，釐定和區分鄭評和王評的異同，就成爲頭等關鍵之事。那麼這些相同或相似的杜詩評語的原作者到底是鄭善夫還是王愼中呢？從二人的年齡來看，王愼中比鄭善夫小二十四歲。那麼王愼中作爲晚輩，襲用了前輩鄭善夫的杜詩評語似乎更合乎邏輯。此外，胡震亨《杜詩通》徵引的鄭善夫評語中，與焦竑《焦氏筆乘》卷三轉引之鄭善夫批語完全一致，這也足可以證明這些批語確實出自鄭善夫之手。另外，王愼中評語還提到了鄭善夫，如《重簡王明府》詩後，王愼中評曰：「如此做詩，安得無鄭少谷接後塵耶？」這種情況的存在也可以作爲王愼中評語晚於鄭善夫之評的佐證。

從評點的數量來看，王愼中杜詩評語中除了三十餘條鄭善夫評語未加採

錄外，幾乎全部加以襲用。當然這些襲用的鄭善夫評語或被裁剪提煉，或得到進一步豐富補充和修正，構成了王慎中評語的核心部分。因此王慎中杜詩評點是基本上將鄭善夫杜詩評語全部包裹其中的，其評是在鄭善夫評杜的基礎上進一步豐富完善而成。例如《遣興》「地卑荒野大，天遠暮江遲。」鄭善夫評云：「唐人無此律，惟杜有之。」王慎中評云：「唐人無此等律，惟杜有之，須思乃巧也。」又如《避地》「詩書遂牆壁」，鄭善夫云：「『遂』字不可曉。」王慎中云：「『遂』字不可曉，老杜病不少。」可以看出，王慎中這些評語都是在鄭善夫評語的基礎上略加幾個字而成，襲用非常明顯。這類情形占王慎中襲用鄭善夫評語的絕大部分。此外，通過比較我們還可以發現，王慎中的杜詩評點中，雖然襲用了鄭善夫的許多內容，但他在鄭善夫評杜的基礎上又有了增益和發展，表現在同一首詩中，有時我們從胡震亨《杜詩通》中僅能輯錄出鄭善夫的一條評語，而在《五家評本》和《手批本》中我們卻能發現除此之外的王慎中的許多條評語。例如《暫如臨邑至鵲山湖亭奉懷李員外率而成興》，胡震亨《杜詩通》中僅輯錄鄭善夫對「鼉吼風奔浪，魚跳日映山」的評語曰：「多事語，反不如尋常爲工。」而在《五家評本》和《手批本》中，王慎中還對「野亭逼湖水，歇馬高林間」批曰：「尋常語自好。」對「靄靄生雲霧，唯應促駕還」批曰：「無味。」對「暫遊阻詞伯，卻望懷青關」批曰：「無味。」這些評語表現出在鄭善夫所評基礎上的拓展態勢。又如《自京竄至鳳翔喜達行在所三首》，《杜詩通》卷十九中僅有鄭善夫對「猶瞻太白雪，喜遇武功天」的一條簡評曰：「直而不工。」而在《五家評本》卷十中，除「直而不工」之評外，王慎中還對「霧樹行相引，蓮峰望忽開」批曰：「不成句。」對「死去憑誰報，歸來始自憐」批曰：「溫惻最佳。」雖然我們也並不能完全排除胡震亨收錄鄭善夫評語時進行節略的可能，但是從常理推斷，還是王慎中在鄭善夫評語的基礎上進行增益補充的可能性更大。除了對鄭善夫評的拓展外，王慎中評還常常對鄭善夫評語進行字句上的補充改造和修訂。如《送大理封主簿五郎親事不合，卻赴通州。主簿，前閬州賢子，余與主簿平章鄭氏女子，垂欲納采，鄭氏伯父京書至，女子已許他族，親事遂停》，鄭善夫對此長題頗爲不滿，評云：「有此詩題，有此題詩！」而王慎中評云：「此題不是詩題，此詩不是題詩。」諸如此類情況尚多，不暇枚舉。

值得指出的是，王愼中的杜詩評語雖然對絕大多數鄭善夫評語進行了襲用、補充和改造，但對鄭善夫評《巴西聞收京闕送班司馬入京》的一段著名的評語卻未加襲用，這段評語是：「詩之妙處，不必寫到眞，不必說到盡，而其欲寫欲說者，自宛然可想，而又不可道，斯得風人之義。杜公往往要到眞處、盡處，反不爲妙。如『念君經世亂』二句，則有不眞不盡之興矣。杜公如此尚多，偶著其凡於此。」究其原因，很可能是因爲這段評語非常著名，常爲人所徵引，特別是焦竑《焦氏筆乘》卷三對此評語進行了轉引而爲學界所熟知，故王愼中對此條鄭善夫評並未掠美。此外，王、鄭二人對同一首詩的評語，也有完全不同的情況，如《投贈哥舒開府翰二十韻》「勳業青冥上，交親氣概中。」鄭善夫評云：「看他入處。」王愼中卻未對「勳業」二句置評，而對「新兼節制通」批曰：「此句大不可通。」對「日月低秦樹，乾坤繞漢宮」批曰：「二語終是無謂。」又如《釋悶》，鄭善夫評「四海十年不解兵，犬戎也復臨咸京」云：「『也復』二字無着落。」王愼中對此二句未予置評，而對全詩總評曰：「亦不爲過人。」又評「天子亦應厭奔走，群公固合思昇平」曰：「(亦應）二字弱。」評「江邊老翁錯料事，眼暗不見風塵清」曰：「末語佳。」這種情況在王愼中杜詩評語中屬於極爲個別的情形。

另外，王愼中與鄭善夫也有意見相左的時候，如《晚出左掖》「退朝花底散，歸院柳邊迷。」鄭善夫評云：「不爲佳句。」而王愼中卻對全詩評曰：「氣象嚴重（「重」，《手批本》誤作「垂」)，詞旨清楚，風格典麗，乃佳作（「作」，《手批本》作「絕」）也。」這樣情況的存在，似乎也可以佐證王愼中評杜在後的事實。在王愼中杜詩評語中，對鄭善夫個別苛刻之論也有棄而不取的情況，如《別房太尉墓》「對棋陪謝傅，把劍覓徐君。」鄭善夫評云：「如此用事入聯，依稀可通，終不合。」此評王愼中便未加襲用，這在多襲鄭評的王愼中評語中是比較少見的，從這種對立性的評語中，可以看出王愼中對此條鄭評是表示不敢苟同的。其實《別房太尉墓》是杜詩中歷來傳誦的名篇，鄭善夫對頸聯用事的指摘的確是毫無道理的。又如《傷春五首》，鄭善夫評曰：「五首總是一首，不過道一時之亂，雖見其愛君憂國之誠，而於詩自是疊床。」王愼中對此評也未襲用，應是對鄭善夫「疊床」之論並不認可所致。再如《寄杜位》「干戈況復塵隨眼，鬢髮還應雪滿頭。」鄭云：「『況復』、『還應』二字全無關係，徒填滿七字耳，杜老亦有躓跛處。」王愼中卻評曰：「尋常語自好。」這應該是對鄭善夫苛評之駁正。

總之，鄭善夫杜詩評語基本被包裹在王愼中杜詩評語之中，但在相當長的時期內，這種情況卻一直不爲學界所洞悉。這是由於胡震亨《杜詩通》流傳極罕，其中收錄的的鄭善夫杜詩評語一直不易被學界見到。而王愼中杜詩評語卻隨著盧坤「五家評本」《杜工部集》的廣泛流傳而爲人所熟知。人們在徵引王愼中那些駁杜之論的時候，往往誤以爲確乃王氏所論，未暇對包裹其中的鄭善夫評語進行釐定區分。加之王愼中對鄭善夫的絕大部分駁杜評語完全接受，二人評析杜詩時觀點基本一致，這就更加容易造成人們認識的混淆。因此在詳細輯錄鄭、王二人杜詩評語的基礎上，對二人評語進行細緻的核對與區分就變得越來越迫切和必要。此外，這種釐定與區分文獻的工作，對我們認識明代以鄭善夫、王愼中二人爲代表的駁杜論的發生發展過程，也具有重要的認識和參考價値。當然在具體的文獻辨別區分中，我們還會附帶地獲得許多其他認識。如在比較「五家評本」與《手批本》中杜詩評語的文字差異時，如果對照《杜詩通》所引鄭善夫之評，會發現很多時候《手批本》往往更接近鄭善夫批評原貌，這可能與許自昌所刻《手批本》出現的時間遠早於盧坤「五家評本」有關。

第三章　清代杜詩文獻研究

第一節　清初珍稀杜集序跋匯錄

杜詩學向爲顯學，歷代杜詩學文獻留存眾多，其中不乏善本、珍本、孤本。然而由於種種原因，這些存世的珍稀文獻，被零散地收藏在全國許多文化單位，學者若想遍覽幾乎是不可能的事情。雖然臺灣黃永武博士在 1974 年編輯出版了《杜詩叢刊》，嗣後日本吉川幸次郎又編纂了《杜詩又叢》，這兩部叢書收錄了歷代眾多杜詩注本，但是並未能將杜詩學文獻一網打盡，尚多遺漏，因此造成學界同仁利用起來頗爲不便。而且隨著時代的變遷，許多文化單位的杜詩學文獻由於塵封多年，或是已經難以檢索，不明存佚；或是爲個人據爲己有，徹底流失乃至散佚，這都是十分令人痛心的事情。除此之外，在杜詩學史上，尚有大量的杜詩學文獻遭到了禁燬、查封、散佚的命運，對於它們的基本情況的瞭解也變得頗爲困難。而這些文獻中所蘊含的許多眞知灼見和精闢的注杜思想，卻鮮有機會爲學界一窺究竟，這無疑是一種莫大的遺憾。隨著研杜的深入，筆者深感極有必要將全部存世杜詩學文獻編爲一集，儘快出版，以饗讀者。然而編纂這樣的一部卷帙浩繁的叢書，存在諸多技術和資金問題，短期內必然難以實現，故只有俟諸詩學昌明的來日了。在目前情況下，是不是可以考慮退而求其次，暫時繞過叢書編輯這個思路，而將全部存佚杜詩學文獻的序跋先行整理纂輯，都爲一集，那麼學界不是也可以嘗鼎一臠，先飽眼福了嗎？於是筆者將治學中有幸接觸到的杜詩學原始文獻之序跋悉行纂錄整理，並校訂諸本異同，標明文獻版本出處，考證撰者生平，作了不少瑣碎的工作。限於篇幅，今先將纂輯的清初一些較爲珍稀的杜集序跋公諸學界，或可供治清初學術史者之參考。文獻的纂輯是一個頗爲艱苦複雜的工作，其困難頗多：首先是文獻搜羅極爲不易。國內的很多圖書館和文化單位對查閱文獻收取高額費用，有的甚至根本不允許複製和查閱。其次，文獻版本梳理起來非常困難。需要纂錄的杜集文獻中有刻本有抄本，有的見於別集，有的見於方志，文字各異，因此需要花費大量的工作進行校勘訂正。第三，有些版本的文字漫漶，難以辨認。爲校對這些漫漶訛誤之處，需要多方訪求他本，互相參訂。第四，許多序跋係手寫上版，多爲行草，且異體字多，辨別不易。第五，點斷不易，斟酌之際，頗費心神。爲了不致於貽誤後學，筆者在校點過程中採取了審慎的態度，深有如履薄冰之感。即便如此，限於個人的精力和學識，仍存眾多疑問和疏漏之處，期望海內方家碩儒不吝指正。

1、戴廷栻《丹楓閣鈔杜詩》

傅山《丹楓閣鈔杜詩小敘》

杜詩雋止此耶？不也，丹楓閣鈔止此耳。丹楓閣之雋杜詩止此耶？不也，其始讀而鈔者止此耳。然則此丹楓閣之讀杜詩初地耳，初地實與十地不遠，而存此者，存其用功於杜詩也。故牛頭見四祖一案，參說甚多，吾獨取其不別下注腳者一案，曰：「牛頭未見四祖時，何故百鳥銜花？」曰：「未見四祖。」曰：「既見四祖時，百鳥何故不銜花？」曰：「既見四祖。」此鈔正百鳥銜花時事，若遂謫以不必百鳥銜花，則亦終無見四祖時。其初難知，百鳥驚飛去矣。

【版本】戴廷栻丹楓閣刻本，已佚。

【原文出處】《霜紅龕文補遺》卷二，山西人民出版社 1985 年《霜紅龕集》本。

戴廷栻《小敘》

余舊遊燕，於陳百史架見李空同手批杜詩，草草過之，其後每讀杜詩，以不及手錄爲恨。因索解於公他先生（傅山），先生拈一章，即一章上口，曰第如此，正自不必索解，若得一解，當失一解，難一番，即易一番。因人作解，不惟空同之解不可得，即復工部，正當奈何？余即退覓善本，日乙而讀之，始覺失一解乃得一解，易一番愈難一番。方其難也，若與杜近；以爲易也，復與杜遠。至於有得，若我信杜；忽復失之，若杜疑我。先生所云神遇果安在哉？其解猶在乎難易得失之間，復問之先生，先生曰：第讀，正自當解。余且讀且疑，久而始信。以我喻杜，不若以杜喻我，以杜喻杜，不若使我忘我，猶□梗概。空同所解諸體固當，至謂五言古少遜漢魏，七言絕不及太白、龍標，斯言也，猶癡黠各半之解也。余以爲不必以漢魏之詩論子美之五言古，亦不必以子美之七言絕與太白、龍標論。遂鈔集，朝夕怡悅，所遇於杜者凡若干首，謂之《杜遇》。莊生之言曰：「知其解者，旦暮遇之。」昭餘戴生之所遇於杜者如此。若夫其解之知與否？吾猶不敢自信也。

【版本】戴廷栻丹楓閣刻本，已佚。

【原文出處】戴廷栻《半可集》，民國間石印本。

2、張彥士《杜詩旁訓》

張彥士《自序》

余於少陵詩，寢食其中者將逾五十年，而諸家之箋疏亦頗涉獵，其間彰明較著、深得古人之意者固多，而穿鑿附會、湮沒前人之志者亦往往有之，甚而鋪陳終始，排比聲韻，即句作解，因字作注，詩即此詩，而作者言外之意，難言之隱，半死句下，予心傷之久矣。偶於黃山學署得盧紫房《杜詩胥抄》一書，不發一議，不置一解，而少陵之眞面目眞精神，猶得洞於行墨之間。予憮然曰：此善讀杜者也！以我注杜，何如以杜注杜？以解解之，何如以不解解之？杜之無容注也，予既已知之矣。雖然，吾人讀書數十年，而不能發明大義，使讀者人自得之。所以爲古人則善矣，所以自爲則未盡也。予又思之，以杜注杜，仍不若以我注杜。以杜注杜，杜之杜也；以我注杜，我之杜也。杜之爲詩廣矣，備矣！可以包羅萬象，可以範圍古今。擬之、議之、取之、譬之，無不通也。得其旨，三百可蔽於一言；失其義，千言無當於萬一。於是取《胥抄》而讀之，將百家之箋疏一切芟去，閉目冥心，每於一詩吟詠一過，覺精神意旨隱隱有會，即取而筆之於旁，其有未合者，反復以思，務得言外之意，而至於作者之心，則吾不知其有合焉否耶？

【版本】已佚。

【原文出處】光緒《山東通志・藝文志・詩文評類》。

3、葉承宗《少陵詩選》

葉承宗《自序》

杜少陵冠冕當代，駕軼古今，遂使詩壇月旦，莫贊一詞，至推為「姬公製作，不可擬議」。而近世王聖俞氏乃擬以「鐵樹花開，風骨嚴秀，空王獅吼，法力沉雄」。是則然矣，若猶未也。然則少陵亦何道而幾此？將無庫發當陽武繩，膳部家學，有淵源歟？許身稷契，媲技楊曹，祈向有正鵠歟？壎箎青蓮，桴鼓摩詰，麗澤有沾溉歟？其或州有九，歷其七；嶽有五，遊其三。山川映發，其靈襟歟？一飯必念黎元，在險不忘君父，忠愛激勃，其元音歟？抑亦登高則吹臺來萬里之風，履險則衡嶽阻經旬之水，其豪襟逸氣，有以抒寫其天籟歟？義激則房琯可捄，意忤則嚴武可瞋，其浩氣正性，有以披瀝其孤韻歟？自非然者，則少陵又何道而幾此？乃少陵則固嘗自言之矣，曰：「讀書破萬卷，下筆如有神。」蓋惟博綜群籍，傍覽眾長，優游而求，饜飫而得，左無不宜，右無不有。是故岱華、洞庭可以揚其鉅麗矣，而鐵堂、石龕亦可以歌其險仄；宛馬、蒼鷹可以寫其神駿矣，而螢火、白燕亦可以體其形容；翠管銀罌可以詡其恩澤矣，而殘杯冷炙亦可以況其酸辛；曲江典衣可以抒其豪爽矣，而羌村秉燭亦可以繪其驚喜；《洗兵》、《出塞》可以發其奮揚矣，而《垂老》、《新婚》亦可以道其戚苦；長安麗質可以贊其錦裀矣，而幽谷佳人亦可以憐其翠袖。良由性耽佳句，語必驚人，文足洽神，句堪愈病，光焰萬丈，衣被群英，豈偶然哉！以故唐人選唐，李杜不與。沿及近代，厥有選家，大抵意主風格者，挹其雄勁而略其俊逸；愛存韻度者，擷其新奇而棄其沉渾。余小子欣賞珍抄，意無畸屬，刪三之一，都為六卷。嗟夫！作家匪易，尚論良難。一少陵也，或信以為史，或尊以為聖，乃亦有摘其句累，惜其意盡，譏其無韻之言未工，至有直目為吾家莽夫子者。人各有心，吾從所好。予惟知金鑄賈島、絲繡平原，朝夕手一編而已。

【版本】已佚。

【原文出處】葉承宗《濼函集》，《四庫未收書輯刊》本。《乾隆歷城縣志》卷二十二《藝文考四．集部三》全文徵引，有數字之異。

4、張篤行《杜律注例》

張篤行《題詞》

杜工部云：「晚節漸於詩律細。」又云：「詩律群公問。」豈非作律難，注律更難哉！古人云：「句向夜深得，心從天外歸。」又云：「數篇吟可老，一字買堪貧。」此意唯可爲知者道。　順治己亥荷月，四藝山人書於韭花堂中。

張道存《跋》

是編予童時即得見之，不解讀也。久藏篋中，迄今二十餘年，始知先高祖一生精力苦心具見於此。幸逢盛世，詩學昌明，四方相與力追風雅。則是編也，或不宜私之一家云。　乾隆己卯季夏月中浣，元孫道存謹書。

【版本】清乾隆二十四年（1759）重刊本。

5、沈漢《杜律五言集》

沈漢《杜律五言序》

今海內詩家，無不規摹唐人，即無不研揣杜律，余復何庸饒舌，取是帙□□□之。且少陵全集，歌行、古風、排律、近體皆渾涵汪洋，千彙萬狀，鬼神造化，驅役筆端，操觚者流，頭童齒豁，用盡一生，莫能探其閫奧。余獨取五言律，而句櫛字比，欲以一臠窺全體，亦陋甚矣。雖然，唐世以詩制科，一時才人，慧業競起。自貞觀而後，開元、天寶以迄乾元、大曆，雄踞騷壇者，往往不乏。讀少陵之歌行、古風，青蓮或堪分席；排律、近體，即王、孟諸君子時亦並驅。獨是律則牛耳諸家，俎豆不祧。千古以來，詩固宗唐，律必系杜，杜律而外，未聞以律予青蓮，以律予王、孟諸君子者。凜凜金科玉條，奉若之罔敢或悖，則律之義難言也。譬瞽師審音，宮徵無奪倫焉；周裨定曆，晷刻無差黍焉；元戎授鉞，進退無踰閑焉；老吏斷獄，平反無失出焉；大匠運斤，繩墨無遺憾焉。律之義難言也。七言律舊有虞注、張注，皆考核甚精，已堪行世。至五言律，雖有趙氏注，芟薙至盡，十不得四焉。每閱是篇，輒以掛漏過多、去取無當爲恨。因不揣譾陋，遂手五言全帙併錄之，訂其魯豕，別其門目，倣虞伯生編次七言律體。復遍搜古今名人之品騭，詳加校讎，有於片言隻字發揮領略者，悉彙輯而壽之梓，庶稍補趙氏之闕乎！若夫少陵之沉鬱於性，窈眇於情，縱橫於理，錯綜於意，又從讀破萬卷中來也，非余蠡測之所能及矣，請以質海內誦少陵之律者。

順治辛丑蕤賓朔，東海後學沈漢天河父題於臥園之聽秋閣。

【版本】清順治十八年（1661）沈漢聽秋閣刻本。

6、申涵光《說杜》

王崇簡《序》

閒居習懶，恒以書籍取適。雖釋卷茫然，殊自怡悅。夏秋微疾，或以為戒，遂束書不觀，然亦忽忽不樂。鳧盟自永年寄《說杜》一帙，時秋仲日夕矣。披椷亟覽，不能輒止，繼之以燭，不知疾之去身也。竊以子美生平之自知與其所不知而人不能知之者，舉為拈出，不獨刪除前人穿鑿之注、影響之論，並不依傍苛刻，使一部杜詩爽豁振動，讀者心目頓易。昔蔡中郎得《論衡》秘玩以為談助，時人疑得異書，搜求帳中，攫之而去。中郎屬曰：『惟我爾共之，勿廣也。』予嘗笑其狹，將勸鳧盟公之於人，必有秘為異書者。他日倘遇其人，將問之曰：將無得吾鳧盟之《說杜》乎？

【版本】已佚。

【原文出處】王崇簡《青箱堂文集》卷三，《四庫全書存目叢書》本。

7、汪樞《愛吟軒注杜工部集》

董采《評選杜詩序》

人之讀杜，其淺者搴芳摘華以自喜，其深者穿鑿附會以誇人，而位置自高者又謂：為詩固不求甚解，三者互誚讓而均之，謂不循途轍而至於其域，猶航斷港絕潢，以求至於淵海，有是理哉？孔子不云乎：下學而上達。程子曰：既是途轍，只是一個途轍。吾之敢選杜而評之者，其意亦猶是也。癸未夏，攜其稿以歸。門人與從子煒方有志於杜，而未悉其途轍者，得之狂喜曰：石子惠我實多，我輩苟廣石子之惠，惠諸其人，固請題其首，酬金刻之。昔惠明作偈題壁云：「身是婆提樹，心如明鏡臺。時時勤拂拭，勿使惹塵埃。」惠能反其句復題曰：「婆提本非樹，明鏡亦非臺。本來無一物，何處惹塵埃。」後又有僧以鞋底兩蹋去之。今設一問於此，以俟吾黨二三子，天下後世學士大夫，凡用力是書者，一旦眾妙悉徹，怡然渙然，區區論著，當遭鞋底與否？廢翁董采撰。

佚名《愛吟軒注杜工部集跋》

清初汪樞輯撰，其對錢謙益自稱後學，蓋與錢氏同時之晚輩耳。書中於「胡」、「虜」等字多空闕不書，蓋清初入關時之忌避也。其注約取眾說而衷於己意，亦讀杜之善本也。所引廢翁董采之評解甚精，今董書亦不見傳本矣。

【版本】清康熙間汪樞愛吟軒稿本，成都杜甫草堂博物館藏。

8、賈開宗《秋興八首偶論》

何絜《序》

古詩三千，孔子刪之，存三百篇約已，何更約其要於馬篇一言，豈非以讀詩者當知其全，尤當知其要哉！卜子夏，深於詩教者也，論《素絢》通其說於禮，孔子許其「可與言詩」。非知其全，更知其要者耶？中州賈靜子先生，博通經史及天官、地志、律呂諸書，尤深於詩。今讀其所著《秋興偶論》，而知先生之深於詩，大有合於卜氏也。卜氏論《素絢》，偶也。論《素絢》通其說於禮，非偶也。故孔子許其「可與言詩」。少陵因秋而興，而有是八律也，亦偶也。少陵偶而興焉，先生偶而論焉。夫是偶也，非偶也。少陵生平，遞歷盛衰，感愴無盡，總於是《秋興》八律寓之。先生之論是八律也，能以一律論八律，能以八律論一律，又能以八律兼論少陵之全，以少陵之全，合論是八律，是能知其全者也，知其全更知其要者也。且通其說於諸書，凡其所以論是八律者，又能取之經史及天官、地志、律呂諸書，以釋其義而達乎其辭，更斐然而成文章，名爲《偶論》。偶耶，非偶耶？讀其論，當必有能知之者矣。

康熙己酉孟夏南徐何絜雍南氏撰。

【版本】清康熙八年（1669）賈洪信刊本。該本極爲稀見，未見公私書目著錄，連引據繁博的葉嘉瑩《杜甫秋興八首集說》都未能搜錄。

9、李長祥、楊大鯤《杜詩編年》

楊大鯤《序》

編年何昉乎？《尚書》首《虞書》，訖《秦誓》；《春秋》載筆於隱公，絕筆於獲麟，此詩家編年之體所由昉也。太史公創爲本紀、世家、八書、列傳，班氏以下因之，竟爲定例。司馬溫公起而貫穿之，以事繫時，以人繫代，然後上下數千年若數一二，此《編年》一書所以不朽也。詩非史也，然而美刺以寓褒貶，正變以觀升降，世道治而之亂，人心正而之邪，風會使然，適與編年相表裏。故曰《詩》亡然後《春秋》作，詩之道大矣哉！乃古今詩人必以杜少陵爲稱首，近世讀杜者尤多，顧末學膚受，猥云讀杜，詩之道益晦，則杜之詩益晦。研齋先生（指李長祥）來吾毗陵，昌明此道。先生於家嚴爲同門友，予得左右之，以觀其評閱諸書，因得其《杜詩編年》舊本，暇涉一過。考官職則自冑曹參軍授左拾遺、出爲司功、表爲參謀之歷履無不詳；紀道里則自放蕩齊趙、間關秦隴、西走巴蜀、南浮荊楚之蹤跡，無不著論；出處則自獻賦待制、陷賊竄奔、扈從還京、棄官流寓之始終無不悉。若夫開元之全盛，天寶之播遷，至德之中興，廣德、大曆吐蕃僭竊之紛擾，少陵以一身進退去就、安危苦樂，與之相爲終始，橫見側出，悉在於詩。豈獨少陵一生譜系之編年，即以爲有唐六十年國運之編年可矣。間有題非紀事、詩鮮徵實、視乎無可專屬者，然而吟諷其悲憂唱歎之情詞，以想見其含毫布紙、詠懷遣興之境會，反復參互，詮次年月，十猶得八九焉。余嘗怪元微之去少陵不甚遠，其誌少陵之墓，不爲之覈歲月、畫疆土、泝壯老、綜治亂。得此一書，即少陵一生譜傳可廢，爰付梓人，公諸世之讀杜者。孟子曰：「誦其詩，讀其書，不知其人，可乎？」是以論其世，此《杜詩編年》所爲刻也。至於先生評論，皆少陵意中之所以然，先生從千百世下，一一道之以出，使少陵復生，不能贅一辭，則余不敢更贅一辭也。

古蘭楊大鯤陶雲氏題於西園草堂。

李長祥《杜詩編年敘》

誠者，天之道也。思誠者，人之道也。思也者，人乎？遂天乎？聖人刪《詩》于三百五篇，知神明通闢之所以然，乃約言之曰思。殫學者起達其旨，深其文謂之悟。悟，思也。不思不悟，不悟不思也。是思也，故聖人之約言也，精言也，是神明通闢之所以然也，子美氏起達其旨，得之於詩。自開元十五年至大曆五年，上下四十四年，詩凡一千一百八十一首（應作「題」），可謂富有矣。知者以爲備美，不知者謂之雜。備美似矣，猶之不知也。蓋備美其辭也，子美之詩，每一篇出，讀之莫不有其一篇之全體；千百篇出，讀之莫不有其千百篇之全體。然總之全體之有所在，而一篇千百篇分應之者也。猶源泉然，爲川澤爲海，見之川澤與海也，其所以爲川澤爲海，有由然也。故他人之詩，其美或一有；子美之詩，固無不有，是謂之備美。而備美則其辭也，臨川言之矣，曰：其辭所從出，一莫知其窮極。夫從出源泉也，一莫知其所從出，則源泉之不得而窺見者矣。不得而窺見，所以爲源泉爲川澤爲海，世固不知也。予讀子美詩老矣，近移毗陵，簡兒輩所藏書，得予舊閱剡溪單氏本，間棄存原評語。陶雲楊氏好古方深，與予朝夕，書成讀之，益信聖人之精言，而知神明通闢之所以然。大約子美之詩，子美之學道也。道在六經，詩其一焉。以道學詩，道小矣；以詩學道，道大矣。世有學道者，而不學詩，所以無詩；世無不學詩者，而多不學道，所以俱無詩。然則子美之詩，人耶？遂天耶？子美亦自言之矣，曰「語不驚人死不休」，曰「篇終接混茫」，思誠哉誠哉！誠者，天之道也。思誠者，人之道也。古夔李長祥撰。

【版本】清順治間梧桐閣刻本。

10、張羽《杜還七言律》

周亮工《與某》

足下所注《杜詩約本》，一味求切求實，不事鈎深索隱。僕每見譽人著書者，輒曰：似郭注《莊》。盲人緣此，遂欲與作者對壘。若足下此注，不過因世人不見杜老眞面目，直以杜還杜耳。但《約本》之名不甚愜鄙意，欲更之曰《杜還》。老杜被學者撏剝殆盡，又被注者摘索無遺，不得不襤褸篳路，逃之無何有之鄉。值遇足下，始得詠「生還偶然遂」也。勿論自來詩文書畫，直當以筆還筆、墨還墨；而注古人者，更當以古人還古人，得一還字，杜詩從此無事矣。僕昨謂朱振公使君，安得聚半歲糧，閉此君於深山老屋中，俾早成此書，使杜老「直從巴峽穿巫峽」，使我輩從羌村鄰人後，早作牆頭觀耶！振公亦失笑。

【原文出處】刻本之序題作《讀張葛民先生注杜》，南京圖書館藏本，未見。此錄自周亮工《賴古堂全集》卷二十。

11、洪仲《苦竹軒杜詩評律》

黃生《苦竹軒杜詩評律敘》

《苦竹軒杜詩評律》者，余友洪仲子所評杜詩五七言律也。弁之苦竹軒之題，洪之志也。洪子屣棄經生，交余廿載，每見則肴蒸典籍，醴酌圖書。雖所嗜不苟同，而黑白淄澠，同於別味，杜詩其一也。余嘗與洪子味杜詩，耳食嗤其澹泊，不知是中甘苦，老杜和而齊之，洪子歠而餔之，僕亦嘗鼎佐饔，竊隨其後。蓋惟洪知杜，惟僕知洪，捨雍巫不與言味矣。吁！微言絕於聖徃，大義盭於贊徂，末法深斟，狐涎鳩羽，其爲我輩反巵者多矣，豈獨味杜之殊眾口哉！讀是編者，亦當以正味味洪子也夫。

康熙己酉季秋黃白山人黃生撰。

洪仲《舊題選杜》

十年求杜，求諸全集不足，又選乎哉？然使親見仙靈，並亦芻狗，此編胡不可？夫選百氏詩文，論才華骨體，選杜論性命肝腸。京華喪亂，何與遺棄？老翁乃如鳥叫峽春，蛩嘶夜壁，至竟血乾喉斷，響怨終留。尤大者，悼痛臺崩晉史，鐙助花門，遏抑丹心，燒焚諫草，世少屈原，弟子倩兩案招魂，遂令黑水青楓，終古悲琴泣玉。若彼才華骨體，眾作歸功，諸家業已增華，賤子何難踵事？河源探泝，請待乘槎。咄咄此編，亦僅資人問渡，或似長康畫叔，則敢言宣聖遇姬文，若其不究郢書空祟燕說，則余眞千古罪人矣。

順治壬辰夏首，邗上羈人洪仲漫題。

洪力行《跋》

詩體之變古而爲律也，蓋自唐始。唐有其古詩而無古詩，貽譏識者。至五七律，則無譏焉。律也者，在軍爲紀，在刑爲法，在樂爲音。吾竊怪唐人制體太苛，句限以八，聲定以四，如身處重圍，艱於生動。何如病婦孤兒，征夫蕩子，或行吟而坐歌，或食咄而寤嗟，轉喉掉吻，直達胸臆之爲愉快也？因質之吾師汪子，師曰：「否否，不然。子亦知律之盛於開、寶之際乎？其時若李、若王孟、若高岑，作者如林，變化奇肆，未嘗拘於體裁，而神韻不乏。逮浣花老人，而技斯極矣。其爲格也，愈出而愈新；其用意也，神出而鬼沒。嬉笑怒罵，根極性情，與古詩不拘於音節者等。而究其自言，第曰：『晚節漸於詩律細』。間常求之一篇之中，有句法，有章法，截乎不可紊，豈非從心所欲而不踰距哉！汝曹伯氏仲子先生，吾少從之遊，聞其緒論，深悟浣花老人神骨風采，全在句法、章法之間。苦竹軒評選，深獲杜心，兼標格，子歸求之，其於律也，思過半矣。」予與兄雨平奉師訓萬花叢中、竹林深處。佔□之暇，歌詩相娛，反復斯編，始知五花八門，莫測其奇，而實以整以暇也。生龍活虎，莫窮其變，而實有倫有要也。所以節制之師，操符致用；明允之士，按例平刑；伶倫之官，占灰候氣，莫不由律。況乎抒寫性靈，束《三百篇》、《十九首》之才思於四韻八句之中，不遵斯編以爲之法，而將誰法哉？獨恨久藏山中，名公鉅卿過訪而不得者數數矣。今幸原版尚存，予小子雖無知，敢執師言，廣爲流通，以公同好云。

康熙乙丑暮春洪力行識於屛山草堂。

李一氓《題跋》

右《杜詩評律》六卷，徽州洪仲撰，清康熙刻本。其書其人歙縣藝文志、人物志均不載，殊可怪也。洪敘著年順治，蓋成書當在明季，可為揣斷。此書世不多見，想當時即流傳有限，致縣志亦失之。惟參訂之黃生，則為明清間大家。黃氏又名琯，字起溟，又字扶孟，號白山。所交多並時名士，如王煒、龔賢、屈大均等。江天一抗清兵敗，乙酉就義南京，黃首唱集資賑其家，想見其為人。所著《字詁》一卷、《義府》一卷，□鐫板行世。《一木堂詩集》十二卷，乾隆間列入禁書。《杜詩說》十二卷，則仇兆鼇多採之以入《杜詩評注》。一九五七年夏遊黃山，遇屯溪市上見此書，為成都草堂收得之。李一氓記。

【版本】清康熙二十四年（1685）洪力行據康熙八年（1669）原刻重印本。

何焯《杜詩評律敘》

律詩之作，發源於永明而成於唐之景雲。由格而律，聲病益嚴。五代喪亂，其傳始譌。至宋如軟逸之流，皆云八病未詳，此之不審而附會，師出以律，形家三尺律之說，豈其然乎？近代則四聲而外，並無有知八病二字者，所講僅起承轉合，尤為作詩之末務。然苟其發明疏通，確有眞得，使初學讀之，可識文從字順之方要，未可謂無功也。洪生待臣，篋中攜有族伯方舟先生《杜詩評律》一冊，於杜之章法、句法，一一為之縷析其曲折，雖當年排比聲韻之微，未易窺尋，而起承轉合，則固以備矣。老杜自謂「晚節漸於詩律細」，而方翁此書，亦出於晚年，然則世之人苟非博雅過於阮氏，未易可得而厭薄之也，曷先從此取則焉。

康熙癸酉三月二十七日長洲何焯書於南陽舟次。

洪力行《後記》

此編乃族伯方舟先生昔館廣陵偕黃白山老人評選以授學徒者也。當時縷板，僅印數部，以贈所知，未廣其傳。近爰白山老人推衍厥旨，著為《杜詩說》行世。讀服氏注者，益思復見鄭箋。因質正於屺瞻師，增訂完好，以應當世之請。而□□□曰：老杜詩一下筆，皆從破萬卷得來，豈可一知半解，率得注釋！然注者千家，如僞蘇「屋上王重」，師古「筍根稚子」，甚至「儒冠紈絝」，而曰：本天親上，本地親下。凡此舛陋可嗤，反不因淺□而以傅會穿鑿，求之太深。黃山谷云：「子美詩妙處在無意於文，余嘗欲隨欣然會意處箋以數語，終汩沒於世俗不暇也。」斯意也，我伯父實得之矣。伯父博極群書，而最鄙訓詁。茲所選五、七言杜律，不鈎深，不撦異，第就本書玩味，疏通其旨趣，指點其章程，眉目分明，首尾聯貫，俾讀者了然得解於章句之中，自超然會心於章句之外。舉數百年來諸家蔀障，一洗而空之。較之白山老人《詩說》尤爲切近簡當，是鐵門關一玉鑰匙也。世人欲登老杜之堂，而窮其閫奧，其以是爲從入之門哉！

康熙丁丑夏五月族子力行謹書。

【版本】清康熙三十六年（1697）洪力行據康熙八年（1669）原刻重印本。

12、王士祿、黃大宗《杜詩分韻》

毛奇齡《杜詩分韻序》

輯詩家有分時、分體、分類、分韻四則。杜詩本分時者，近有刻分體名《杜詩通》，而至於分類、分韻，逮今無之。此西樵《分韻》之所爲製作也。古文無盡韻者，有之，《易》是也；詩無無盡韻者，有之，《頌》之《桓》與《般》是也。是故漢以前文，間雜韻句，而東方先生作《據地歌》，後漢靈帝中平中，京都謠辭即詩，而反無韻焉。自魏李左校始著《聲類》，齊中郎周顒作《四聲韻譜》，而其後沈約、陸法言、孫愐輩，各起爲韻學，而設詩準於韻。故三唐用韻較昔尤備，況甫精聲律，其爲押合，尤爲三唐前後所觀而模之者乎？西樵，沈、陸之良者也，其書法工擅一時，凡六書四體已極根柢，而韻則起收呼噏，變化通轉，輒能析豪係而定幼眇，故與其及門黃大宗者，判甫集而聲區之。嘗曰：韻本嚴也，而甫能以博爲嚴；韻本肆也，而甫能以拘爲肆。旨哉言乎！獨予有未辯者。今之爲韻，不既分佳與麻耶？佳無嘉音，而唐劉禹錫《送蘄州李郎中赴任》詩以佳間麻，而公乘億《賦得秋菊有佳色》則佳倡而麻隨之，今少陵《柴門》一章，其爲佳、麻者且五組也，是豈佳即同嘉，抑唐韻本佳、麻通歟？且唐韻眞、文與殷分有三韻，而今即並殷於文，夫不並則已爾，並即殷韻當在眞而不當在文，是何也？則以唐人之係殷於眞者，李山甫賦《秋》、戴叔倫詠〈江干〉、陸魯望《懷潤卿博士》諸律皆是也。少陵雖無律，而於《崔氏東山草堂》拗體與《贈王二十四侍御》長律，亦且雜斤之與勤，則是眞、文二韻在今與唐韻絕然不同，而第勿視之而不之察也。

至若東韻，原與蒸通，故「翹翹車乘」之詩，弓、朋一押，而後乃不然；然而動轉爲屋，蒸轉爲職，皆入韻也，今未知東之與蒸在唐韻能通與否？而集中《別贊上人》詩，以職通屋，《三川觀水漲》詩，以屋通職，其他若《南池》，若《客堂》，若《天邊行》、《桃竹杖引》，其通屋與職不更僕也。韻之可疑者甚夥，而吾之欲質於是集者，不止此數。而以吾所疑質甫所是，西樵大宗，必有起而剖晰之者，吾敢以細　撞洪鐘哉！

【版本】已佚。

【原文出處】載《西河合集．序》卷七，《續修四庫全書》本。

杜濬《杜詩分韻序》

自有杜詩以來，流傳天地間者，不知幾千億計，學者紬繹成書亦非一種，有編年，有分類，有分體，有專刻五言近體及排體，獨分韻無有，有之，自黃子大宗始。……蓋杜詩諸美備臻，而其落韻之妙，尤不可以不深味。夫其啞韻能使之響，浮韻能使之沈，粗韻能使之細，板韻能使之活，庸韻能使之新，險韻能使之穩，俗韻能使之雅，遊韻能使之堅確，昏暗之韻能使之明白，泛濫之韻能使之有根據。是固有絕異之稟，有極博之學，然後別有爐鞲，非他氏可幾者。學者誠能由編年以觀其閱歷先後、甘苦深淺以及世變升降、關係感切之全局，由分體以觀其兼工獨到、精微浩渺之極致；由五七近體以觀其既醇且肆，亦工亦淡，然工非近人之工，淡非今人之淡之絕詣；而又必好學深思，由黃子所輯是詩，逐韻以盡變，得其推門落臼，各得其所之原委，則其於少陵也，碎升堂入室可也，是黃子之功也。或曰：不憂割裂乎？不知杜詩猶精金然，有鉅鎰於此，分寸而割之，其所貴未嘗少減也，是在學者善觀之而已。

【版本】已佚。

【原文出處】杜濬《變雅堂集》卷三，《四庫禁燬書叢刊》本。

13、王維坤《杜詩臆評》

邵長蘅《杜詩臆評序》

古今注杜詩者亡慮數百家，其弊大約有二：好博者謂杜詩用字必有依據，捃摭子傳稗史，務爲泛濫；至無可援證，則僞撰故事以實之，其弊也窒塞而難通。鈎新者謂杜詩一字一句皆有寄託，乃穿鑿其單辭片語，傅會時事而曲爲之說，其弊也支離而多妄。蓋杜詩之亡久矣！杜詩未嘗亡也，其眞亡也？故愚以謂必盡焚杜注，然後取杜詩讀之，隨其人之性情所近，與其才分之偏全、淺深、工拙，而皆可以有得。長垣王又愚先生起家進士，令梓潼，遭亂棄官，流離滇黔，閱十餘年而後歸。方其自秦入蜀，闚劍閣，下潼江，又以事數往來花溪錦水，其遊跡適與子美合。及棄官以後，繫懷君父，眷念鄉邦，以至拾橡隨狙，飢寒奔走之困，亦略相同。故其評杜也，不摭實，不鑿空，情境偶會，輒隨手箋注，久之成帙，自題曰《杜詩臆評》。其於古今注家不知誰如，要之，無二者之弊。余謂注杜如先生，則杜不亡，惜也止於七律也。序之以告世之讀杜者。」

【版本】已佚。

【原文出處】邵長蘅《青門簏稿》卷七，河北大學圖書館特藏部藏本。

14、盧震《杜詩說略》

王封溁《序》

自古一代名臣，卓卓然可垂法後世者，其尊主庇民之意，奉公憂國之思，往往託諸篇什。所謂言之不足，則長言之，長言之不足，則詠歌嗟歎以明之也。又或比事屬辭，賦詩見志，不必在我之所作。而孤情相照，千古同心，亦往往低徊反復以求其指趣之所在，是亦忠臣孝子之所託也。少陵詩籠罩百家，包涵萬象，學者稱爲詩史，凡出處去就，動息勞佚，悲歡憂樂，忠憤感激，好賢惡惡，一一於詩發之。元稹稱其「上薄風雅，下該沈宋，言奪蘇李，氣吞曹劉，掩顏謝之孤高，雜徐庾之流麗，盡得古今之體勢，而兼人人之所獨專。」其推許少陵甚至，學者咸以爲允。然而杜詩正未易讀也，昔人謂不行萬里路，不讀萬卷書，不可以讀杜。今學者所聞所見不出兔園跬步之間，而乃尋撦割剝，動曰杜詩之解在是，幾何而不爲識者所吐棄乎？中丞盧亨一先生以弘鉅之才，兼淵博之學，英靈間氣，篤生偉人。少受知世祖章皇帝，侍從清切，啓沃功多。今上龍飛，更屢荷特簡。會歲當己酉，湖南巡撫報乏，上重難其人，特命公秉鉞而往。先是，湖南凋敝已極，公下車，興利除害，若慈父母之哺幼子。寬傜役，集流亡，緩催科，拯水旱，恤鰥寡，抑豪強，課農桑，興學校。其孜孜夙夜不遑寧處。尤在正身率屬，激濁揚清，凡有設施建豎，三令五申，期必恪遵而後已，今所刻《撫偏檄草》是也。大事則裁牘上聞，皇上聖德如天，所請率多俞允。蓋當出撫之日，面奉恩綸，公遂知無不言，言無不盡，近所刻《撫偏疏草》是也。其尊主庇民之意，奉公憂國之思，表裏瑩然，終始如一，豐功駿業，長焜耀於湘江楚水之間。其遇固非子美所可幾及，然而激昂磊落之氣，光明鯁直之言，忠愛惻怛之意，所謂一飯不忘君者，則與少陵一而已矣。且少陵所讀之書，公無不讀。而湘陵辰沅之地，公所建節，皆少陵蹤跡所時到者，於是著《杜詩說略》一卷，文成數萬，於杜詩源流本末，歷落貫串。而其神情脈絡，肌骨腠理，無不心融意解，言下了然。一一正其指歸，舉其眉目，提綱挈領，而細及於片言隻字之工，畫界分疆，而總得其磅礴渾淪之妙。世之說杜詩者，未有若是其盡善盡美者也。公原籍景陵，與予有桑梓之好。往日承明著作，又獲從公後，以相周旋，令子新安使君方以清操循政，遇知聖主黃山白嶽間，不日有《甘棠》、《郇雨》之頌。是父是子，肯堂肯構，其所以表章公業者，方且輝煌竹帛，彪炳丹青，豈斤斤此一編而已乎？雖然，是亦公意之所託也。公既示天下以讀詩之法，而又使天下微悟其所以作詩之本，則發端忠孝，根柢性情，其有功世道人心大矣，學者其自得之。

賜同進士出身通奉大夫、經筵講官、禮部左侍郎兼翰林學士加一級、前吏部右侍郎、內閣學士、日講起居注官、舊治年家眷侍生王封溁頓首拜撰。

【版本】清康熙間刻本，清華大學圖書館藏。

15、朱瀚、李燧《杜詩七言律解意》

朱瀚《序》

□□□□詩者以意逆志，作詩、讀詩之道盡此矣。荒於志而工於辭，以錦覆井也；詳於事而舛於意，以水混乳也。作詩難，讀詩尤難。嘗喻之，作詩猶鼓琴也，詩，琴音也；□，琴心也，讀詩猶審音也。伯牙鼓琴，志在高山，子期曰：「美哉！峨峨乎如高山」；志在流水，子期曰：「美哉！洋洋乎如流水。」此作詩、讀詩之公案也。余何人哉？而敢注杜。然聖人嘗以詩學詔當世，自興觀群怨，以至爲忠臣、爲孝子，而博其趣於昆蟲草木，明乎風雅之宜親也。杜詩渠出風雅下，謂：「學詩而不讀杜詩可乎？」毛注、鄭箋、紫陽《集傳》各申所見，謂：「讀杜詩而不分別眞贋，探竟源委可乎？」此《杜詩解意》之所由奮筆也。採摭舊聞，與陶莊氏時□□□，非以意逆志，期爲少陵□□□然爭鳴於壇坫之上，余何人哉！

康熙乙卯歲，初秋之吉，上海朱瀚南詢氏撰

李燧《序》

讀書論世，不可強爲同，亦不可苟爲異。得之於心，而衡之以理，忌其人我之見，則同與異咸當焉。況夫詩也者，發乎性情，協乎律呂，意淺而似深，意深而似淺，意在此而似在彼，意在彼而似在此，自非好學深思，心知其故，鮮不隨聲附和，汩沒於舊聞，而同與異咸失其準，此讀詩者之難，而讀杜詩者之尤爲難也。杜詩之注，爰云千家，大抵考訂歲年，採摭事實。至於作詩之意，則待後之學人長言詠歌，徜恍神遇，千載以來，蓋有知之而不欲與世明言之者，如宋元之山谷、臨川、道園諸公，熟窺其法度意趣，而變化出入於濃淡奇正之間，即非純臻乎杜而不可謂之非杜也。逮其後有形模乎杜者，而詩學遂衰，並疑杜之愈難讀矣。南詢先生好古力行，淵源有自，靜悟於大易、楞嚴、卓吾易回先師，楞嚴妙指而外更有發明。可參了義之經，羽翼先儒之教。其批閱左氏、韓、柳等書，亦皆印合微茫，發揮義蘊，以此心瞶而讀杜詩，宜其不與世同，而衷之於杜，則自覺其當然。即或不與世異而衷之於諸家，則益見其精確。燧也不敏，不能爲詩，亦喜讀杜詩，近年先生習靜於槎溪之東林精舍，密邇敝廬，往往過從，雄辨之餘，不遺葑菲。兼之風雨賦懷，縹緗互簡，敢自附於著述之末也歟，亦聊以誌講習之誼云爾。

康熙乙卯歲，初秋之吉，疁槎李燧陶莊氏撰。

【版本】清康熙十四年（1675）蒼雪樓刻本。

朱瀚《杜詩七言律解意小引》

辛亥上巳日，過友人張南松書室，窺其几上，盡杜詩也。自千家注、趙注、虞注、單注以下，錢宗伯、顧辟疆注咸在焉。偶取《秋興》、《諸將》等篇讀之，名言絕識，橫見仄出，應接不暇。自揣千慮之一，與諸家相互發明者亦往往不少，酒酣技癢，因涉筆點定數處，歸而續成之，僅三十首，錄寄南窗，南窗則益慫恿之。是時，余授經槎溪，門人戴廷輝、吳且□方從余學爲詩，而里中李陶莊氏且以詩鳴於時，不□□□□□與疏通其疑意，研審其眞贋，余益鼓勇而勤爲之，遍及古今諸體，凡三易稿而成書，蓋苦於綆短汲深，書成而予力幾憊矣。南松、陶莊嘉其勇，憐其勤，而惜其憊，遂相與慫恿付之剞劂。先是，南松嘗錄淨本，寄予校讎，字義則問之戴、吳二生，次第點閱，則陶莊是任。噫，予有愧良友多矣！用弁數語，以志今昔，其七言梗概，別見總論云。

康熙乙卯新秋上海朱瀚南詢氏書。

【版本】清抄本《杜詩七言律解意》。

16、周篆《杜工部詩集集解》

周篆《杜工部集序》

予昔遊武昌，登黃鶴樓，見有碑巋然刻詩八首，蓋欲出其長與崔顥角者之所作也。夫以李白之才，宜不爲顥下，然見顥詩，束手而退。彼何人反能與顥角，且能以多勝之耶？昌黎所謂「蚍蜉撼大樹」者，此也。雖然，人惟有才如白，始知詩爲一時絕唱。彼無其才，且不知有白，烏知有顥！其欲勝之也，固宜。洛陽紙貴之後，自非陸機，必然舐筆和墨，攘臂而起，欲令《三都》再見矣。昔楊雄擬《易》，王通擬《論語》，《易》與《論語》，尙且見擬，於區區一賦何有！由是言之，庸詎知百世以上，不曾有駕陸機而淩左思者，而今不及見耶？巋然有碑，勢必不久，不足病也。少陵之詩，何止絕唱一時，自唐以來，苟非蚍蜉，必無從而撼之者。特患世人不問意義之何在，僅取其文辭事實之近似者，僞解而謬釋之，僞重而謬譽之，以爲少陵病，反不若悍然不顧，勒碑示勝，其失爲易辨也。夫不眞知顥詩之所以然，而漫告以《黃鶴樓》之不當復作，不心服已。今注杜者，愈闡愈晦，如「雞鳴問寢龍樓曉」，本言立代宗爲太子，解者以爲譏肅宗子道不盡之類；愈析愈離，如「勃律天西採玉河」，本言遠人向化，解者以爲寶主疆域之類；紛紜改竄，如「洞門對雪常陰陰」，說者改爲「對霤」之類；眞僞不分，如洞庭湖中不載名氏之石刻，閨壼中夾繡獷之絕句，說者以少陵不疑，《巴西觀漲》極有法脈，說者以爲無狀之類。豈非傅塗泥於大樹，招蚍蜉而嗾之憾乎？予不能知李，而於杜詩尤不能知，惟於其顚倒挫折、困頓流離之作，讀之往往如我意所欲出。又嘗南自吳越，北過燕趙，經齊魯鄭衛之區，荊楚之域，極於夜郎、滇僰，復浮彭蠡，泛洞庭，窺九嶷，臨溟海，而回跡環三萬，歲周二星。凡舟軒車騎，旅郵店亭，尤於其詩之跋涉高深、出入夷險者，相須如行資徒侶。苟有不解，則就擔簦問之。窺之既久，時見一班。雖其官拜拾遺，從容朝右，卜居錦水，情事悠然，與予境遇，絕不相謀。之所爲亦莫不心知其意，扃鐍既開，戶牖斯在。解釋所及，都爲四十卷。縱使言之無當，僅不能爲公驅除蚍蜉而已。蒼然大樹，固無恙也。安知得吾說而通之，勒詩黃鶴者，不廢然反耶？雕蟲篆刻，其謂斯乎？不謂斯乎？

惠棟《跋》

本朝注杜者數十家，牧齋（錢謙益）而下，籀書（周篆字）次之，滄杜

（仇兆鼇字）以高頭說約之法解詩，爲最下矣。籀書名篆，由青浦徙吳江，所著有《草亭詩文集》，又嘗撰《蜀漢書》八十餘卷。乾隆丁卯，余預修《府志》，采其書入《藝文》云。壬申十月，望前二日，松崖惠棟書。

【版本】清初鈔本，國家圖書館善本部藏，爲海內孤本。

17、汪灝《知本堂讀杜詩》

汪灝《自序》

知本堂者何？今天子（指康熙皇帝）御書賜灝額也。讀杜詩而繫之知本堂者何？灝之讀杜，授自先大人，讀於里居，讀於山巔水涯，讀於舟車旅次，讀於直廬禁省，讀於扈從沙塞內外之間，而總歸之知本堂者，慕君恩爰以名集，匪直杜也。不箋且注，而只『讀』之者何？杜陵去今九百餘年矣，名賢宿學，注之箋之者，既詳且精，灝於數者俱不能，且懼穿鑿附會，失作者之心，聊讀之云爾。灝以書生，獻賦行在所，蒙召試宮廷，屢試稱旨，因得與科名，備史館，兢兢勤職，業曰讀書，以仰答主眷。私衷竊欲於世所共尊眾好之書之詩，以次漸讀，而讀杜爲之先。

【版本】清康熙間汪灝家刻本。

18、顧施禎《杜工部七言律詩疏解》

顧施禎《自序》

余髮未燥，先大人衛瀾公即以盛唐詩課，不肖性好杜公集，大人曰：「爾好當遂爾好，爾其耑學之。」跪受命，誦繹不敢輟。繼得《七言律虞注》，玩味者一春秋。昔人斥其贋，然解有駁而不純者，有確而不可易者，一一標識簡端。同里趙青雷、黃笠庵曰：「先生之意，將公諸天下乎？」余謹謝不敏。二子曰：「意既不我私，當使樵夫、牧豎共曉。吾輩敷暢其意，作俗語分爲四目，綴成篇帙。」余不勝惶汗，荏苒年華二十，苦心積慮，正欲彙諸名家詮注，爲杜公全集作一疏解，去駁而歸純。尤希浣花溪翁鑒余爲功臣、非罪人，是素志也。來京師獨攜七言本，琴川嚴恬若復同趙、黃二子，意欲付剞劂，以公天下，余又謝不敏，其如謝而不能卻乎！嗟嗟余受命於先大人，幼而老矣，羲和望舒之御幾旋轉矣，終未敢信以爲然，以俟當世之教我者。

時康熙二十有五年二月，吳江顧施正適園題於心耕堂。

顧施達《跋》

余自幼學以來，即習閱先王父適園公著述甚夥，然齠齔嬉遊，不能察也。及長，稍知文義，遍搜先王父手澤，有《昭明文選》、《古文茲程》、《少陵詩集》諸書，疏解班班可考。兼有《盛朝詩文》，分類成帙，不禁喟然而歎曰：「此先王父一生苦志之所在也！」但書籍猶存，而棗梨安在？質之庭趨，備述始末。知先王父歿於京邸，而倉皇扶櫬，不及盡挾以歸也。對此遺編，反復流連，時切所鐫刻者之存亡何如耳！壬子歲，遊王父故地，俯仰勝區，風景依依，因想當日之名流聚首，與王父相往來者，已渺不可即矣。及博訪諸書，止有杜少陵一集宛然在焉。問其行，曰風行如郵傳也；問其板，則已幾換梓人矣。寄旅數月，既慨群書之杳渺，猶幸此書之不泯也。歸而呈諸家嚴，一見宛如膝下，悲喜交集，因謂天下同此心，即天下同此好，隘而而不廣，何以慰先靈地下也！爰是訂其舛訛，正其字畫，付諸剞劂，以公海內。雖先王父一生苦志不僅於斯，亦可於斯窺見一班也，用敢綴數行於後云。

雍正十一年歲在癸丑仲夏之吉，嫡孫顧施達謹跋。

【版本】清雍正十一年（1733）吳江顧氏心耕堂重刻本。

19、蔣金式《批註杜詩輯注》

宗舜年《跋》

西禾纂《杜詩鏡銓．敘例》云：「凡西樵、阮亭兄弟、李子德、邵子湘、蔣弱六、何義門、俞犀月、張惕庵諸家評本，未經刊佈者，悉行載入。」此書首題蔣氏評，西禾參定。所錄諸家評語，旁午錯綜，細書彌滿，復有損益，則黏紙以繼之。先輩讀書，用力深至，殆非後生所及。其輯《鏡銓》，即以此爲底本，而小有刪易。《鏡銓》所錄，此本多有之；此本所錄，則《鏡銓》不盡也。卷首標題，似當時即擬以此本付刊，《鏡銓》又後來之更名耳。甲寅七月十一日舜年跋記。

【版本】清刊清批本，浙江大學圖書館藏本。

20、吳馮栻《青城說杜》

吳馮栻《自序》

說者何？取其詳也。杜陵爲詩家鼻祖，有目皆能知其妙，何用說爲？然吾見人所自以爲知者，皆知其所知，非吾所謂知也。夫李杜齊名舊矣，但李

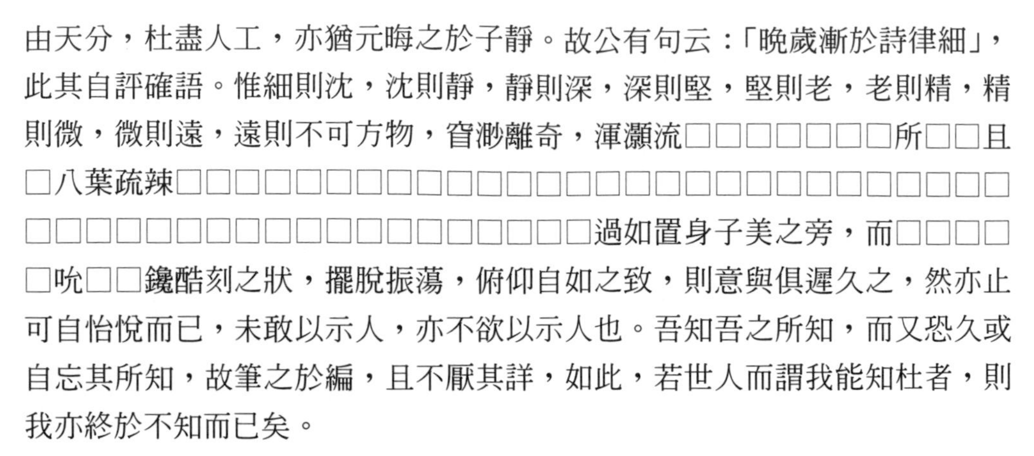
由天分，杜盡人工，亦猶元晦之於子靜。故公有句云：「晚歲漸於詩律細」，此其自評確語。惟細則沈，沈則靜，靜則深，深則堅，堅則老，老則精，精則微，微則遠，遠則不可方物，窅渺離奇，渾灝流□□□□□□□所□□且□八葉疏辣□□過如置身子美之旁，而□□□□□吮□□鑱酷刻之狀，擺脫振蕩，俯仰自如之致，則意與俱遲久之，然亦止可自怡悅而已，未敢以示人，亦不欲以示人也。吾知吾之所知，而又恐久或自忘其所知，故筆之於編，且不厭其詳，如此，若世人而謂我能知杜者，則我亦終於不知而已矣。

【版本】清康熙間寶荊堂刻本之抄本，中國社科院文學所藏本。

第二節　李因篤杜詩評點研究

一、李因篤生平事蹟及其著述簡介

李因篤（1631～1692）字天生，更字孔德，號子德，又號中南山人，富平（今屬陝西）人。明諸生。博學強記，性樸直，尚氣節，名重於時，人尊爲「關西夫子」，與朝邑李楷、郿縣李柏並稱「關中三李」。康熙十八年（1679）舉博學鴻詞科，授翰林院檢討，未逾月，以母病辭歸。他與顧炎武、朱彝尊、毛奇齡等人也都有較爲密切的交往，在清初學界佔據相當重要的地位。著有《受祺堂詩》三十五卷、《文》四卷、《續》四卷。嘗遊京師，仿杜甫作《秋興詩》八首，見者多擊節，長律則得少陵家法。生平事蹟見《清史列傳．儒林傳上一》、《清史稿．儒林傳一》李顒附傳、《關中叢書．關中三李年譜》等。

李因篤在清初杜詩學界佔據相當重要的地位，其對杜詩的很多精闢論述代表了清初杜詩評點學的主要成就之一。李因篤著有《杜律評語》，周采泉《杜集書錄》內編卷九《輯評考訂類二》著錄，並引無名氏杜詩批校本《題記》云：「李氏有《杜律評語》，安溪李文貞公（光地）極賞之，欲刊刻而未果，惜流傳甚少。」成都杜甫草堂曾將此書列入 1959 年第二次《征集書目》，書名作《杜詩評》，迄今未見。故李因篤的杜詩學成就此前並未引起杜詩學界的足夠重視。不過李因篤之論杜言論仍散見於仇兆鼇《杜詩詳注》、楊倫《杜詩鏡銓》、劉濬《杜詩集評》、題名朱彝尊《朱竹垞先生杜詩評本》、時中書局石印本《諸名家評定本錢牧齋箋注杜詩》、朱彝尊《曝書亭集》等書。現存的李因篤杜詩評語，還有一些過錄本，如青海省圖書館藏錢謙益箋注《杜工部詩》佚名過錄本，廣東省圖書館藏錢謙益箋注本清端甫過錄本，中國人民大學圖書館藏仇兆鼇《杜詩詳注》清趙香祖過錄本，南開大學圖書館藏浦起龍《讀杜心解》佚名過錄本，杭州大學圖書館藏《讀杜心解》清吳郎過錄本，清顧廷綸《少陵詩鈔》過錄本等〔註1〕。另外，其同時與之交遊的文人別集中對其論杜言論的記載也爲數甚夥。在諸多文獻中，以劉濬《杜詩集評》、時中書局石印本《諸名家評定本錢牧齋箋注杜詩》中保存得李因篤杜詩評語最爲完整。其中《諸名家評定本錢牧齋箋注杜詩》徵引的李因篤評語在文字上更爲完善，因此可以該本爲工作底本，對李因篤評杜之語進行輯錄，當可大致看出李因篤杜詩評點的成就與特色。

二、李因篤批點者身份的確定

在諸多杜詩評點文獻中，鄭善夫與王愼中、邵長蘅與朱彝尊、朱琦的杜詩評語因輾轉襲用都出現了作者問題。對於李因篤評語的眞實性，蔣寅先生也曾指出：「《諸名家評本》僅標「李曰」，讓人致疑究竟是李因篤還是《容齋千首詩》的作者李天馥（也是學杜名家）。」〔註2〕袁康《校印虞山錢氏杜工部草堂詩箋序》中云：「又各卷眉端輯有諸家評語，大約以國初爲斷，疑係爾時詞客所爲。實能抉發詩中款要，不忍削棄，悉行採入，並爲審定。又附採別本所有各家，俾相印證。他若妄肆掊擊，概從刪節，遵仇氏例也。」看來袁氏對於《諸名家評定本錢牧齋箋注杜詩》眉批的諸家評語的作者，也是含糊其辭。鑒於杜詩評點文獻中張冠李戴現象非常嚴重，因此我們需要首先確定這些評語是否眞正出自李因篤之手。其實如果我們將《諸名家本》與劉濬《杜詩集評》兩相對照，就可以發現兩者基本一致，也就可以確定《諸名家本》中的「李曰」就是李因篤。除此之外，我們通過對李氏評語中透露的一些信息，也可以進一步確定作者的身份。如《七月三日亭午已後校熱退晚加小涼穩睡有詩因論壯年樂事戲呈元二十一曹長》，李云：「讀此一過，輒神往雁門雲中，曹、陳、趙、傅諸公依依在目。」又云：「久墮塵世，不復爲高人所念，奈何？」評語中所謂「曹、陳、趙、傅諸公」是指曹溶、陳上年、趙

〔註1〕參見劉重喜《李因篤的杜詩評語》，《古典文獻研究》第十三輯，鳳凰出版社2010年，176頁。

〔註2〕蔣寅《清初李因篤詩學新論》，《南京師大學報》2003年第1期。

彝鼎、傅山等人。又如《贈高式顏》:「昔別是何處，相逢皆老夫。故人還寂寞，削跡共艱虞。自失論文友，空知賣酒壚。平生飛動意，見爾不能無。」李云:「深情老筆，每讀此，輒神往雁門。」《奉濟驛重送嚴公四韻》:「遠送從此別，青山空復情。幾時杯重把，昨夜月同行。列郡謳歌惜，三朝出入榮。江村獨歸處，寂寞養殘生。」李云:「情深語苦，每讀此，則雁門陳使君歧路之情依依在目。」又如《前苦寒行二首》其一，李云:「末二句（玄冥祝融氣或交，手持白羽未敢釋），可爲南海諸君子解嘲。」評語中提到的「南海諸君子」，應是指屈大均等人。李因篤於順治十七年（1661）十二月至康熙六年（1667）九月在陳上年（字祺公）雁平道幕府坐館，趙彝鼎爲代州守將，與傅山、顧炎武、屈大均等人交往亦在此時。檢《關中三李年譜》載，康熙二年「在代州，崑山顧寧人炎武遊五臺，經代州，遂定交。」〔註3〕康熙四年「五月，番禺屈翁山大均至長安，因定交。翁山偕至富平，登堂拜母。六月，偕赴代。」〔註4〕評語中的這些交遊情況與李因篤生平經歷正相符合，這也爲確定評點者的身份提供了重要佐證。

三、李因篤批點杜詩所據底本問題

清初諸大家的杜詩評點，大都以錢謙益《錢注杜詩》爲底本進行批點，李因篤的杜詩評點也是如此。李因篤在評點杜詩中，多次提及錢注，或稱「錢箋」，或簡稱「錢」、「箋」，主要有如下條目：

《行次昭陵》，李云:「松柏」下正敘「行次」，錢箋引《會要》語何涉？結句感慨深矣，卻難如此蘊藉。

《杜位宅守歲》，李云:《通鑒》此條注云：晉宋間多呼從弟爲阿戎，至唐猶然，因引杜此詩證之。錢以阿戎乃思遠小字，不知何據？

《有感五首》其一，李云：論事余與《錢箋》頗合，其不合者，另識之，惟《洛下》一首。

《有感五首》其二，李云：後四句合前半看，似欲留東都也，《錢箋》亦未暢。

《八陣圖》，李云:「失吞吳」，實是失於吞吳，《錢箋》去僞蘇注而不異其解。

〔註3〕吳懷民輯《關中三李年譜》卷六，《陝西通志》館鉛印本，1928年，14頁。
〔註4〕同上

《夔府書懷四十韻》，李云：「先帝」，公集中都指玄宗。錢箋曰肅宗猶可，而以輔國當宗臣，則大謬。

《雲》，李云：（龍以瞿唐會）「龍以」，錢箋作「龍似」，秋雲多巧思，正寫得一「秀」字，公詩則兼時地說，而次聯並括始終。

《晨雨》，李云：看去在人眼畔，寫來俱在意中，所以為佳，然非公卻拈不出。又云：「才有色」，錢箋作「才灑地」。「旋」去聲。

《宿白沙驛》，李云：初離湖水，尚涵煙景之雄，其氣魄自學問得之，故沉實而非虛響。又云：「草新春」，錢箋作「草新青」。

上述李因篤評語中提到的錢注，一一細檢《錢注杜詩》所論，全部符合。因此可以基本確定其評點的底本就是錢謙益的《錢注杜詩》。除了《錢注杜詩》之外，李因篤在評點中還提到了以下兩種文獻：

1、朱鶴齡《杜工部詩集輯注》。如評《哭李常侍嶧二首》其一云：「此二詩當依朱本，編入荊州。」評《哭韋大夫之晉》云：「此哭韋於喪次也，當依朱本，在《送盧侍御》之前。」評《奉贈蕭二十使君》云：「前後以鶴齡注為是。」評《奉酬寇十侍御錫見寄四韻復寄寇》云：「『黃帽』從鶴齡注，公自謂也。」評《舟泛洞庭》云：「非公作，鶴齡辨是，愚亦嫌『畏日』對『南風』未工，然自為佳。」評《寄高適》云：「非公作，鶴齡辨是。」評《與嚴二郎奉禮別》云：「鶴齡定為公作，當以清老賞之。」評《巴山》云：「鶴齡定為公作，良是，然非其至者。」

2、《唐詩紀》。《送樊二十三侍御赴漢中判官》，李云：「《詩紀》作『匡復資』。」《兩當縣吳十侍御江上宅》，李云：「白黑」當依《詩紀》作「黑白」。《贈秘書監江夏李公邕》，李云：「《詩紀》『躋』作『嚌』，當作『擠』。」《入衡州》，李云：「當依《詩紀》作『短檣』。」李因篤評語中提到的《詩紀》，疑即明黃德水、吳琯所編《唐詩紀》，有明萬曆十三年（1585）刻本，該本以校勘精審著稱，李因篤的杜詩校勘中便多有依從。

又李因篤評《憶昔二首》云：「使人有嘉靖、萬曆之感。」又云：「亂離以來，讀之酸咽。」評《宿花石戍》云：「今翻於守度之地，恣意暴斂，恐非可以弭亂，請三復公詩。」評《送顧八分文學適洪吉州》云：「每讀此數過，遭亂以來，眞令人反復痛恨於桓、靈也。」這些評語中都涉及到對明末暴政的批判，明顯帶有時代色彩。從以上這些情況來看，李因篤評點杜詩似乎始於明末，終於清康熙九年朱注刊刻以後，前後持續的時間相當長。

四、李因篤評杜的傾向與特色分析

統觀李因篤的杜詩評語，其論杜傾向與特色大致有以下幾個方面：

（一）「追三《頌》」與「匹二《南》」

李因篤將《詩經》作爲詩歌作品的最高典範，以「雅」作爲衡量杜詩的最高標準。其評《送李校書二十六韻》云：「太史公曰：『其文不雅馴，縉紳先生難言之。』又曰：『擇其尤雅者。』此兼命意措詞而言，余點次杜詩亦以此。」他在論及飽含憂國愛民思想的杜詩時，經常稱頌其可以追匹雅頌，這也是當時對杜詩成就的最高讚譽了。如李因篤評《立秋後題》云：「居然江左之遺，細繹之，亦如漢人《郊祀》，彷彿《雅》、《頌》也。」評《洞房》云：「無限悲思，鬱然言外，結語仍多含蓄，宜匹二《南》矣。」評《宿昔》云：「託興甚微，儼然八面，解俱得，故自渾然不覺，純乎《國風》矣。」評《重經昭陵》云：「前篇敘述略具，此只渾渾贊之，而義無不包，典重高華，眞追三《頌》。」評《北征》云：「大如金鵬浮海，細如玉管候灰，上關廟謨，下具家乘。舉隅而詞自括，繁引而氣彌疏，可直追《三百》矣。其才則海涵地負，其力則拔山倒嶽，以比辭賦事之微，寫愛君忠國之情。有極尊嚴處，有極瑣細處。繁處有千門萬戶之象，簡處有緩弦促柱之悲。元江南謂具一代興亡，與《國風》、《雅》、《頌》相表裏，其《北征》之謂乎？」評《謁先主廟》云：「其旨則纏綿慷慨，其義則縱橫排宕，其詞則沉鬱頓挫，其音則婀娜鏗鏘。懷古感時，溯沿不盡，無溢情之譽，亦無偏舉之文，大小雅之篇章，太史公之序次，可以兼之矣。」李因篤將杜詩推尊到雅、頌的高度，雖然是從「溫柔敦厚」的儒家詩教出發，但對揭示杜詩的思想意義亦不無裨益。

（二）尚古質淡雅與清新蘊藉

李因篤認爲詩歌藝術所能達到的最高境界乃是質樸自然，潘耒《受祺堂詩序》即稱：「先生（指李因篤）嘗慨世不乏才人，而爭新鬥巧，日趨於衰颯。故其爲詩，寧拙毋纖，寧樸毋豔，寧厚毋漓。」〔註5〕此論與傅山《作字示兒

〔註5〕李因篤《受祺堂詩》，《四庫全書存目叢書》集部二四八，齊魯書社1997年，第421～422頁。

孫》附記中著名的「四寧四勿」說（即「寧拙勿巧，寧醜勿媚，寧支離毋輕滑，寧直率毋安排」）頗爲相似。所以李因篤評詩也是獨獨青眼於樸拙、高古、淡雅之作。如評《乾元中寓居同谷縣作歌七首》云：「《七歌》高古樸淡，洗盡鉛華，獨留本質。」「愈淡愈旨，愈眞愈厚，愈樸愈古，千古絕調也。妙在悠然不盡，一片空靈，無復聲色臭味之可尋矣，然非其人不知。」評《雨》（「峽雲行清曉」）云：「淡遠之甚，然自盡致。」評《玩月呈漢中王》云：「淡語有深致，咀之無窮。」評《禹廟》云：「氣象渾涵，詞華典則，質而愈古，麗而彌清。思入風雲，腕驅經史，《三百篇》後，登峰造極之作。」評《中夜》云：「極悲壯語，而以樸淡寫之，則悲壯在神情，不在字面。」評《曉發公安》云：「古而拙，其古可知，其拙不可及。」可見李因篤論杜，強調以質拙的語言表現出深厚的韻致，才是藝術的最高境界，雖然他也並不完全排斥「麗語」對詩意表達所起的作用。

除了提倡古質淡雅外，李因篤論詩亦標榜清新蘊藉。李因篤《復李武曾》曰：「近時作者，多以樸勝。試觀宋人詩，何嘗不樸老？究其終遜於盛唐者，失其秀令也。夫秀者清新，令者蘊藉之謂也。合此四字，古人之能事過半矣。杜之稱太白曰『清新庾開府』，《寄高岑》亦曰『更得清新否』。三公，唐之巨擘，而老杜所以許之期之者，其道如此。若蘊藉，則上自《三百》，下延大曆，無詩不然，否則其文不雅馴。」〔註 6〕其評《寄彭州高三十五使君適、虢州岑二十七長史參三十韻》亦云：「前『意愜』二句推之已極，此忽云：『更得清新否，遙知對屬忙』，乃見良友規益至情，亦一步不肯放過也。高岑，當時巨公，期之者清新而已。蓋此二字，已盡詩之妙蘊，大曆以後，詩道不振，正坐不知此義，紛紛妄言，舉可可廢也。」又云：「他日稱太白，亦只曰清新，眞得論詩之窔奧也，蓋以俊逸只是清新之至，非進一層意。」又云：「詩必清新而後雄，爲眞雄，大爲眞大，老爲眞老，高爲眞高，否即僞也，後世詩不及唐人，只是不清不新耳。」這樣的評論與《復李武曾》所論如出一轍，從中可見其對「清新」的格外重視。所以它在評杜中，對清新蘊藉之作多是青眼有加。如評《八哀詩・贈司空王公思禮》云：「敘次清宕，聲情悲壯。」評《奉贈太常張卿二十韻》云：「讚美之詞，難於典切，如畫家層層設色，而神氣彌清。」評《陪鄭廣文遊何將軍山林十首》云：「其意括，

〔註 6〕李因篤《續刻受祺堂文集》卷三，《清代詩文集彙編》第 124 冊，上海古籍出版社 2011 年，第 180 頁。

其辭清，次第秩然，大家結構。」評《九日楊奉先會白水崔明府》云：「頭緒俱清，語無泛及。」評《天末懷李白》云：「清空悲壯，懷其人便得其人。」評《寄張十二山人彪三十韻》云：「清圓雅正，擅諸家之長；無所不有，如太廟明堂；無所不空，如霜天霽宇。」評《雲安九日鄭十八攜酒陪諸公宴》云：「九日菊前對酒，事不殊人，入公手脫換一新，兼有清空之致。」又云：「杜善作壯語，以其壯而清也。」評《瞿塘兩崖》云：「詩莫難於用奇，捨此亦何由見杜之大，奇而古不可能也，愈奇而愈見其清，何可能也。」評《日暮》云：「清澈，最爲詩之高境，非深於《選》者不能。」

李因篤將「清新」作爲對杜詩的最高評價之一，但其「新」卻與「老」並不相妨，相反，李因篤在稱許杜詩嫻熟的藝術本領與藝術技巧時，常以「老」字贊之，其評語中「老致」、「老手」、「老氣」之類的評價可謂不絕於耳。如評《高都護驄馬行》云：「極老，然彌覺其新；極質，而彌覺其雅。」評《醉歌行》云：「景事雙提，老致橫出。」評《贈衛八處士》云：「老氣古質，平敘中有嶔寄歷落之致。」評《驄馬行》云：「老氣橫生，清言如屑，不復知其爲風爲雅，爲秦爲漢。」評《李鄠縣丈人胡馬行》云：「樸老中有激發之致。」評《義鶻》云：「奇事奇文不難，其奇其老氣縱橫無敵爲貴耳。」評《水閣朝霽奉簡嚴雲安》云：「興會語，只就眼前拈得，便臻絕頂，然非老手，卻道不破。」評《江漲》云：「眼前景色道破，非老手不能。」評《贈別何邕》云：「語澹而悲，非老手不能。」

（三）從詩歌史發展的角度，崇尚初唐，貶斥晚唐及宋詩

李因篤認爲除了風騷的傳統需要繼承之外，在詩歌發展史上，六朝與初唐的詩歌成就也不容忽視，應著力進行學習。如《戲爲六絕句》其六：「未及前賢更勿疑，遞相祖述復先誰。別裁僞體親風雅，轉益多師是汝師」，李因篤評曰：「《六絕》論詩之源流，當祖風騷，固矣，然遞相承述，則捨六朝、初唐無從入也，可謂卓識確見，獨冠古今矣。題之曰『戲』，寓意甚微。」因此，李因篤對杜詩中有初唐氣格的詩作特別關注。如其評《奉贈韋左丞丈二十二韻》曰：「調整氣逸，居然初唐。其直敘處多自言所得，而敘置清楚，筆路甚大，乃不可及。」評《橋陵詩三十韻因呈縣內諸官》曰：「此篇是拗體長律，別爲一格。整麗可誦，初唐遺風。」評《洗兵馬》曰：「此篇頗存初唐之法。」評《越王樓歌》曰：「氣體如初唐。」評《奉贈李八丈判官》曰：「匀整得初唐之陣。」評《贈李白》曰：「似初唐人氣格。」評《滕王亭子》曰：「極其

鋪揚，卻自疏樸，初唐名手得意之篇。」評《諸葛廟》曰：「有高山仰止、肅然起敬之思，故全詩矜嚴，似初唐應制諸作。」評《宇文晁尚書之甥崔彧司業之孫尚書之子重泛鄭監前湖》曰：「格以整而宕，意以工而圓，似初唐諸公之篇。」評《千秋節有感二首》其二曰：「正於華郁處見蒼涼，惟初唐人慣此法，多寫末意一筆則鈍矣。」評《長沙送李十一》曰：「渾樸如初唐。」評《登舟將適漢陽》曰：「似初唐諸人之作，在公集又具一體矣。」評《哭韋大夫之晉》曰：「典重尊嚴，初唐巨手。」評《野望》曰：「氣格蒼涼，絕不類晚唐之薄。」評《歸》曰：「此類墮晚唐矣。」評《熱三首》曰：「《熱三首》，皆徑寫，又多攔入，而句法多爲晚唐濫觴，非三結句，無足稱者。」

（四）對杜詩藝術的細膩剖析

錢鍾書先生曾稱「清初精熟杜詩，莫過李天生。」〔註 7〕劉紹攽《九畹文集・關中人文傳》曰：「因篤貌樸，性質直，初入都，南人易之，一日讌集，語杜詩，因篤應口誦，或謂偶熟，復詰其他，即舉全部，且曰：吾於經史類然，願諸君叩之，一座咋舌，不敢復問。」〔註 8〕可見李因篤對杜詩的精熟程度是令人吃驚的。正是得益於對杜詩的高度熟悉和反復沉潛，李因篤的杜詩評點中，對杜詩的字法、句法、章法等方面的分析，頗爲細膩深入，對杜詩的許多精微之處，頗能抉其款要。如《冬日有懷李白》頸聯「短褐風霜入，還丹日月遲」，李因篤評曰：「『還丹』，九還之丹之名也，『還』字無力，正與『短』字對。」這樣分析對仗之用字者極爲少見，而這正是李因篤論杜的細膩之處。此外，李因篤的論杜新見多得力於深厚的學養，這也與明人的空疏不學形成了鮮明對比。如《孟氏》「承顏胼手足，坐客強盤飧」，歷代注本均以爲未用典故，而李因篤卻指出：「『強』字好，茅季偉不以雞黍奉林宗，正此意。」茅季偉事見《後漢書・郭太傳》：「茅容，字季偉，陳留人也。年四十餘，耕於野，時與等輩避雨樹下，眾皆箕踞相對，容獨危坐愈恭。郭林宗行見之而奇其異，遂與共語，因請寓宿。旦日，容殺雞爲饌，林宗謂爲己設，既而以供其母，自以草蔬與客同飯。林宗起拜之曰：『卿賢乎哉！』因勸令學，卒以成德。」杜甫《孟氏》一詩正是稱美孟氏兄弟二人交友孝親的優良品德，故暗用「林宗過茅」的典故於詩意而言是非常恰切的，而這一

〔註 7〕錢鍾書《談藝錄》「陶淵明詩顯晦」條，中華書局 1999 年，第 89 頁。
〔註 8〕吳懷民輯《關中三李年譜》卷八附錄，《陝西通志》館 1928 年鉛印本，第 14 頁。

暗用之典竟一直爲歷代注家所忽略，直至清初方被李因篤一眼覷出，其功力著實令人歎服。

宋詩因議論說理過多而枯燥無味，論者常以爲此病乃由杜詩啓之。李因篤的杜詩評點中，對杜詩中的議論也頗多關注，常以「不墮議論」稱許杜詩。李因篤並不否認杜詩中議論過多產生的弊端，但他通過比較後認爲，杜詩的議論中飽含了情感內涵，故能「化大議論爲無議論」，這是其「能超議論之劫」的根本原因。如其評《春夜喜雨》云：「詩非讀書窮理，不臻絕頂，然一墮理障書魔，拖泥帶水，宋人轉遜晉人矣，公深入其中，掉臂遊行，自在獨有千古。」評《謁眞諦寺禪師》云：「晉人言情與詩近，宋人言理與詩遠，公兼其長而去其病。」評《秋興八首》其一曰：「感時憂國，詩之寓興在此，而能超議論之劫，故爲神品。」評《八陣圖》曰：「『失吞吳』，實是失於吞吳，《錢箋》去僞蘇注而不異其解。『遺恨失吞吳』是大議論，乃上句云『江流石不轉』，則似歸咎山水，言東入吳爲下流，而不能折向中原，地勢使然，故長令英雄遺恨也。」又云：「化大議論爲無議論，妙不可言。」

李因篤論杜詩往往能通過杜詩與其他詩人寫法的不同，揭示杜詩的高妙，顯得既深入淺出，又有現實針對性。其評《劍門》云：「文採自雄，遂超議論之劫，假令後人爲之，便多露語，由其筆力不逮。」評《送遠》云：「五六（草木歲月晚，關河霜雪清）宕開寫最高，若後人，必緊連上二句所云（親朋盡一哭，鞍馬去孤城），一味攔入，便索然矣。」評《琴臺》「歸鳳求凰意」云：「『意』字妙，後人必作『曲』，減如許精神矣。」評《奉待嚴大夫》云：「通者寫奉待之意，只次句一語稱嚴公，若令後人爲之，長才重鎮，誦美盈篇矣。」評《崔評事弟許相迎不到應慮老夫見泥雨怯出必愆佳期走筆戲簡》云：「運長題無一剩義，不涉鋪疊爲難。起聯只是『許迎不到』，中四句虛寫『應慮老夫』，以下於末聯始正言之，入後人手無此頓挫，其詞必復矣。」評《題李尊師松樹障子歌》云：「用筆拙處，活潑潑地。此類詩不易作，亦不易識。詩之拙，必生於工，疏必生於整，乃爲眞氣候，可與知者道耳。」評《倦夜》云：「寫夜易，寫倦夜難，公必先其難者，仍渾然無跡。寫件夜俱在景上說，不用羈孤疲困之意，所以爲高。」評《奉賀陽城郡王太夫人恩命加鄧國太夫人》云：「冠冕渾雄，秉經酌雅，非諸家可及。此等詩，只是寫得的當，寫得清澈，恰好處便是絕頂處。入他手，作籠統話頭，雖佳亦減色矣。」李因篤對杜詩中這些詩法的揭示，既是針對明末清初詩壇現狀而發，同時也結合了個人長期的創作實踐，若與其《受祺堂詩》對讀，自可發現其評杜中蘊含的甘苦之見。

（五）評杜中對音韻聲調的重視

李因篤有很深的音韻學造詣，著有《古今韻考》四卷，對顧炎武《音學五書》的精蘊深有闡發。康熙六年（1667）顧、李二人曾重刊《廣韻》，正是他們不斷切磋中古音的成果。李因篤考證音韻時多以杜詩爲參照，曾云：「杜、韓即詩家之譜也，我輩學詩，捨杜、韓奚宗哉？」（邵長蘅《古今韻略・凡例》）故其對杜詩的審音用韻頗有獨見，表現在其杜詩評點中，對杜詩用韻情況頗爲關注，特別是古韻中某些韻部是否通押的情況，李因篤都以杜詩的創作實踐爲例，進行了詳細的剖析。如《奉贈鮮于京兆二十韻》，李因篤云：「『斤』字在『殷』韻，韻窄，唐人多通『眞』，非出也。」又如《贈王二十四侍御契四十韻》，李因篤云：「『筋』字、『勤』字，俱在『殷』韻，此並與『眞』、『諄』、『臻』合。知『殷』韻，唐人以其部窄，多與『眞』通，不與『文』通也。」日本學者長谷部剛通過這兩條評語認爲，李因篤對唐詩二十一「欣」與十七「眞」通用，二十「文」獨用的論證，與顧炎武的看法相同，參照顧炎武《音論》所論，可知顧炎武「二十文獨用」的著名論斷，是得益於與李因篤互相商討之功的。又如李因篤評《喜晴》云：「『佳』字不與『麻』韻通。公此詩及《泛舟登瀼西》之作，用『佳』『崖』『柴』字皆出韻。」評《柴門》云：「按，《廣韻》九『麻』中，亦無『涯』字，而唐人近體多用之。」長谷部剛認爲，對上平聲十三佳與下平聲九麻通用的矛盾看法，屬於受清初音韻學水平限制的不足。〔註 9〕此外，李因篤對杜詩用韻的評語還有：評《兩當縣吳十侍御江上宅》云：「『白黑』當依《詩紀》作『黑白』。『歎息』，『息』字當是『惜』字之誤，『黑』『息』俱在職韻，不與此韻通。或云：如作『黑白』，則與末韻重出，不知寧重一韻，不可出韻也。」這是從音韻學的角度對杜詩異文進行的校勘。還有評《大邊行》云：「用韻一屋、二沃、十二職兼叶。」評《聶耒陽以僕阻水書致酒肉療饑荒江詩得代懷興盡本韻》云：「興盡本韻者，蓋篇中所押之字，皆《廣韻》三十『小』部，唐制：二十九『筱』、三十『小』通用，而此首專用『小』韻，不及『筱』韻，故云。然由是推之，可知劉平水並省之誤。」又云：「言近體通用者，近體

〔註 9〕長谷部剛《關於李因篤杜詩評語中的音注》，《中國詩文論叢》第 18 集，日本早稻田大學中國詩文研究會 1999 年。

猶然，古風可知，且《廣韻》同用，指近體也。」又評《風雨看舟前落花戲爲新句》云：「『楫』字以下皆閉口韻，安得用『折』？」評《雨晴》云：「（久雨不妨農）『農』字出韻。」《愁坐》：「高齋常見野，愁坐更臨門。十月山寒重，孤城月水昏。葭萌氐種迥，左擔犬戎存。終日憂奔走，歸期未敢論。」李因篤評云：「鶴齡以爲公作，而四韻皆上聲，可疑。」蔣寅先生指出，李因篤對唐詩用韻的研究，奠定了中古韻分部的基礎，成爲戴震韻學研究的前驅。〔註 10〕

李因篤對杜詩音韻的研究中，還有一個著名的論斷，在當時以及後來的杜詩學界都產生了深遠的影響，這就是杜甫近體詩出句末字仄聲必上去入三聲隔別使用，筆者將其簡稱爲「杜律細」理論。此論雖未在李因篤杜詩評語中出現，但作爲其杜詩音韻學的重要組成部分，也需要進行詳細闡發。其說見於朱彝尊《曝書亭集》卷三十三《寄查德尹編修書》：

> 比得書，知校勘《全唐詩》業已開局。近聞足下先取杜少陵作，審其字義異同，去箋釋之紛綸而歸於一是，甚善。然有道焉。蒙竊聞諸吾友李天生之言矣：少陵自詡「晚節漸於詩律細」，曷言乎細？凡五七言近體，唐賢落韻，共一紐者不連用，夫人而然。至於一、三、五、七句，用仄字上、去、入三聲，少陵必隔別用之，莫有迭出者，他人不爾也。蒙聞是言，尚未深信，退與李十九武曾共宿京師逆旅，挑燈擁被，互誦少陵七律，中惟八首與天生所言不符。

朱彝尊與李武曾找到的八首不合李因篤所論「一、三、五、七句，用仄字上、去、入三聲，少陵必隔別用之，莫有迭出者」這一規律的，是指如下詩句：

> 《鄭駙馬宅宴洞中》第三、五、七句：春酒杯濃琥珀薄（入），誤疑茅堂過江麓（入），自是秦樓壓鄭谷（入），迭用三入聲字；《江村》第五、七句：老妻畫紙爲棋局（入），多病所須唯藥物（入），迭用二入聲字；《秋興八首》（其七）第三、五句：織女機絲虛夜月（入），波漂菰米沈雲黑（入），迭用二入聲字；《江上值水如海勢聊短述》第一、三、五句：爲人性僻耽佳句（去），老去詩篇渾漫興（去），新添水檻供垂釣（去），迭用三去聲字；《題鄭縣亭子》第三、五句：雲斷岳蓮臨大路（去），巢邊野雀群欺燕（去），迭用二去聲字；《至日遣興》第三、五句：欲知趨走傷心地（去），無路從容陪語笑（去），

〔註 10〕蔣寅《清初李因篤詩學新論》，《南京師大學報》2003 年第 1 期。

迭用二去聲字；《卜居》第三、五、七句：已知出郭少塵事（去），
無數蜻蜓齊上下（去），東行萬里堪乘興（去），迭用三去聲字；《秋
盡》第三、五、七句：籬邊老卻陶潛菊（入），雪嶺獨看西日落（入），
不辭萬里長爲客（入），迭用三入聲字。

朱彝尊等發現了這八首詩與李天生所言不合，便產生了懷疑，不料「久而睹宋元舊雕本及《文苑英華》證之，則『過江麓』作『出江底』；『多病所須唯藥物』作『賴有故人分祿米』，『夜月』作『月夜』，『漫興』作『漫與』，『大路』作『大道』，『語笑』作『笑語』，『上下』作『下上』，『西日落』作『西日下』。合之天生所云，八詩無一犯者。」於是朱彝尊等乃不能不佩服李因篤所論之正確，並且他由此推論，指出：「『七月六日苦炎熱』，下文第三句不應用『蠍』字，作『苦炎蒸』者是也。『謝安不倦登臨賞』，下文第七句不應用『府』字，作『登臨費』者是也。循此說以勘五言，雖長律百韻，諸本書字之異，可審擇而正之，第恐聞之時人，必有詘其無關重輕者。然此義昔賢所未發，出天生之獨見，善而不可沒也。」

朱彝尊用李因篤所歸納出的杜詩創作規律反過來校正杜詩的異文，無疑是相當有說服力的。這種方法後來周春在《杜詩雙聲疊韻譜括略》中亦被採納〔註11〕。由此可見，李因篤所論「杜律細」開創的方法論意義。李因篤此論一出，對後代的杜律研究產生了深遠的影響，被許多注家徵引。如陳鴻壽驗證了李因篤的理論之後，就讚歎道：「若兩先生（按指李、朱）豈欺余哉！」（陳鴻壽《杜詩集評序》）另外，竟有注家將其論視爲獨得之秘而據爲己有，如沈曰霖《晉人麈》之《杜陵詩律》條中，便將朱彝尊與李武曾對李因篤論「杜律細」的爭論，改頭換面成盧生甫與「有客」的爭論。不過這也從另一方面證明李因篤所論「杜律細」對後代注家的巨大影響，其論至今對我們研究杜律仍具有極大的啓發意義。如今人王力指出，李因篤所論老杜律詩單句句腳必上去入俱全是不嚴謹的，「杜詩並非每首如此，只能說是多數如此。」〔註12〕他還舉出了許多例子說明，杜甫這樣做絕不是偶然的，而且初、盛唐詩人也都如此。這是他們在創作中爲了避免犯八病之一的「鶴膝」所採取的措施。〔註13〕

〔註11〕參見許總《審音歸母，謹嚴細密——周春〈杜詩雙聲疊韻譜括略〉初探》，《杜詩學發微》，南京出版社1989年。

〔註12〕王力《漢語詩律學》，上海教育出版社1979年，第121～128頁。

〔註13〕興膳宏《從四聲八病到四聲二元化》一文認爲，這樣作不是爲了避免犯「鶴膝」，而是爲了避免犯「上尾」，見《唐代文學研究》（第三輯），廣西師範大學出版社1992年。

（六）杜詩與《史記》並論

李因篤在對杜詩的評點中多將杜詩與《史記》並論，如其評《夔府書懷四十韻》云：「既參家乘，兼補國書，以子長敘述之才，而駢爲韻語也。」其實對杜詩如《史記》這一認識可以上溯至宋代，如蘇軾曾提到其友畢仲游稱杜甫似司馬遷，不過蘇軾對此論是不贊同的〔註 14〕。南宋黃徹也對「杜甫似司馬遷」的議論表示了異議，其《䂬溪詩話》卷一云：「東坡問：老杜何如人？或言似司馬遷，但能名其詩耳。愚謂老杜似孟子，蓋原其心也。」葉夢得《石林詩話》云：「老杜《述懷》、《北征》諸篇，窮極筆力，如太史公紀傳，此固古今絕唱。」〔註 15〕可見宋人對杜詩與《史記》的某些相似之處早已有了認識，但由於受到了蘇軾等人的批評，所以並未作進一步申論。明人對此也有一些論述，如方孝孺《成都杜先生草堂碑》稱杜詩：「蓋有得乎《史記》之敘事、《離騷》之愛君，而憂民閔世之心又若有合乎《成相》之所陳者。」對杜詩中的一些敘事手段與《史記》的相似性有所認識。胡應麟《詩藪內編．近體上．五言》云：「杜贈李，豪爽逸宕，便類青蓮。如『筆落驚風雨，詩成泣鬼神』等語，猶司馬子長作《相如傳》也。」也指出了杜詩與史遷之文的相似性，然而他們也並未詳細加以論述。這一認識到了清代學者手裏才得到了進一步的拓展深化。

清初許多學者都注意將杜詩與《史記》對比，認爲杜甫與司馬遷不僅在性格經歷方面有極其相似之處，而且杜詩與《史記》在章法與表現手法等方面亦頗多相似。故他們對此問題進行了較爲深入的分析，所論頗具卓識。如盧世㴶稱：「子美千古大俠，司馬遷之後一人。子長爲救李陵，而下腐刑；子美爲救房琯，幾陷不測，賴張相鎬申救獲免，坐是蹉跌，卒老劍外，可謂爲俠所累。然太史公遭李陵之禍而成《史記》，與天地相終始；子美自《發秦州》以後諸作，泣鬼疑神，驚心動魄，直與《史記》並行，造物所以酬先生者，正自不薄。」（《杜詩胥鈔．大凡》）顧宸於《送鄭十八虔貶台州司戶傷其臨老陷賊之故闕爲面別情見於詩》後評曰：「按供奉之從永王璘，司戶之污祿山僞命，皆文人敗名事，使在硜硜自好，悻悻小丈夫處此，割席絕交，不知作幾許雲雨反復矣。少陵當二公貶謫時，深悲極痛，至欲與同生死而不可得。蓋

〔註 14〕見蘇軾《蘇軾文集》卷七十三，中華書局 1986 年，第 2363 頁。

〔註 15〕葉夢得《石林詩話》卷上，何文煥《歷代詩話》，中華書局 1992 年，第 411 頁。

古人不以成敗論人，不以急難負友。其交誼眞可泣鬼神。李陵降虜，子長上前申辯，至受蠶室之辱而不悔。《與任少卿書》猶剌剌爲分疏，亦與少陵同一肝膽。人知龍門之史、拾遺之詩，千秋獨步，不知皆從至性絕人處，激昂慷慨，悲憤淋漓而出也。」（《辟疆園杜詩七律注解》卷一）

與盧世㴶和顧宸等人相比，李因篤對杜詩與《史記》的比較不僅僅停留在討論子美與子長性格遭際的相似性方面，而是將這一比較運用到具體的篇目解析上，爲杜詩與《史記》並論提供了更爲細緻的例證分析。如其評《八哀詩》云：「《八哀詩》敘述八公生平，稱而不誇，老筆深情，得司馬子長之神矣。」評《夔府書懷四十韻》云：「敘喪亂之始終，哀行藏之無據，既參家乘，兼補國書，以子長敘述之才，而駢爲韻語也。」評《飲中八仙歌》云：「此詩別是一格，似贊似頌，只一二語，可得其人生平。大家之作，妙是敘述，一語不涉議論，而八公身份自見，風雅中司馬太史也。」評《述懷》云：「忠愛之情，憂患之意，無一語不入微，眞頰上三毫矣。如子長敘事，遇難轉佳，無微不透。」

李因篤認爲杜詩的章法與《史記》有相當一致之處，如其評《寄岳州賈司馬六丈巴州嚴八使君兩閣老五十韻》曰：「序事整贍，用意深苦。有點綴，有分合，章法秩然。五十韻無一失所，如左、馬大篇文字，精神到底，卓絕百代矣。」評《古柏行》云：「武侯廟柏，自不得作一細語，如太史公用《尚書》爲本紀，厚重乃爾。」評《驄馬行》云：「如太史公作《屈賈列傳》，別有感寄。」評《壯遊》云：「生平大節，歷歷寫出，有太史公自序之風，然亦欲稍節之。」李因篤甚至用《史記》中的故事情節來比擬杜詩所取得的效果與寫作特色，如其評《韋諷錄事宅觀曹將軍畫馬圖》云：「如太史公寫鉅鹿之戰，楚兵無不一以當百，呼聲震天，當使古今詩人膝行匍匐而見。」又如評《觀公孫大娘弟子舞劍器行》云：「縱橫排宕，如韓信背水破趙，純以奇勝。」

李因篤、盧世㴶、顧宸等人將杜詩與史記並論，對後世杜詩學研究影響深遠，幾乎成爲杜詩學者們的共識，如汪洪度《杜詩提要序》云：「司馬子長之文，杜子美之詩，體不同而法同，故文之變化如子長，詩之變化如子美，千古未有儷之者也。」吳瞻泰《杜詩提要自序》稱杜詩：「其旨本諸《離騷》，而其法同諸《左》、《史》。……而至其整齊於規矩之中，神明於格律之外，則有合左氏之法者，有合馬、班之法者。其詩之提挈起伏，離合斷續，奇正主賓，開闔詳略，虛實正反整亂，波瀾頓挫，皆與《史》法同。」浦起龍《讀杜心解·發凡》云：「詩家之子美，文家之子長也。別出《春秋》紀載體材，而義乃合乎《風》。太史公之言曰：『《小雅》怨誹而不亂』，杜集千四百有餘篇，大抵皆怨詩也，變雅也。故其文爲《史記》之繼別，而其志則《離騷》之外篇，須識取不亂處乃得。」仇兆鼇《杜詩詳注》卷十六《八哀詩·贈太子太師汝陽郡王璡》曰：「前《贈汝陽王》，本排律也，故敘次莊嚴；此哀汝陽王，乃古詩也，故紀述錯綜。前拈『夙德升』爲全詩之綱，於『奇毛賜鷹』只一語輕點；此拈『謹潔極』爲通篇之眼，將詔王射雁，用三段詳敘。如《史記·淮陰侯傳》多入蒯通語、《司馬相如傳》備載文君事，皆以旁出見奇，方是善於寫生者。」又如鄧獻璋《藝蘭書屋精選杜詩評注自序》云：「世間最是一部《史記》奇，變化滅沒，續處忽斷，斷處忽續。……幾時檢得少陵詩一本，以遊湖嶽興讀之，以讀《史記》法解之，得斷續變化之妙多於四十字中。」邊連寶《杜律啓蒙·凡例》云：「惟杜律變化神明，不可方物。動以古文散行之法，運於排比聲偶之中。所謂杜甫似司馬遷者，不獨《八哀》篇爲然，亦不獨古詩爲然也。」劉熙載《藝概·詩概》云：「杜陵五七古敘事，節次波瀾，離合斷續，從《史記》得來，而蒼茫雄直之氣，亦逼近之。畢仲游但謂杜甫似司馬遷，而不繫一辭，正欲使人自得耳。」以上這些論述對於杜詩用《史》法的認識與細緻分析都頗具慧眼，對於深入發掘杜詩「以文爲詩」的特性具有參考價值。而這一認識的由來及不斷深化，李因篤可謂功不可沒。

（七）對明代以來駁杜論的糾正

李因篤身處明清易代之際，此時的杜詩學界，仍延續著明代鄭善夫、王愼中等人杜詩批點的傳統，盛行對杜詩嚴厲的批評。而李因篤的杜詩評點，持論較爲平正，其絕大多數評語中，已經沒有明人肆意漫批的情形，相反，他對杜詩取得的巨大成就多加褒揚。體現在清初李因篤、邵長蘅、吳農祥等人身上這種由貶轉褒的轉變，表明杜詩評點學在明清易代之際已經開始發生了根本性的轉移和變化。李因篤對杜詩亦有否定性批評，主要表現在對某些篇目的去取上。在其杜詩評語中常常可見「因某事而存之」、「因某事而去之」之類的評語，這都是明人批抹杜詩的餘習。不過李因篤對杜詩的批駁數量已經大幅減少，這些少量的駁杜評語，亦多顯得含蓄而克制。如《後遊》「野潤煙光薄，沙暄日色遲」，李因篤評曰：「日色只在煙光之內，對亦稍礙。」評《南鄰》云：「其老存乎氣侯，不必有言爲粗樸也。」又如《衡州送李大夫七丈勉赴廣州》中「日月籠中鳥，乾坤水上萍」二句，明代杜詩評點者多非之，李因篤評曰：「『日月』二句歎詞，有深贊之者，又有抹之者，不知正以起結聯也。贊之，謂爲壯語；抹之，嫌其熟。皆過也。」李因篤這種平正客觀的評點態度，初步扭轉了明以來杜詩評點學中貶杜論泛濫的趨勢，使得杜詩評點學逐漸走上了健康正確的道路。

（八）評點中反穿鑿的通脫表現

對歷代杜詩注解中的穿鑿附會現象，李因篤在其評點中多予指出，表現出較爲通脫的觀念和明顯的反穿鑿傾向。如《甘園》尾聯「後於桃李熟，終得獻金門。」詩人見甘園大器晚成，託物詠懷，寄託了深沉的人生感慨。便有注家以爲乃諷刺君主不能用賢。對此，李因篤評曰：「如此詩，謂觸事懷君則可，豈必有刺耶？」又如《天河》：「常時任顯晦，秋至轉分明。縱被微雲掩，終能永夜清。含星動雙闕，伴月落邊城。牛女年年渡，何曾風浪生。」多有注家將此詩某句所指進行坐實，如黃鶴《補注杜詩》卷二十曰：「公爲小人所間，自拾遺出爲華州司功，故託天河以自喻。」又引魯訔曰：「賢人雖爲群小所掩，然終不害其明。」李因篤卻評曰：「層層透澈，不脫不黏，以爲無所寄託可，以爲有所寄託亦可。」相比之下，李因篤所言可稱通脫之論。再如《贈花卿》「錦城絲管日紛紛，半入江風半入雲。此曲只應天上有，人間能得幾回聞。」因爲詩中提到了「天上」，就有人以爲是指皇家和宮廷，進而認爲花卿僭用了天子禮樂。如南宋陳善《捫虱新話》云：「花卿跋扈不法，有僭用禮樂之意，故子美譏之。」明代的楊慎也持同樣的看法，其《杜詩選》云：「花卿在蜀，頗僭天子禮樂，子美作此譏之，而意在言外，最得詩人之旨。」而李因篤則認爲此詩「只是贊花卿家歌舞之盛耳，以爲譏其僭者，宋人語耳。」李氏所論，可謂卓見。其實唐代天子的郊廟、鼓吹、宴享之樂，演出陣容非常龐大，樂器也複雜多樣，宮廷之外很難將其復原演奏，以一個牙將的力量僭用這些音樂是根本不可能的。又如《冬日洛城北謁玄元皇帝廟》中「世家遺舊史，道德付今王」、「谷神如不死，養拙更何鄉」諸句，很多注者都認爲其中包涵諷刺之意。如錢謙益曰：「『世家遺舊史』，謂《史記》不列於世家。開元中敕升爲《列傳》之首，然不能升之於世家，蓋微詞也。『道德付今王』，謂玄宗親注《道德經》及置崇玄學，然未必知道德之意，亦微詞也。『畫手』以下，記吳生畫圖。冕旒旌旆，炫耀耳目，爲近於兒戲也。《老子》五千言，其要在清淨無爲，理國立身，是故身退則周衰，經傳則漢盛。即令不死，亦當藏名養拙，安肯憑人降形，爲妖爲神，以博世主之崇奉也。『身退』以下四句，一篇諷喻之意，總見於此。」〔註 16〕李因篤對這些諷刺之說表示反對，其云：「論詩與論文不同，況本朝列聖大制度，臣子躬逢其盛，自當竭力鋪揚，謂有託諷之詞，洵淺夫耳。」又云：「詩之言『世家』，猶其言列傳也，『遺舊史』，亦是說史有未盡，必待唐升爲列傳首，何云微詞？」又云：「結句用老子本色，緬仰玄風，妙不可言，絕非諷諭。」又云：「風人之旨深長，必刻求時事以爲有所託諷，展轉宋儒議論刦中，豈復有詩哉？」又如《九日藍田崔氏莊》，錢注曰：「自此已後詩十三首沒賊時作。」李因篤駁曰：「只如此二詩，氣象雍容，豈陷賊時作？妄揣數百載上，如親見而記之，穿鑿可笑。」這些看法都集中地表現了李因篤對杜詩注解中的穿鑿附會傾向的反對和駁正。

總之，李因篤論杜在清初的杜詩學界獨具特色，其評點內容涉及廣泛，他對杜詩思想和藝術諸多方面都有很多精闢的剖析，其中許多論析體現了細緻深入的特點，均爲前人所未到，因此對促進清初杜詩學的興盛作出了重要貢獻，其論杜特色、傾向與成就，值得進行深入總結和歸納。

第三節　吳馮栻《青城說杜》考論

一、吳馮栻生平事蹟及著述考略

《青城說杜》作者吳馮栻的生平事蹟見於文獻記載者很少，張惟驤《清代毗陵名人小傳稿》、《毗陵名人疑年錄》均未有記載。周采泉《杜集書錄》稱其「景陵人，始末待考。」〔註 17〕「景陵」，疑當作「晉陵」。孫殿起《販書偶記》著錄《青城說杜》時即稱「晉陵吳馮栻撰」。〔註 18〕晉陵爲古地名，即今江蘇常州。金武祥《粟香三筆》稱其爲薛墅巷人，薛墅巷在常州城東南，金說詳見下。因《青城說杜》抄本卷前署「晉陵吳馮栻青城注」，故鄭慶篤等《杜集書目提要》疑其號青城〔註 19〕。按，金武祥《粟香三筆》中即稱其爲「青城先生」，正可爲參證。吳馮栻於康熙五十年（1711）中舉，直到康熙六

〔註 16〕錢謙益《錢注杜詩》卷九，上海古籍出版社 1979 年，278 頁。
〔註 17〕周采泉《杜集書錄》，上海古籍出版社 1986 年，第 507 頁。
〔註 18〕孫殿起《販書偶記》卷十三，中華書局 1959 年，第 320 頁。
〔註 19〕鄭慶篤等《杜集書目提要》，齊魯書社 1986 年，第 180 頁。

十年才考中進士，榜名吳栻，授翰林院檢討。《詞林典故》卷八《題名下》「康熙六十年辛丑科」載有「吳栻」之名，稱其爲「江南武進人」。檢《明清進士題名碑錄索引》，吳栻名列是年進士第三甲一百二十人之第十一名。〔註20〕康熙六十一年正月，康熙帝在暢春園舉行了盛大的「千叟宴」，並即席賦《千叟宴》詩一首，吳馮栻亦受邀與宴。《四庫全書》中《御定千叟宴詩》卷一收有吳馮栻的和詩云：「微臣釋褐甫登瀛，旋侍瀛仙宴太清。聖瑞早於天象見，老人星拱泰階平。」詩下署名「庶吉士臣吳馮栻」。從「微臣釋褐甫登瀛」的詩句來看，正與其新中進士之履歷相合。金武祥《粟香三筆》載：「吾郡聚族鄉居，以科名仕宦著稱者，羅墅灣謝氏外，又有薛墅巷吳氏。吳氏入本朝始盛，有青城先生者名馮栻，康熙六十年進士，入詞館，年已六十餘，其明年正月初五日，即與千叟宴，應製詩云：『微臣釋褐甫登瀛，旋侍瀛仙宴太清。瑞應早於天象見，老人星拱泰階平。』又第三首云：『初步木天逢曠典，萬年春酒慶昇平。』其裔孫子良參軍需次粵中，爲余誦之，且言尚有《青城說杜》一卷，舊曾刊行云。」〔註21〕《清史稿·禮志七》曰：「千秋宴，爲康熙五十二年創典，設暢春園。凡直省現官、致仕漢員暨士庶等，年六十五以上至九十者咸與。」〔註22〕可知康熙五十二年首次舉行千叟宴，康熙六十一年的千叟宴已經是第二次了，此次受邀的均爲六十五歲以上的老人，則吳馮栻斯時應已六十五歲以上，故其當生於順治五年（1648）以前。吳馮栻以高齡得中進士，且被授予「庶吉士」的頭銜，此後又授翰林院檢討，仕途上可謂一帆風順。按照清朝的一般慣例，只有成績優異的進士才可入翰林院任庶吉士，稱爲「選館」。庶吉士任期一般爲期三年，在下次會試前進行考覈，稱「散館」。成績優異者留任翰林，授編修或檢討，正式成爲翰林，稱「留館」。《清史稿·選舉志三》云：「有清重科目，不容幸獲，惟恩遇大臣，嘉惠儒臣耆年、邊方士子，不惜逾格。」〔註23〕如果聯繫他在千叟宴上賦詩之舉，及金武祥在《粟香三筆》中對薛墅巷吳氏「以科名仕宦著稱」、「入本朝始盛」的豔羨，我們有理由懷疑，吳馮栻進士及第後在仕途上殊遇或許都與其高齡有些關係。值

〔註20〕朱保炯、謝沛霖《明清進士題名碑錄索引》，上海古籍出版社 1980 年，第 854、2689 頁。

〔註21〕金武祥《粟香三筆》卷二，《續修四庫全書·子部·雜家類》第 1183 冊，上海古籍出版社 2002 年，第 538～539 頁。

〔註22〕趙爾巽《清史稿·禮志七》卷八十八，中華書局 1982 年，第 2628 頁。

〔註23〕趙爾巽《清史稿·選舉志三》卷一〇八，中華書局 1982 年，第 3167 頁。

得指出的是，與吳馮栻進士同榜的夏力恕、宋在詩、黃之雋等人，都是杜詩研究專家。夏力恕著有《杜文貞詩增注》、《讀杜筆記》，宋在詩有《杜詩選》，黃之雋有《鈔杜詩》和《飲中仙》雜劇，從中可見一時崇杜之風氣，也有助於我們瞭解《青城說杜》的成書背景。張惟驤《清代毗陵書目·集部別集類》尚著錄了吳馮栻的《青城詩鈔》四卷〔註 24〕，此外未見著錄，當已散佚。鄭慶篤等《杜集書目提要》稱，除《青城說杜》一卷外，吳馮栻尚著有《自勖錄》四卷。〔註 25〕此說實誤。檢《清史稿藝文志補編·子部·雜家類》確實著錄有《自勖錄》四卷，署作「吳栻撰」。〔註 26〕然此吳栻非吳馮栻也。《自勖錄》四卷的作者吳栻（1740～1803），字敬亭，號對山，晚號洗心道人、怡雲道人，碾伯（今青海樂都縣）人，乾隆四十二年（1777）舉人，著有《雲庵雜文》、《贅言存稿》、《歲吟錄》等，故此吳栻與清初之吳馮栻非同一人。而《杜甫大辭典》、《杜集敘錄》、《江蘇藝文志·常州卷》的相關條目皆稱其著有《自勖錄》四卷，當係據《杜集書目提要》而沿誤，應予糾正。

二、吳馮栻《青城說杜》的版本體例

吳馮栻《青城說杜》，中國社會科學院文學研究所藏有抄本一冊，封面署「青城說杜」四字，有「江陰金武祥印」白文方印，作者自序前有「康熙鐫寶荊堂藏板」字樣，據此，是書當初刻於康熙年間。然《青城說杜》的康熙初刻本早已散佚不傳，孫殿起在《販書偶記》中最早著錄了此本，稱：「《青城說杜》無卷數，晉陵吳馮栻撰，道光癸巳寶荊堂刊。」〔註 27〕道光癸巳，即道光十三年（1833），則孫氏未見此書之康熙初刻本。其所見之道光十三年刻本，或爲康熙刻本之翻刻本。張忠綱《杜甫大辭典》曾懷疑孫殿起《販書偶記》「或將康熙五十二年（1713）之癸巳，誤爲道光十三年之癸巳。惜未見他本，不可臆斷。」〔註 28〕這種懷疑當然是有道理的，不過到目前爲止，從未見有書目著錄過康熙原刻本之《青城說杜》，現有幾種杜詩學文獻書目對《青城說杜》的介紹，都是根據孫殿起《販書偶記》的著錄進行的轉錄，甚至連孫殿起著錄的道光癸巳刻本也未再見過任何蹤影，所

〔註 24〕張惟驤《清代毗陵書目》卷四，常州旅滬同鄉會 1944 年鉛印本，第 17 頁。
〔註 25〕鄭慶篤等《杜集書目提要》，齊魯書社 1986 年，第 180 頁。
〔註 26〕章鈺、武作成《清史稿藝文志及補編》，中華書局 1982 年，第 556 頁。
〔註 27〕孫殿起《販書偶記》卷十三，中華書局 1959 年，第 320 頁。
〔註 28〕張忠綱《杜甫大辭典》，山東教育出版社 2009 年，第 595 頁。

以《青城說杜》的康熙初刻本及道光翻刻本應已散佚，而中國社科院文學所所藏抄本疑係《青城說杜》僅存之孤本，該抄本乃據康熙原刻抄錄，當保留了康熙刻本的原貌，因而具有極高的文獻價值。寶荊堂刊《青城說杜》的初刻本若果眞是刻於康熙五十二年的話，則此書要稍晚於康熙四十二年初刻的仇兆鼇《杜詩詳注》〔註 29〕。然吳馮栻在書中卻並未提及仇注，只在《月夜》詩的解評中提到了「幼年見金聖歎批此詩」。在《自序》中還說：「夫李杜齊名舊矣，但李由天分，杜盡人工，亦猶元晦之於子靜。」其實此說來源於徐增《而庵詩話》：「詩總不離乎才也，有天才，有地才，有人才，吾於天才得李太白，於地才得杜子美，於人才得王摩詰。」〔註 30〕清初金聖歎、徐增以時文之法批解杜詩，在當時產生了很大影響。吳馮栻所在之常州距金、徐所居之吳縣（今蘇州）甚近，流風所及，難怪吳馮栻會受此二人之影響。吳馮栻《青城說杜》傳世極罕，張惟驤《清代毗陵書目》未予著錄，馬同儼、姜炳炘所編《杜詩版本目錄》列爲「待訪」書目〔註 31〕，成都草堂博物館《館藏杜詩書目》亦未收錄，誠爲稀見之杜集善本。陳貽焮先生更稱吳馮栻《青城說杜》與趙大綱《杜律測旨》、趙星海《杜解傳薪》等書爲「罕見的杜集珍本、孤本。」〔註 32〕此稀見抄本前作者《自序》有缺行缺字，序云：「說者何？取其詳也。杜陵爲詩家鼻祖，有目皆能知其妙，何用說爲？然吾見人所自以爲知者，皆知其所知，非吾所謂知也。夫李杜齊名舊矣，但李由天分，杜盡人工，亦猶元晦之於子靜。故公有句云：『晚歲漸於詩律細』，此其自評確語。惟細則沈，沈則靜，靜則深，深則堅，堅則老，老則精，精則微，微則遠，遠則不可方物，窅渺離奇，渾灝流□□□□□□□所□□且□八葉疏辣□□□過如置身子美之旁，而□□□□□吮□□鑱酷刻之狀，擺脫振蕩，俯仰自如之致，則意與俱遲久之，然亦

〔註 29〕仇兆鼇《杜詩詳注》的版本分爲進呈本、初刻本、初刻本足本等，成書時間各不相同，其詳可參劉重喜《〈杜詩詳注〉版本考辨》，見蔣寅、張伯偉主編《中國詩學》第十輯，人民文學出版社 2005 年，第 27～33 頁。

〔註 30〕徐增《而庵詩話》，張潮《昭代叢書》甲集卷三十三，清光緒二年（1876）刻本。

〔註 31〕馬同儼、姜炳炘《杜詩版本目錄》，《杜甫研究論文集三輯》，中華書局 1963 年，第 390 頁。

〔註 32〕陳貽焮《〈杜集書目提要〉評介》，《論詩雜著》，北京大學出版社 1989 年，第 298 頁。

止可自怡悅而已，未敢以示人，亦不欲以示人也。吾知吾之所知，而又恐久或自忘其所知，故筆之於編，且不厭其詳，如此，若世人而謂我能知杜者，則我亦終於不知而已矣。」〔註 33〕序後列選詩目錄，不分卷，共 66 首，計五古 17 首，七古 11 首，五律 12 首，七律 7 首，五絕 2 首，七絕 17 首。詩旁加圈點，注文附詩後，低一格，亦加圈點。全書講析甚細，然多敷演詩意，重在串講散繹。以下對其解詩特色試作分析。

三、吳馮栻《青城說杜》的解詩特色

（一）論不厭細，解不厭詳

吳馮栻《青城說杜》論杜詩強調一個「細」字，作者認爲「惟細則沈，沈則靜，靜則深，深則堅，堅則老，老則精，精則微，微則遠，遠則不可方物，窅渺離奇」，故於詩意領會頗深，時有精見。如《山寺》：「野寺殘僧少，山園細路高。麝香眠石竹，鸚鵡啄金桃。亂水通人過，懸崖置屋牢。上方重閣晚，百里見纖毫。」對其頷聯「麝香眠石竹，鸚鵡啄金桃」，吳馮栻解曰：「二句有三意：山園之培植石竹金桃，原以資清玩。今一聽鳥獸之自眠自啄，無人驅禁，荒涼一也。麝香有用當採取，鸚鵡能言可難致，皆平時人所攀岩附谷而求之者，今一聽其眠啄於山園，而莫之或顧，荒涼二也。石竹金桃，皆小弱物。石竹少蔭，不足庇覆，非長林豐草比，而聊復一眠。金桃無實，不足充糧，非野芳山果比，而聊復一啄。見禽獸亦窮於眠食之無所，何況於人，荒涼三也。」吳馮栻從無人驅禁、無人捕捉、禽獸無食三個方面詳細分析了此聯的內蘊，解讀了詩中蘊含的種種荒涼之意，眞是細膩過人。又如《石壕吏》「室中更無人，惟有乳下孫。有孫母未去，出入無完裙」四句，吳馮栻評曰：「『乳下』字，極迴護孫兒，而話已露出破綻，若吏詰問乳孫之媳，何不使去？幾無以對。故急轉口云：孫有母，固未去也。但出入無完裙，實難裸體見人。『無完裙』，妙！若說『無完衣』，吏猶欲牽媼入驅驗。說『無完裙』，則雖悍吏，亦不敢再有他矣，媼頗善爲措語。恐他到室中搜出媳來，故急出門對吏。」又曰：「云『乳下』，見斷乳即死，母子相爲命，則乳孫之母，斷不可使應役，輕輕已出脫了媳也。倒從孫出媳，此金針不傳妙訣。以『無完裙』作貧苦解，便毫釐千里。」其對詩意的揣摩體悟眞可謂細緻入微，

〔註 33〕吳馮栻《青城說杜》，清康熙間寶荊堂刊本之抄本。本書所引《青城說杜》均據此本，以下不再出注。

確實令人信服。又如杜甫的名篇《月夜》:「今夜鄜州月，閨中只獨看。遙憐小兒女，未解憶長安。香霧雲鬟濕，清輝玉臂寒。何時倚虛幌，雙照淚痕乾。」吳馮栻曰:「幼年見金聖歎批此詩，極贊項聯之妙，謂以己心入兒女胸中，代他覆折到自身上。憶兒女是一條肚腸，兒女憶我是一條肚腸，兒女未解憶，又另是一條肚腸，遙憐其未解憶，又另是一條肚腸，有多少曲折。其實妙不在此。二句是倒注所以只獨看之故，腹聯方是獨看正面也。何夜無月，而偏云今夜；何地無月，而偏云鄜州。蓋身在長安，魂原在鄜州，適於此時此地擡頭忽見月，因思此處底月，我今夜獨看，諒彼處底月，閨中亦只獨看也。我於長安見月，而憶閨中之獨看；閨中於鄜州見月，獨不憶我之獨看乎？何以兩下只獨自看、獨自憶也。我在長安爲孤客，其獨也宜；閨中則尙有兒女在，理應群繞母膝，有月同看，而無奈其年幼，未見月光，蚤已垂頭而睡，未解憶長安有父，豈解閨中伴母哉！使心有所憶，必輾轉不安枕，而同徘徊於月夜矣。兒女既若此，閨中看者，非獨自一人而何？」吳馮栻這裡強調的是，不要像金聖歎那樣只盯著「遙憐小兒女，未解憶長安」一聯單獨進行割裂式的解析，而是應該將詩的前後貫穿起來理解，必須將首聯「今夜鄜州月，閨中只獨看」與頷聯「遙憐小兒女，未解憶長安」聯繫起來，他指出頷聯「二句是倒注所以只獨看之故」,「我在長安爲孤客，其獨也宜；閨中則尙有兒女在，理應群繞母膝，有月同看，而無奈其年幼，未見月光，蚤已垂頭而睡，未解憶長安有父，豈解閨中伴母哉！」可以看出，吳馮栻的理解比金聖歎更注意詩歌整體上的脈絡貫穿和前後聯繫，他委婉地駁斥了金聖歎專就某一聯割裂鑿深的解析方法，認爲「其實妙不在此」，應該說這樣的駁斥是相當有力的。再如《贈衛八處士》中「夜雨剪春韭，新炊間黃粱」一聯，吳馮栻曰:「春韭黃粱，雖家居常饌，而在今夕得此，絕勝八珍羅前。『夜雨』字，非爲春韭繪染，正注明『夕』字(按，指前『今夕復何夕』句)。見客到已晚，別無可屠酤，故即用家園滋味。而黃粱別用新炊，則知晚飯已過，重新整治者也。」此解也是心細如髮，揣摩入情，深得杜詩之用心。

為了細緻深入地解析杜詩，吳馮栻特別強調個人感悟在解詩中的作用，故其於解評中貫注了極大的感情，這對於揭示杜詩的思想內涵具有獨特的作用。如其評《同谷七歌》云:「此歌不可多讀，每首相銜而下，煩音促節，如楚騷之怨亂，而一機宛轉，又如蘇錦之迴文。但讀開端『有客有客』四字，即欲爲亂離人放聲一哭。」又如《病馬》:「乘爾亦已久，天寒關塞深。塵中老盡力，歲晚病傷心。毛骨豈殊眾？馴良猶至今。物微意不淺，感動一沉吟。」吳馮栻評云：「此等詩，諷詠百遍，淚愈零而愈不能釋手，不知情生文，文生情也。」再如評名篇《贈衛八處士》云：「通首妙在一眞，情眞、事眞、景眞，故舊相遇，當歌此以侑酒。讀之覺翕翕然一股熱氣，自泥丸直達頂門出也。」評《石壕吏》云：「此一百二十字，即一百二十點血淚。舉一石壕，而唐家百二十州，何處非石壕！舉一石壕之吏，而民間十萬虎狼，又何一非此吏！即所見以例其餘，爲當時痛哭而道也。」這樣的解評對詩歌之典型意義闡釋得頗爲精到，極具啓發性。應該說若無如此深摯的感悟力，吳馮栻便不可能作出那麼細緻入微的解評，他對感悟力的強調正是其細膩解評的基礎。

（二）「隨文衍義」的闡釋方式

吳馮栻《青城說杜》在解釋詩意時主要採用了「隨文衍義」的解詩方式，即不釋詞語，不注典故出處，亦絕少引用他人評語，而重在闡發詩意，往往先簡括詩旨，後加以串講。其實這種解詩方式在明代杜詩學中已經開始露出端倪，單復《讀杜詩愚得》、邵寶《分類集注杜詩》等注本中都有很大篇幅是對詩篇大意的串講。至明末清初之際，有鑒於歷代杜詩注釋的穿鑿積弊，一些有見識的注家主張摒棄繁瑣訓詁和考證，提出應直揭本心以矯正前人注杜之弊，於是此時出現了一些完全摒棄舊注的杜詩注本，它們不再逐一箋釋典故語詞，而是完全出以己意，採用隨文衍義的形式對杜詩進行串解，其中盧元昌《杜詩闡》、吳見思《杜詩論文》、湯啓祚《杜詩箋》等就是頗具代表性的注本，而吳馮栻《青城說杜》中隨文衍義的解詩方法與這些注本的注釋思想正是一脈相承的。

隨文衍義的杜詩注本能夠摒棄繁瑣考據，專意於闡釋詩意，確實有其獨到之處。吳見思《杜詩論文》、盧元昌《杜詩闡》均以曉暢明白著稱。周采泉曰：「在仇注以前清初之杜學家，吳見思之《杜詩論文》及盧氏《杜詩闡》，均是獨創風格。兩書雖優劣互見，可取資者不少，四庫存目不存書，失之過嚴」，「其所闡發者，正有發人所未發也」。〔註34〕許總評《杜詩論文》曰：「歸納起來看，如此眾多的研究者及其著作，基本上都不出『釋典』、『考據』、『引事』、『尋實』的範疇，唯有吳見思《杜詩論文》不屬此類，而以其『依文衍

〔註34〕周采泉《杜集書錄》，上海古籍出版社1986年，第183頁。

義』的獨有面貌立於杜詩研究之林。」〔註 35〕然而「隨文衍義」的箋釋方法雖可在很大程度上避免舊注的穿鑿附會，做到連貫通暢，闡發詳明，頗便於初學，但其缺點是易流於膚淺，且形式繁瑣呆板。如湯啓祚《杜詩箋》對《聞官軍收河南河北》箋曰：「薊北之復，望眼幾穿。劍外忽聞，喜極先痛。還看妻子，隨卷詩書。即想還鄉，放歌縱酒。巴巫穿出，襄洛經過。預擬程途，無非誌喜。」〔註 36〕其敷演詩意中雖也不無警語，但這樣千篇一律地將原詩重新解構爲四言韻語，形式過於板滯，對詩意的闡發很明顯地受到體例的限制。吳馮栻《青城說杜》對詩意的串解也存在繁瑣囉嗦的毛病，且時見誤解杜詩之處。如對《石壕吏》結尾「天明登前途，獨與老翁別」二句，吳馮栻解曰：「曰『前途』，則離家已遠，老翁如途中所遇之親鄰然，吏自捉他不得，仍瞞過吏可知。」其實此句乃是描寫老婦被抓走後，天明時詩人獨與潛回之老翁作別，而吳馮栻卻理解成被迫應徵的老婦在途中與老翁相別，其說顯誤。不過吳馮栻《青城說杜》的詩意串解往往能夠寓注釋於解評，除了串解大意外，其解評中還融合了對章法、句法、字法的分析，這對揭示詩歌的豐富內涵，避免板滯空泛，都起到了重要作用。如《范二員外邈吳十侍御郁特枉駕，闕展待，聊寄此作》：「暫往比鄰去，空聞二妙歸。幽棲誠簡略，衰白已光輝。野外貧家遠，村中好客稀。論文或不愧，重肯款柴扉？」吳馮栻解曰：

> 清空一氣，如此詩，直是對面談。暫往比鄰，竟如避客，致二妙空歸，簡略誠甚矣。然二公之來雖不遇，卻已光輝幽棲之寒舍也。主即不在，若近城市，何至杯酒箸肉俱無，而闕展待若此。則知簡略者，皆因幽棲窮僻之故，況衰白老翁，人人皆厭棄，以爲爾墓之木將拱者，誰復肯爲枉駕，故一過已覺十分光輝也。「誠」字、「已」字，激昂跳脫。門前暫駐車馬，無便足爲光輝，則以幽棲在野外，轍跡已罕至。況家又貧，客素知爲乏展待者。路又遠，客又不能枵腹而回，尚誰肯經過哉！故凡住村中，則客必稀，而好客尤稀。如二妙者，更何處得來？但一番簡略，豈肯再至貧家。幸家貧而腹不貧，相與娓娓論文，便是展待也。若肯重款柴扉，則野外荒村，再得有此好客，增衰白之光輝，當復將何如？彼時我決不往比鄰去矣。

〔註 35〕許總《論吳見思〈杜詩論文〉的特色及其對杜詩學的貢獻》，《草堂》1983 年第 2 期。

〔註 36〕湯啓祚《杜詩箋》，黃永武《杜詩叢刊》本，臺灣大通書局 1974 年。

其清空一氣如此。三承首，四承二，五承三，六承四，七承五，八承六，妙甚！

可以看出，正是由於吳馮栻對篇章結構、詩法用字等往往能一眼覷定，然後經過反復揣摩，再展開申述，因而並不流於空泛。又如對《月夜》首聯「今夜鄜州月，閨中只獨看」，吳馮栻評曰：「通首寫一『獨』字，公律詩每於第二句著意，以下皆從此生出，集中多用此格律。」對尾聯「何時倚虛幌，雙照淚痕乾」，吳馮栻評曰：「虛幌，『虛』字是透過一層襯托法，語極沉痛。倚虛幌猶以爲快，況雙憑畫檻，飛觴醉月，兒女競前而玩賞乎？『雙』字緊對『獨』字。香霧清輝，雲鬟玉臂，皆作極苦字用，奇妙。」再如《山寺》尾聯「上方重閣晚，百里見纖毫。」吳馮栻解曰：「此寺之外，則蕩然無存矣。不然，即登重閣，何能俯見百里乎？蓋以百里之內，人煙盡絕，村墟竹樹，百無一存，故全無障礙。雖晚色迷離，目已無見，猶一望無際，得見其纖毫也。若認作上方重閣之高，便無異癡人說夢。『晚』字，是加倍點眼法。」這些詩法的總結與提煉，都得力於吳馮栻對詩意的細膩揣摩與反復沉潛，因此其對詩意的演繹就能在很大程度上避免膚淺空疏之弊。

（三）對組詩整體論的徹底貫徹

杜詩學史上對杜甫組詩的認識和理解經歷了較爲漫長的過程，例如明高棅《唐詩正聲》、李攀龍《唐詩選》、鍾惺《唐詩歸》等著名選本對杜甫名篇《秋興八首》都未全部選入，這是因爲明代選家多數認爲這八首詩乃偶然爲之，故選錄時可以隨意去取。如《唐詩歸》云：「《秋興》，偶然八首耳，非必於八也。今人詩擬《秋興》已非矣，況捨其所爲《秋興》而專取盈於八首乎？胸中有八首，便無復《秋興》矣！杜至處不在《秋興》，《秋興》至處亦非以八首也，今取此一首（指「昆明池水漢時功」首），餘七首不錄。」〔註37〕明清之際的王夫之、錢謙益、王嗣奭、張篤行等人開始對《秋興八首》這類組詩的整體結構有了認識，王夫之在《唐詩評選》中，不但將《秋興》八首全選，且評云：「八首如正變七音，旋相爲宮，而自成一章。或爲割裂，則神理盡失矣。選詩者之賊不小。」〔註38〕其於《夕堂永日緒論》中云：「至若『故國平居有所思』，『有所』二字，虛籠喝起，以下曲江、蓬萊、昆明、紫閣，

〔註37〕鍾惺、譚元春《唐詩歸》卷二十二，張國光等點校本，湖北人民出版社1985年，第442～443頁。

〔註38〕王夫之《唐詩評選》卷四，王學泰校點本，文化藝術出版社1997年，第179頁。

皆所思者。」〔註 39〕指出《秋興八首》其四對下四首的「虛籠喝起」作用。又如王嗣奭《杜臆》云：「《秋興八首》以第一首起興，而後七首俱發中懷，或承上，或起下，或互相發，或遙相應。總是一篇文字，拆去一章不得，單選一章不得。」〔註 40〕應該說對組詩不可割裂認識的逐漸深化是杜詩學不斷進步的表現，但這種認識多集中在對《秋興八首》這樣的名篇上，而吳馮栻在《青城說杜》中則特別強調杜甫所有組詩均為一個完整整體，因此他在解詩時能夠從整體出發，解析中注重前後照應，互為依據，這樣一來在闡釋中常有人所未發的見解和思路，確實新人耳目。如其評前、後《出塞》曰：「旨同語異。前遣戍，後召募；前多敘勤苦憂傷之情，後多寫慷慨激昂之氣，然篇終俱歸於有功不居，發乎情，止乎理義，其悲壯一也，其忠貞一也。」評《戲為六絕句》曰：「六首一氣，刀割不斷，而頓挫曲折，輕重低昂之旨自見。」又如《同谷七歌》其一末云：「嗚呼一歌兮歌已哀，悲風為我從天來。」其七末云：「嗚呼七歌兮悄終曲，仰視皇天白日速。」吳馮栻曰：「人悲怨則呼天，以天始，以天終，尤此詩之首尾相應大關鍵。」「終之以天，與首章應，七結俱有次第淺深。」再如《絕句二首》其一：「遲日江山麗，春風花草香。泥融飛燕子，沙暖睡鴛鴦。」其二：「江碧鳥逾白，山青花欲燃。今春看又過，何日是歸年。」吳馮栻指出：「初讀是春日極富麗語，細讀是窮客極悲酸語。直至次首結，方明說出。」「你只看燕子數飛，離鄉寄寓者，幾許辛勤！鴛鴦穩睡，本地安居者，何等自在！趁泥之融，正要拖泥帶水而壘巢；因沙之暖，常得席地榻天而受用。在家離家之霄壤如此。故人自見為江山之麗，而作客者絕不覺其麗，江皆流淚之波，山盡割腸之劍耳。人自豔夫花之香，而作客者絕不覺其香，濱花適增偏反之離思，藉草益牽綿芊之別緒耳。」吳馮栻將此二詩合併來看，則「遲日江山麗」一詩雍容閒適之狀，就連同第二首的「今春看又過，何日是歸年」一起被解讀為悲酸思家之語，此論雖不一定就是確解，但無疑也是有啓發意義的。可見以整體論的眼光關注杜甫組詩，便容易在前後對比鈎聯中解析出杜詩的獨特意蘊。應該說杜詩學史上堅持組詩整體論者雖不乏其人，但是他們有時也會照顧到每首詩具體情況做到區別對待，而像吳馮栻這樣堅決貫徹到底的人是極為少見的。他以獨到而犀利的目光注

〔註 39〕王夫之《夕堂永日緒論》內編，夷之校點《薑齋詩話》卷二，人民文學出版社 1961 年，第 151 頁。

〔註 40〕王嗣奭《杜臆》卷八，上海古籍出版社 1985 年，第 277 頁。

意到杜甫組詩在章法上的整體性，反對將組詩進行割裂理解，從某種意義而言確爲杜詩注釋觀念的一大進步，對深入理解詩意十分關鍵。然而徹底貫徹組詩整體論雖能更加宏觀、全面地把握詩人的用心，做到前後照應，整體一致，但是解詩的過於執一，不知變通，在闡釋詩歌時無疑也會不由自主地掉入穿鑿附會的泥沼。不過這種由拘執造成的穿鑿在吳馮栻堅持組詩整體論時表現得倒還不算特別顯著，其穿鑿傾向集中體現在對杜甫寫景詠物意象的闡釋方面。

（四）對杜甫寫景詠物意象闡釋的鑿深傾向

杜詩寫景詠物之作中多用比興手法，這些詩歌及其表現手法歷來爲學界所關注，闡發得也較多。然而宋以來的杜詩注家，多深文周納，以爲杜詩中的草木蟲魚，皆有比興。黃庭堅《大雅堂石刻杜詩記》曾針對這種解詩傾向批評道：「彼喜穿鑿者，棄其大旨，取其發興於所遇林泉人物、草木魚蟲，以爲物物皆有所託，如世間商度隱語者，則子美之詩委地矣。」〔註41〕其實整個杜詩學史的發展，一直貫穿著穿鑿與反穿鑿、刻意求深與簡明通達之間不斷辯證的過程。明末清初杜詩學界對宋代以來杜詩注釋中的穿鑿附會進行了系統的駁正與清醒的反思，如錢謙益在《注杜詩略例》中曰：「宋人解杜詩，一字一句皆有比託，若僞蘇注之解『屋上三重茅』，師古之解『筍根稚子』，尤爲可笑者也。黃魯直解《春日憶李白》詩曰：『庾信止於清新，鮑照止於俊逸，二家不能互兼所長。渭北地寒，故樹有花少實；江東水鄉多蜃氣，故云色駁雜。文體亦然，欲與白細論此耳。』《洪駒父詩話》：『一老書生注杜詩云：儒冠上服，本乎天者親上，以譬君子；紈絝下服，本乎地者親下，以譬小人。』魯直之論，何以異於此乎？而老書生獨以見笑，何哉？」〔註42〕又如方孝標《問齋杜意序》曰：「乃說之者曰『詩史』也，曰『一飯不忘君』也，於其稍涉隱見者，必強指之，以爲某章譏宮庭，某章刺藩鎮，某句怨徵車之不至，某句望利祿之不來，殆若鄭五之歇後，殷浩之空書，豈少陵哉！」〔註43〕但是對這些學者的眞知灼見，吳馮栻似乎置若罔聞。他對杜甫詠物詩的闡釋中時有穿鑿之處，其情形與宋人並無二致，體現了吳氏解詩的鑿深傾

〔註41〕黃庭堅《宋黃文節公全集》正集卷十六，劉琳等點校《黃庭堅全集》第二冊，四川大學出版社2001年，第437～438頁。

〔註42〕錢謙益《錢注杜詩》卷首，上海古籍出版社1979年，第4頁。

〔註43〕陳式《問齋杜意》卷首，清康熙二十三年（1684）陳氏側懷堂刻本。

向。如杜甫《乾元中寓居同谷縣作歌七首》其六：「南有龍兮在山湫，古木巃嵸枝相樛。木葉黃落龍正蟄，蝮蛇東來水上游。我行怪此安敢出，拔劍欲斬且復休。嗚呼六歌兮歌思遲，溪壑爲我回春姿。」此詩詩意本來甚爲顯豁，然因詩在開頭提到了「龍」，宋代的注家便將「龍」與下面的「蝮蛇」相互聯繫起來。如《分門集注杜工部詩》引敏修曰：「龍蟄，喻天子失勢。蝮蛇東來，喻祿山從山東來。」〔註 44〕蔡夢弼《杜工部草堂詩箋》曰：「龍蟄而蛇遊，時之亂甚矣，歎無力以救之也。」〔註 45〕吳馮栻《青城說杜》在宋人這種解釋的基礎上繼續進行申述：「六首明指玄宗幸蜀，祿山叛逆之事。蜀在同谷之南，言我之所以不得魂歸故鄉者，非以龍失其窟，蛇反來遊故乎？龍之飛天，豈可在山湫者。想嚴冬木葉暫黃落，而適當蟄時耳。然龍蟄而蝮蛇來矣。蝮蛇游水上，我方畏其毒螫矣，安敢輕出哉！不受僞命意自見。我欲拔劍斬蛇，而又苦於力之不足。且復休者，非竟休也。不見擁護蟄龍，彼山湫之古木方巃嵸耶？我但少休以俟之，將溪壑一回春，而木葉之黃落者復盛，蟄龍隨起，蝮蛇自滅矣，安足污吾劍？以龍喻帝，以蛇喻賊自明。以古木喻李、郭，諸公恐少見及。葉雖黃落，枝則相樛，喻材本足有爲，而遵時養晦也。春回則大運轉，即可乘時而奮矣。故方歌而遲遲有所思者，思大運之急爲我而轉，古木之急爲我生新葉，而輔蟄龍以升，不欲其久在山湫也。不曰天而託喻溪壑，立言微婉。回春姿，緊對木葉黃落，言亂極思治之意惄然。」可見吳馮栻不僅同意宋人「以龍喻帝，以蛇喻賊」之論，且又將詩中的「古木」和郭子儀、李光弼等中興名將進行比附，且自矜此說「諸公恐少見及」，眞可謂百尺竿頭更進一步，在穿鑿的道路上比宋代注家走得更遠。又如《螢火》：「幸因腐草出，敢近太陽飛。未足臨書卷，時能點客衣。隨風隔幔小，帶雨傍林微。十月清霜重，飄零何處歸？」此詩逼眞地描摹螢火蟲的光影形狀，言螢火出身之卑賤，性情之陰暗，摹寫其多暗少明、潛行匿跡的種種情狀，最後慨歎其時過境遷、置身無地的可悲下場。僞王洙注曰：「太陽之光固非螢火之可近，喻小有才而侵侮大德者。」〔註 46〕黃鶴則認爲此詩係借詠螢火蟲而諷

〔註 44〕佚名《分門集注杜工部詩》卷二十五，《四部叢刊初編》本，上海商務印書館 1929 年，第 419 頁。

〔註 45〕蔡夢弼《杜工部草堂詩箋》卷十七，黎庶昌刻《古逸叢書》本，清光緒十年（1884）。

〔註 46〕託名王十朋《王狀元集百家注編年杜陵詩史》卷九，江蘇廣陵古籍刻印社翻刻劉世珩影宋本，民國二年（1913）。

刺宦官，其曰：「今詩云：『幸因腐草出，敢近太陽飛』，蓋指李輔國輩以宦者近君而撓政也。」〔註 47〕蔡夢弼曰：「蓋甫以太陽喻人君，螢火乃腐草所化……古者謂宮刑爲腐，唐之季世，閹官弄權，公之此詩，蓋譏之也。」〔註 48〕仇兆鼇曰：「螢火，刺閹人也。」「按腐草喻腐刑之人，太陽乃人君之象，比義顯然。」〔註 49〕這樣的解釋本來不錯，但是鑿深的注者，又將詩中景物所指全部加以坐實，吳馮栻曰：「或曰：以螢火喻祿山輩，則太陽者君象，玄宗是已。太眞爲幔，蔽之於內。林父（甫）爲林，庇之於外。有與爲隔，又有與爲傍者。玄宗豈復辨其出自腐草之微小物乎？肅宗、李、郭，則十月之清霜也，更字字可味。」《青城說杜》所引此說不明所出，然而對如此明顯穿鑿之解，吳馮栻竟然完全表示贊同，認爲這樣的解釋「字字可味」，眞可謂宋代穿鑿注杜者的隔代嗣響。更有甚者，在《青城說杜》中，吳馮栻竟能從平凡得不能再平凡的詩句中鉤稽出微言大義，如《春水生二絕》其一：「二月六夜春水生，門前小灘渾欲平。鸕鷀鸂鶒莫漫喜，吾與汝曹皆眼明。」這本是賦浣花溪草堂春天所見之景，詩人觸手成詩，絕無寄託，歷代的杜詩注家，即使穿鑿如宋人，亦未對此等詩的解釋有過鑿深的解釋，而吳馮栻偏偏獨具隻眼地指出：「此借春水以喻亂生之速也，因所見爲比，語意極明。水者，陰凝之氣，主兵象。二月六夜者，尤昏暗之時，乘昧昧不明而起也。春水一生，而灘竟欲平，喻范陽一動，而河北二十四都皆淪沒也。然平者止小灘，腳地最低，素爲水所浸潤者耶？若稍有崖岸者，必不隨波而靡。鸕鷀鸂鶒皆水鳥，故所喜惟水，如蕃將之黨，見兵行勢如破竹，以爲頃刻可使神州陸沉，所以儆之曰『莫漫喜』，言汝曹且不要妄喜，汝故看得分明，狂波無少障，我亦看得分明，其涸可立待也。『皆眼明』，猶諺云：都洗清了眼醮罷。眾鳥隨水，直來門前，開門便見，兩下得四目相覷，兼喻中外絕無藩籬之隔，故門庭之寇，得肆意縱橫。」吳馮栻從詩中描摹的春水漲溢，竟能聯想到安史叛軍的橫掃河北；從鸕鷀鸂鶒的喜水，竟能聯想到安史叛軍的驕縱；從門前水鳥的來去自如，竟能聯想到異族軍隊的的肆意縱橫，令我們不得不佩服吳馮栻超凡的想像力。然而要是按照這個邏輯去解詩，杜詩中的任何寫景之句又有什

〔註 47〕黃希、黃鶴《黃氏補千家注紀年杜工部詩史》卷二十，《中華再造善本·金元編·集部》影印山東省博物館藏元至元二十四年（1287）詹光祖月崖書堂刻本，北京圖書館出版社 2006 年。

〔註 48〕蔡夢弼《杜工部草堂詩箋》卷十四，黎庶昌刻《古逸叢書》本，清光緒十年（1884）。

〔註 49〕仇兆鼇《杜詩詳注》卷七，中華書局 1979 年，第 612 頁。

麼不可以作這樣的聯想呢？只需稍有理智的說詩者便能明白的淺顯道理，吳馮栻不僅視若無濆，反而愈陷愈深，這只能歸結到其對歷代鑿深論杜者們根深蒂固的認同上，當這種認同已經變成一種思維方式的時候，穿鑿附會也就變成了理所當然。應該說吳馮栻《青城說杜》在杜詩寫景詠物意象闡釋方面的偏執，有時比宋人走得更遠，甚至達到了穿鑿的極致。這說明吳馮栻在注杜過程中與清初杜詩學界頗爲隔絕，故其雖身處清初杜詩學反穿鑿的洪流中，卻獨取鑿深一途，其闡釋方法和傾向，在杜詩學史上具有不可替代的警示意義，值得引起注杜者的深刻反思。

總之，吳馮栻《青城說杜》是一部缺點和優長都十分突出的杜詩注本，其深細的解詩特色和鑿深的闡釋傾向，在清初杜詩學界都可謂獨樹一幟。然而由於該本流佈頗罕，後世學者鮮有徵引者，故本書特爲之鈎沈發覆，期望能夠引起學界對該本的進一步重視。

第四節　朱琦《杜詩精華》與邵長蘅杜詩評語的釐定與區分

趙睿才先生於2007年編纂《杜甫大辭典》期間，在山東省圖書館發現了朱琦《杜詩精華》手抄本，乃撰文《一個杜詩孤本的發現——朱琦及其〈杜詩精華〉》，發表在《杜甫研究學刊》2007年第2期。山東省圖書館所藏朱琦《杜詩精華》六卷，署賨谷居士手抄，乾隆時抄本。共選詩624題840首，按體編次，各卷又約略以作年先後排列。該本有旁批，有眉批，《中國古籍善本書目》著錄。然筆者經過詳細的核驗發現，朱琦《杜詩精華》中對杜詩的評語與清初邵長蘅杜詩評語極爲相像。爲了澄清這些評語的眞正作者問題，需要將朱琦《杜詩精華》中論杜評語和幾種文獻徵引的邵長蘅評語進行比較分析。爲了節省篇幅，茲將朱琦《杜詩精華》簡稱爲「朱本」，盧坤「五家評本」《杜工部集》簡稱爲「五家評本」。另四川師範大學圖書館藏有清初有懷堂韓菼硃墨筆批校康熙原刻本《錢箋杜詩》，其中韓菼過錄的邵長蘅杜詩評語相當完整，正可以對勘，今將此本簡稱爲「韓菼過錄本」。

一、朱琦《杜詩精華》中杜詩評語與邵長蘅杜詩評語比較

《新婚別》

朱琦曰：發乎情，止乎禮義，眞《三百篇》之遺。（朱本卷一）

邵長蘅曰：發乎情，止乎義，故是《三百篇》之遺。（五家評本卷二）

《夢李白二首》其一「魂來楓林青」以下八句

朱琦曰：《招魂》、《大招》之遺。（朱本卷一）

邵長蘅曰：《招魂》、《大招》之遺。（五家評本卷三）

《示從孫濟》「淘米」以下四句

朱琦曰：樂府語，眞趣亦自漢魏出。（朱本卷一）

邵長蘅曰：眞趣，亦自漢魏出。樂府句法。（五家評本卷一）

《自京赴奉先縣詠懷五百字》「霜嚴衣帶斷」以下十二句

朱琦曰：樂府法。學杜須從大處著眼，方不落一知半解。

又曰：《詠懷》、《北征》皆杜集大篇，子美自許沉鬱頓挫，碧海鯨魚，後人贊其鋪陳排比，渾涵汪洋，正是此種。（朱本卷一）

邵長蘅曰：《詠懷》、《北征》皆杜集大篇，子美自許「沉鬱頓挫」、「碧海鯨魚」，後人贊其鋪陳排比，渾涵汪茫，正是此種。學杜須從大處著眼，方不落一知半解。半山、後山尚未望見所在。

「彤庭所分帛」以下二十句

朱琦曰：老樸，亦樂府法。（朱本卷一）

邵長蘅曰：樸老，亦樂府法。（五家評本卷一）

「非無江海志」以下八句

朱琦曰：厚極。一氣直下，卻反復排宕，不啻大海回瀾，驚心動魄。（朱本卷一）

邵長蘅曰：厚甚。（五家評本卷一）

又曰：一所直下，卻反復排宕，不啻大海回瀾，驚魂動魄。（韓菼過錄本卷一）

《述懷》

朱琦曰：氣體高茂，絕似西漢。眞率，亦以樸勝。（朱本卷一）

邵長蘅曰：氣體高茂，絕似西漢。眞率，亦以樸勝。（韓菼過錄本卷二）

邵長蘅曰：眞率，亦以樸勝。（五家評本卷二）

《北征》「猛虎立我前」以下十四句

朱琦曰：少陵五古，全從漢魏樂府出，淺人不解。（朱本卷一）

邵長蘅曰：少陵古詩佳處，全從漢魏樂府出，淺人不解。（五家評本卷二）

《北征》「況我墮胡塵」以至結束

朱琦曰：光焰萬丈，乾坤富硠，此等詩，是足當之。後人以《南山》比《北征》，未免耳食，昌黎必不肯受。（朱本卷一）

邵長蘅曰：光焰萬丈，乾坤雷硠，此等詩實足當之。宋人以《南山》與《北征》並稱，未免耳食，昌黎必不敢。（五家評本卷二）

《羌村三首》

朱琦曰：《彭衙》、《羌村》是眞漢魏古詩，第不襲其面目耳。（朱本卷一）

邵長蘅曰：《彭衙》、《羌村》是漢魏古詩，第不襲其面目耳，解人自得之。（五家評本卷二）

《彭衙行》「盡室久徒步」以下十句

朱琦曰：是漢魏樂府神理。（朱本卷一）

邵長蘅曰：是魏漢樂府神味。（五家評本卷二）

《贈衛八處士》

朱琦曰：此爲眞漢魏，特未許淺人問津。（朱本卷一）

邵長蘅曰：此爲眞漢魏，特未許淺人問津。（五家評本卷一）

《佳人》「合昏尚知時」以下十二句

朱琦曰：眞漢魏樂府。（朱本卷一）

邵長蘅曰：眞漢魏樂府。（五家評本卷三）

《遣興三首》其一「下馬古戰場」以下六句

朱琦曰：眞漢魏。（朱本卷一）

邵長蘅曰：眞漢魏。（五家評本卷三）

《石龕》「熊羆咆我東」以下四句

朱琦曰：亦是古樂府法。（朱本卷一）

邵長蘅曰：亦是古樂府。（五家評本卷三）

《枯楠》「種榆水中央，成長何容易。截承金露盤，嫋嫋不自畏」

朱琦曰：結四句似古樂府。（朱本卷一）

邵長蘅曰：結四語神似古樂府。（五家評本卷四）

《新安吏》

朱琦曰：《新安》至《無家》五六首，皆子美時事樂府也。曲折悽愴，眞堪泣鬼神。（朱本卷一）

邵長蘅曰：《新安》至《無家》六首，皆子美時樂府也。曲折悽愴，眞堪泣鬼神。（五家評本卷二）

《陪李北海宴歷下亭》「修竹不受暑，交流空湧波」

朱琦曰：杜集中《選》體。（朱本卷一）

邵長蘅曰：杜集中《選》體。（五家評本卷一）

《渼陂西南臺》「蒹葭」以下

朱琦曰：亦似《選》體。（朱本卷一）

邵長蘅曰：亦是《選》體。（五家評本卷一）

《晦日尋崔戢李封》

朱琦曰：是杜集中陶詩，可見無所不有。（朱本卷一）

邵長蘅曰：是集中陶詩，可見杜無所不有。（五家評本卷二）

《遣興五首》

朱琦曰：數首稍近步兵。（朱本卷一）

邵長蘅曰：此下《遣興》十首，稍近步兵。（按，《遣興》十首，即《遣興五首》（朔風飄胡雁），《遣興五首》（天用莫如龍））（五家評本卷三）

《寫懷二首》其一「用心霜雪間」以下四句

朱琦曰：亦是宋人濫觴。又曰：結語（曲直吾不知，負暄候樵牧）近道。（朱本卷一）

邵長蘅曰：結語近道。（五家評本卷七）

《寫懷二首》其二「夜深坐南軒」以下六句

朱琦曰：淵明佳境。（朱本卷一）

邵長蘅曰：淵明佳境。（五家評本卷七）

《寫懷二首》其二「榮名忽中人，世亂如蟣虱」

朱琦曰：忽然及此，自覺曠達。（朱本卷一）

邵長蘅曰：忽然及此，正覺曠達。（五家評本卷七）

《昔遊》「昔者與高李」以下八句

朱琦曰：起手便似高、李，豈非化工！（朱本卷一）

邵長蘅曰：起手便似高、李，豈非化工！（五家評本卷七）

《遭田父泥飲美嚴中丞》首二句「步屧隨春風，村村自花柳」

朱琦曰：樸老眞率，開張王樂府派。（朱本卷一）

邵長蘅曰：樸老眞率，開張王樂府派。（五家評本卷四）

《驅豎子摘蒼耳》「飽食復何心」以下四句

朱琦曰：亦是髯蘇、山谷濫觴。（朱本卷一）

邵長蘅曰：亦是髯蘇、山谷濫觴。（五家評本卷六）

《奉贈韋左丞丈二十二韻》「紈袴不餓死，儒冠多誤身」

朱琦曰：突兀二語，一肚皮牢騷憤激，信口衝出。（朱本卷一）

邵長蘅曰：突兀二語，一肚皮牢騷憤激，信口衝出。（五家評本卷一）

「丈人試靜聽」

朱琦曰：開出全篇。（朱本卷一）

邵長蘅曰：開出全篇。（五家評本卷一）

「白鷗沒浩蕩，萬里誰能馴」

朱琦曰：得此一結，全是傲岸。（朱本卷一）

邵長蘅曰：得此一結，全首傲岸。（五家評本卷一）

「每於百僚上」數句

朱琦曰：寒可感。（朱本卷一）

邵長蘅曰：實可感！（韓菼過錄本卷一）

《望嶽》（岱宗夫如何）

朱琦曰：語奇警。（朱本卷一）

邵長蘅曰：語語奇警。（五家評本卷一）

《望嶽》

朱琦曰：（齊魯青未了）五字雄蓋一世。「陰陽割昏曉」之「割」字奇險。（朱本卷一）

邵長蘅曰：語語奇警。「陰陽割昏曉」，「割」字奇險。（五家評本卷一）

《送高三十五書記十五韻》

朱琦曰：起境高。看他一氣轉下，何等雄暢！又曰：（後半）曲折頓挫，無不竭情盡致。（朱本卷一）

邵長蘅曰：起境高。看他一氣轉下，何等雄暢！曲折頓挫，無不竭盡情致。（韓菼過錄本卷一）

《奉同郭給事湯東靈湫作》「中夜窟宅改」至「化作長黃虬」

朱琦曰：靈秀滉漭，是杜集之奇作。（朱本卷一）

邵長蘅曰：靈秀滉漭，實杜集之奇作。（五家評本卷一）

《送樊二十三侍御赴漢中判官》

朱琦曰：起警。又曰：全首沉鬱，有奇氣。（朱本卷一）

邵長蘅曰：全首沉鬱，有奇氣。又曰：（威弧不能弦，自爾無寧歲）起警。（五家評本卷二）

《送樊二十三侍御赴漢中判官》之「實藉長久計」與「回風吹獨樹」之間，

朱琦曰：接法妙。（朱本卷一）

邵長蘅曰：接法好。（五家評本卷二）

《晦日尋崔戢李封》「上古葛天民」以下四句

朱琦曰：非尋常詩人之語。（朱本卷一）

邵長蘅曰：非尋常詩人語。（五家評本卷二）

《晦日尋崔戢李封》「威鳳高其翔」以下八句

朱琦曰：此下少陵本色。（朱本卷一）

邵長蘅曰：此下少陵本色。（五家評本卷二）

《送韋十六評事充同谷防禦判官》「吹角向月窟」

朱琦曰：點綴本色。（朱本卷一）

邵長蘅曰：點綴生色。（五家評本卷二）

《送從弟亞赴河西判官》「南風作秋聲，殺氣薄炎熾」

朱琦曰：沉鬱頓挫，少陵本色。（朱本卷一）

邵長蘅曰：沉鬱頓挫，少陵本色。（《杜詩鏡銓》卷三引）

《送從弟亞赴河西判官》「爲畫長久利」與「孤峰石戴驛」之間

朱琦曰：接法好。（朱本卷一）

邵長蘅曰：接法。（五家評本卷二）

《送從弟亞赴河西判官》「吾聞」以下結語四句

朱琦曰：奇語。（朱本卷一）

邵長蘅曰：奇語。（五家評本卷二）

《玉華宮》

朱琦曰：眞有色氣象，確是鬼才。又曰：簡遠淒涼，正以少許，勝多多許。（朱本卷一）

邵長蘅曰：簡遠淒涼，正以少許，勝人多許。（五家評本卷二）

又曰：眞有色相，確是鬼才。（韓菼過錄本卷二）

《西枝村尋置草堂地夜宿贊公土室二首》其二「天寒鳥已歸」以下四句

朱琦曰：起語幽寂，情景如畫。（朱本卷一）

邵長蘅曰：起語幽寂，清景如見。（五家評本卷三）

《西枝村尋置草堂地夜宿贊公土室二首》其二

朱琦曰：章法整密。（朱本卷一）

邵長蘅曰：章法整密。（五家評本卷三）

《兩當縣吳十侍御江上宅》「寒城朝煙淡」以下六句

朱琦曰：寫景妙在眼前，更不易得。（朱本卷一）

邵長蘅曰：寫景妙在目前，更不易得。（五家評本卷三）

《兩當縣吳十侍御江上宅》結聯「於公負明義，惆悵頭更白」

朱琦曰：老成厚道。（朱本卷一）

邵長蘅曰：老成厚道。（五家評本卷三）

《鐵堂峽》「山風吹遊子，縹緲乘險絕」

朱琦曰：起句縹緲。（朱本卷一）

邵長蘅曰：起語亦爾縹緲。（五家評本卷三）

《木皮嶺》「始知五嶽外，別有他山尊」

朱琦曰：詩文亦然，學人正須打開眼孔。（朱本卷一）

邵長蘅曰：詩文亦然，學人正須放開眼孔。（五家評本卷三）

《劍門》

朱琦曰：大山水詩，須得此氣概。（朱本卷一）

邵長蘅曰：大山水詩，須得此氣概。（五家評本卷三）

《次空靈岸》「幸有舟楫遲，得盡所歷妙」

朱琦曰：舟行佳境，妙寫得出。（朱本卷一）

邵長蘅曰：舟行佳境，妙寫得出。（五家評本卷八）

《早發》「干請傷直性」

朱琦曰：眞情苦語，千古同愁。（朱本卷一）

邵長蘅曰：五字情苦語，千古同悲。（五家評本卷八）

《望嶽》「南嶽配朱鳥」以下四句

朱琦曰：氣勢壯闊，稱題。（朱本卷一）

邵長蘅曰：氣勢壯闊，稱題。（五家評本卷八）

《同諸公登慈恩寺塔》

朱琦曰：「仰穿」以下，所謂渾涵汪茫，千彙萬狀，正是登高極奇警之語。

又曰：獨「虞舜」、「瑤池」似有寄託。（朱本卷一）

邵長蘅曰：「仰穿」以下，所謂渾涵汪茫，千彙萬狀，正是登高極奇警語。若如虞山箋解，句句譏切時事，謗訕君父，不幾陷子美爲輕薄陰險人也耶？獨「虞舜」、「瑤池」似有寄託。（五家評本卷一）

《夜聽許十一誦詩愛而有作》「精微」以下四句

朱琦曰：狀詩之妙。（朱本卷一）

邵長蘅曰：狀詩之妙。（五家評本卷一）

《立秋後題》「日月不相饒」以下四句

朱琦曰：音節簡老。（朱本卷一）

邵長蘅曰：音節簡古。（五家評本卷二）

《謁文公上方》「王侯與螻蟻，同盡隨丘墟」

朱琦曰：語自曠達，宜爲玉局所賞。（朱本卷一）

邵長蘅曰：語自曠達，宜爲玉局所賞。（按，玉局，即蘇軾。）（五家評本卷五）

《過郭代公故宅》「俄頃辯尊親」以下四句

朱琦曰：語有斤兩。（朱本卷一）

邵長蘅曰：語有斤兩。（五家評本卷五）

《壯遊》

朱琦曰：鋪敘俳比，流麗暢美，不必作奇，力量正不易到。（朱本卷一）

邵長蘅曰：鋪敘排比，流麗暢竭，不必作奇，力量正不易到。（五家評本卷七）

《楊監又出畫鷹十二扇》「憶昔驪山宮」以下四句

　朱琦曰：筆力開拓，畫扇乃不意出此。（朱本卷一）

　邵長蘅曰：筆勢開拓，畫扇乃不意出此。（五家評本卷六）

《送率府程錄事還鄉》

　朱琦曰：筆力深摯沉痛。（朱本卷一）

　邵長蘅曰：筆力深摯沉痛。（《杜詩集說》卷三）

《畫鶻行》「高堂見生鶻，颯爽動秋骨」

　朱琦曰：便爾生動。（朱本卷一）

　邵長蘅曰：便爾生動。（五家評本卷二）

《前出塞九首》其一「君已富土境」以下四句

　朱琦曰：是《前出塞》詩旨。（朱本卷一）

　邵長蘅曰：是《前塞》詩旨。（五家評本卷三）

《前出塞九首》其三

　朱琦曰：看他九首章法，從出門至論功，一一有次第。（朱本卷一）

　邵長蘅曰：看他九首章法，從出門至論功，一一有次第。（五家評本卷三）

《青陽峽》「林迥硤角來」以下八句

　朱琦曰：寫景奇峭。（朱本卷一）

　邵長蘅曰：寫景奇壯。（五家評本卷三）

《萬丈潭》「前臨洪濤寬」以下十句

　朱琦曰：刻畫如削。（朱本卷一）

　邵長蘅曰：刻畫秀削。（五家評本卷三）

《發同谷縣》

　朱琦曰：發同谷十二首，較秦州更爾刻畫精詣，奇絕千古。（朱本卷一）

　邵長蘅曰：發同谷十二首，較秦州詩更爾刻畫精詣，奇絕千古。（五家評本卷三）

《宿青溪驛奉懷張員外十五兄之緒》「漾舟千山內，日入泊枉渚」

　朱琦曰：首聯眼前景語，自然入妙。（朱本卷一）

　邵長蘅曰：眼前景語，自然入妙。（五家評本卷八）

《垂老別》

朱琦曰：互相憐痛，聲情宛然。（朱本卷一）

邵長蘅曰：互相憐痛，聲情宛然。（五家評本卷二）

《後出塞五首》其五「將驕益愁思」

朱琦曰：是《後出塞》詩意。（朱本卷一）

邵長蘅曰：是《後出塞》詩旨。（五家評本卷三）

《遣懷》「兩公壯藻思」以下六句

朱琦曰：知己勝遊，終身懷抱，故屢屢形之篇什，不厭其煩。（朱本卷一）

邵長蘅曰：知己勝遊，終身懷抱，故屢形之篇什，不厭其煩。（五家評本卷七）

《麗人行》

朱琦曰：楊花、青鳥，渲染濃麗，不必拘拘索解，自是樂府佳語。（朱本卷二）

邵長蘅曰：楊花、青鳥，渲染濃麗，不必拘拘索解，自是樂府佳語。（五家評本卷一）

《白絲行》

朱琦曰：託喻素絲，從繅織說到裁縫，從裁縫說到衣著，從衣著說到棄置，看他層次。結有無限悲慨。

又曰：邵子湘云：得梁陳樂府之遺。（朱本卷二）

邵長蘅曰：託喻素絲，從繅織說到裁縫，從裁縫說到衣著，從衣著說到棄置，看他層次。結有無限悲慨。

又曰：得梁陳樂府之遺。（五家評本卷一）

《茅屋爲秋風所破歌》

朱琦曰：詩以樸勝，遂開宋派。（朱本卷二）

邵長蘅曰：詩亦以樸勝，遂開宋派。（五家評本卷四）

《茅屋爲秋風所破歌》「何時眼前突兀見此屋，吾廬獨破受凍死亦足」

朱琦曰：結此老襟抱自闊，與螻蟻輩迥異。（朱本卷二）

邵長蘅曰：此老襟抱自闊，與螻蟻輩迥異。（五家評本卷四）

《曲江三章章五句》

朱琦曰：短章踸踔，空同極學此種。（朱本卷二）

邵長蘅曰：短章踸踔，空同極學此種。（五家評本卷一）

《天育驃圖歌》「吾聞天子之馬走千里」以下四句

朱琦曰：突兀而高老。（朱本卷二）

邵長蘅曰：突兀而高老。（五家評本卷一）

「當時四十萬匹馬，張公歎其材盡下」

朱琦曰：橫空盤硬。（朱本卷二）

邵長蘅曰：橫空排硬。（五家評本卷一）

《醉歌行》「春光潭沱秦東亭」以下

朱琦曰：方謂妙境。（朱本卷二）

邵長蘅曰：「春光」以下，方詣妙境。（五家評本卷一）

《歎庭前甘菊花》

朱琦曰：此與《秋雨三首》，短章蕭散，正復耐人把玩。（朱本卷二）

邵長蘅曰：此與《秋雨三首》，短章蕭散，正復耐人把玩。（五家評本卷一）

《渼陂行》「鳧鷖散亂棹謳發，絲管啁啾空翠來」

朱琦曰：正須得此秀句，空闊變幻，極頓挫之妙。（朱本卷二）

邵長蘅曰：（天地黤慘忽異色，波濤萬頃堆琉璃）空闊變幻，極頓挫之奇。（鳧鷖散亂棹謳發，絲管啁啾空翠來）光怪中正須得此秀句。（五家評本卷一）

《戲題王宰畫山水圖歌》

朱琦曰：起奇崛。詩亦覺咫尺萬里。（朱本卷二）

邵長蘅曰：起便奇崛。又曰：詩亦覺咫尺萬里。（五家評本卷四）

《百憂集行》「強將笑語供主人，悲見生涯百憂集」

朱琦曰：苦境。（朱本卷二）

邵長蘅曰：苦境。（五家評本卷四）

《戲作花卿歌》「子璋髑髏血模糊，手提擲還崔大夫」

朱琦曰：「子璋」二語，至今讀之，凜凜有生氣，當時愈瘧不虛。（朱本卷二）

邵長蘅曰:「子章」二語,至今讀之,凜凜有生色,當時愈瘧不虛矣。(五家評本卷四)

《丹青引贈曹將軍霸》「將軍魏武之子孫,於今爲庶爲清門」

朱琦曰:起手又別一境。(朱本卷二)

邵長蘅曰:起手又別。(五家評本卷五)

《丹青引贈曹將軍霸》「開元之中常引見」以下八句

朱琦曰:一段畫人。(朱本卷二)

邵長蘅曰:一段畫人。(五家評本卷五)

「先帝御馬玉花驄」以下十二句

朱琦曰:一段畫馬。(朱本卷二)

邵長蘅曰:一段畫馬。(五家評本卷五)

《丹青引》第三段

朱琦曰:縱筆所如,無非神境。(朱本卷二)

邵長蘅曰:縱筆所如,無非神境。(五家評本卷五)

《玄都壇歌寄元逸人》「子規夜啼山竹裂,王母晝下雲旗翻」

朱琦曰:警語。(朱本卷二)

邵長蘅曰:警語。(五家評本卷一)

《奉先劉少府新畫山水障歌》「堂上不合生楓樹」

朱琦曰:突兀。(朱本卷二)

邵長蘅曰:崒兀。(五家評本卷一)

邵長蘅曰:起得突兀驚人,與「高堂見生鶻」同法。(韓菼過錄本卷一)

《奉先劉少府新畫山水障歌》「自有兩兒郎」以下六句

朱琦曰:忽然至此,作者亦不自知。又曰:結好。(朱本卷二)

邵長蘅曰:忽然及此,作者亦不自意。又曰:結好。(五家評本卷一)

《蘇端薛復筵簡薛華醉歌》「氣酣日落西風來」以下七句

朱琦曰:正如黃河之水,泥沙俱下,淋漓盡致。(朱本卷二)

邵長蘅曰:淋漓盡致。(五家評本卷二)

邵長蘅曰:正如黃河之水,泥沙俱下,淋漓盡致。(韓菼過錄本卷二)

《題李尊師松樹障子歌》「老夫清晨梳白頭,玄都道士來相訪」

朱琦曰：亦是老手起法，六一謂二句俗氣，非也。（朱本卷二）

邵長蘅曰：六一謂「老夫」二語，有俗氣。又曰：亦是老手起法，六一語非也。（五家評本卷四）

《戲爲韋偃雙松圖歌》「天下幾人畫古松？畢宏已老韋偃少」

朱琦曰：起又別。（朱本卷二）

邵長蘅曰：起手又別。（五家評本卷四）

「白摧朽骨龍虎死，黑入太陰雷雨垂」

朱琦曰：奇警語，不多得。（朱本卷二）

邵長蘅曰：奇警語，不多得。（五家評本卷四）

《哀江頭》

朱琦曰：轉折矯健，略無痕跡，蘇黃門謂『百金戰馬注坡，驀澗如履平地。』信然。（朱本卷二）

邵長蘅曰：轉折矯健，略無痕跡。蘇黃門謂「如百金戰馬，注坡慕澗，如履平地。」信然。（五家評本卷一）

《題壁上韋偃畫馬歌》「一匹齕草一匹嘶」以下四句

朱琦曰：健筆。（朱本卷二）

邵長蘅曰：健筆。（五家評本卷四）

《閬山歌》「松浮欲盡不盡雲」以下四句

朱琦曰：奇句。（朱本卷二）

邵長蘅曰：奇句。（五家評本卷五）

《閬水歌》「石黛碧玉相因依」

朱琦曰：秀句。（朱本卷二）

邵長蘅曰：奇句。（五家評本卷五）

又曰：（正憐日破浪花出，更復春從沙際歸）句秀。（《杜詩鏡銓》卷十一引）

《韋諷錄事宅觀曹將軍畫馬圖歌》

朱琦曰：直起。此與《丹青引》極頓挫排宕之奇，眞有神助。（朱本卷二）

邵長蘅曰：《畫馬圖》、《丹青引》諸詩，極頓挫排宕之奇，眞有神助。又曰：（「國初已來畫鞍馬，神妙獨數江都王）直起。（五家評本卷五）

「昔日太宗拳毛騧，近時郭家師子花」

朱琦曰：接筆陡健。（朱本卷二）

邵長蘅曰：接筆陡健。（五家評本卷五）

「憶昔巡幸新豐宮」以下

朱琦曰：開拓，大妙。（朱本卷二）

邵長蘅曰：拓開，大妙。（五家評本卷五）

《驄馬行》

朱琦曰：敘題起。（朱本卷二）

邵長蘅曰：敘題起。（五家評本卷一）

「夙昔傳聞思一見」以下六句

朱琦曰：一層是看。（朱本卷二）

邵長蘅曰：一層是看。（五家評本卷一）

「朝來少試華軒下」以下四句

朱琦曰：二層是試。（朱本卷二）

邵長蘅曰：二層是試。（五家評本卷一）

「卿家舊賜公取之」以下

朱琦曰：三層是贊。（朱本卷二）

邵長蘅曰：三層是贊。（五家評本卷一）

《哀王孫》「長安城頭頭白烏」以下四句

朱琦曰：有一種想路，絕非常徑可泥。舊評云：起如童謠序事處，先從「寶玦」看出，又從「隆準」看定，然後丁寧珍重，切切草間私語，如聞其聲。（朱本卷二）

邵長蘅曰：自有一種想路，絕非常徑可泥。（韓茨過錄本卷一）

又曰：舊評云：起如童謠，省敘事處。先從「寶玦」看出，次從「龍準」看定，然後叮嚀珍重，切切草間私語，如聞其聲。（五家評本卷一）

《乾元中寓居同谷縣作歌七首》其二

朱琦曰：一歌喚子美，二歌喚長鑱，豈不奇絕！（朱本卷二）

邵長蘅曰：舊評：一歌喚子美，二歌喚長鑱，豈不奇崛？（五家評本卷三）

《又觀打魚》「日暮蛟龍改窟穴」以下六句

朱琦曰：作詩有關係，是大家數。（朱本卷二）

邵長蘅曰：作詩必有關係，是大家數。（五家評本卷五）

《送孔巢父謝病歸遊江東兼呈李白》「深山大澤龍蛇遠，春寒野陰風景暮」

朱琦曰：寫景杳冥，迥非人境。（朱本卷二）

邵長蘅曰：寫景杳冥，迥非人境。（五家評本卷一）

《奉先劉少府新畫山水障歌》「野亭春還雜花遠」

朱琦曰：忽接景語，大妙。（朱本卷二）

邵長蘅曰：忽接景語，大妙。（五家評本卷一）

《高都護驄馬行》「青絲絡頭爲君老，何由卻出橫門道」

朱琦曰：結有老驥伏櫪之感。（朱本卷二）

邵長蘅曰：結有老驥伏櫪之感，令人再無著語處。（五家評本卷一）

《醉時歌》從「清夜沉沉動春酌」到結束

朱琦曰：痛飲悲歌，正爾淋漓盡致。（朱本卷二）

邵長蘅曰：痛飲悲歌，正爾淋漓盡致。（五家評本卷一）

《樂遊園歌》「此身飲罷無歸處，獨立蒼茫自詠詩」

朱琦曰：結無聊無賴，一至於此。（朱本卷二）

邵長蘅曰：無聊無賴，一至於此。（韓菼過錄本卷一）

《悲青坂》

朱琦曰：「日夜更望官軍至」，人情如此；「忍待明年莫倉卒」，軍機如此，所以爲詩史也。（朱本卷二）

邵長蘅曰：「日夜更望官軍至」，心情如此；「忍待明年莫倉卒」，軍機如此。此所以爲詩史也。（五家評本卷一）

二、朱琦《杜詩精華》中杜詩評語應爲轉錄邵長蘅所評

通過比較可以發現，《朱琦及其〈杜詩精華〉》一文中除了四條評語未見於五家評本等文獻中，其餘評語與「五家評本」中邵長蘅之評幾乎完全一致。這四條評語是，《飛仙閣》：「妻子隨歟？隨妻子歟？痛絕奇絕。」《雨二首》「青山澹無姿」：「可畫。」《楠樹爲風雨所拔歎》「江翻石走流雲氣」以下三句：「堪泣鬼神。」《哀王孫》「長安城頭頭白烏」以下四句「突兀而來，省

卻多少鋪敘。」因此我們從中可以大致判斷出朱琦《杜詩精華》中的絕大部分評語並非朱琦所評，其眞正的評點者應該是邵長蘅。其理由有二：第一，從所處的時代來看，朱琦要遠晚於邵長蘅。朱琦（1716～？）字景韓，號復亭，又號賁谷居士，歷城（今山東濟南）人。幼爲濟南府歷城縣學附生，後中拔貢第七名。乾隆九年（1744），中順天副榜第五名。十二年，中順天鄉試第八名。曾官彭縣、安岳知縣。著有《倚華樓詩》四卷、《鐵峰集》一卷、《倚雲樓詩》四卷等。生平事蹟見山東省圖書館藏《歷城朱氏歷科硃卷合訂》。邵長蘅（1637～1704）字子湘，別號青門山人，武進（今江蘇常州）人。順治諸生，入太學試，拔第一，授州同，不就。後長期客宋犖之幕。可見二人非同時代之人，邵長蘅去世後十二年朱琦才出生。則二人重複之杜詩評語，其著作權當歸之於邵長蘅。第二，我們在朱琦的《杜詩精華》中，還能夠發現其引邵長蘅評語的痕跡。如朱琦評《白絲行》曰：「邵子湘云：得梁陳樂府之遺。」此評亦見「五家評本」，確爲邵長蘅所評，因此在這裡透露出朱琦轉錄邵長蘅評語的信息。此外，經過對比可以發現，朱琦在對邵長蘅評語進行轉引的過程中，出現了不少文字出入與訛誤。相比較而言，朱琦《杜詩精華》中的有些文字不如邵長蘅原評爲善，因此我們徵引朱評時需要注意和「五家評本」等文獻進行認眞的核對和比較。

綜上所述，《朱琦及其〈杜詩精華〉》一文對該本的實際評點者出現了判斷失誤。由於杜詩評點學史的材料過於龐雜，其中評點者互相混淆的情形比比皆是，因此對於某些文獻無暇進行詳考便極易搞錯其眞正的作者。《杜詩精華》作爲一個主要轉錄邵長蘅批語的杜詩注本，朱琦本人並沒有更多的精闢見解，其作爲孤本的文獻價值也因此也大打折扣。此事帶給我們的啓示是，對於一些稀見的杜詩學文獻，首先應核實其是否爲轉錄前人之作。特別是對於那些晚出文獻之內容，更要格外小心地加以甄別校核，否則就容易犯張冠李戴的錯誤。

第四章　民國及現當代杜詩文獻研究

第一節　洪業先生《杜詩引得序》考論

1940 年，《杜詩引得》由哈佛燕京學社編纂完成，洪業先生乃爲之撰寫了長達七萬餘言的《杜詩引得序》，較爲系統地論述了自宋迄清歷代杜集版本之源流演變及其得失，代表了當時杜詩學研究的最高水準。《杜詩引得序》與洪業先生後來的著作《中國最偉大的詩人杜甫》、《我怎樣寫杜甫》、《再論杜甫》、《再說杜甫》等一起，構成了其杜甫研究的主要組成部分，並一直爲學術界所推重。如今距洪業先生《杜詩引得序》之撰成已歷七十餘載，學界目前對於洪業先生的杜甫研究特色及其成就已經有了一些介紹和評價〔註 1〕，然而專門對其《杜詩引得序》進行分析和評價的論著尚不多見。故本書希望通過對該序的認眞梳理，初步總結《杜詩引得序》所取得學術成就，同時亦客觀探討其中出現的一些學術失誤及其原因，以期能全面認識《杜詩引得序》在杜詩學史上的地位，並爲研治杜詩學史者提供參考。

一、洪業《杜詩引得序》之學術成就總結

洪業《杜詩引得序》是杜詩學史上的重要文獻，概括起來，其學術成就

〔註 1〕 如翁獨健、王鍾翰《洪煨蓮先生傳略》（《文獻》1981 年第 4 期）、陳毓賢《洪業傳》（北京大學出版社 1995 年）、郝稷《至人·至文·至情：洪業與杜甫研究》（《古典文學知識》2011 年第 1 期）、陳引馳《杜甫傳，就是一部「詩傳」》（《東方早報》2012 年 6 月 3 日第 T05 版）、陳毓賢《洪業怎樣寫杜甫》（《東方早報》2012 年 10 月 28 日第 T03 版）。

主要表現爲以下幾個方面：

（一）首次為學界較為清晰地整體描述了杜詩學史的發展概貌

在《杜詩引得序》中，洪業先生站在全局的高度，重點梳理了杜詩版本學和注釋學的嬗變史，對歷代眾多杜詩注本之間的先後脈絡關係以及注釋特色進行了論析，首次爲學界較爲清晰地描述了杜詩學史的發展概貌，使得學界對整個杜詩學史上各個歷史時段的杜詩學風貌有了大致瞭解。如洪業指出：「宋人之於杜詩，所尚在輯校集注，迨南宋之末，蔡黃二本已造其極。元人別開生面，一轉而爲批選……顧惟劉辰翁以逸才令聞，首倡鑒賞，於是選雋解律之風大起。」〔註 2〕又曰：「明人之作，大略步元人之後塵，以領會篇意、評論工拙爲多。」又曰：「嘉慶以後，注杜而善者，更無聞焉。竊謂錢朱盧黃仇浦之後，欲更以注解考證多取勝者，亦難矣……處此局勢之下，縱於讀杜興趣濃厚而欲有所稱述，只可轉而作詩話筆記之屬耳。」洪業先生《杜詩引得序》中對各個歷史時段杜詩學風氣與整體流變的很多判斷，雖寥寥數語，卻幾成定論，後之論者，每每稱引。因此洪業先生《杜詩引得序》中對杜詩學史的大筆勾勒，眞可謂篳路藍縷、椎輪大輅。可以說正是得益於《杜詩引得序》的草創之功，此後學界對杜詩學史的發展概況才開始有了較爲清晰的認識。

（二）首次認真梳理了各個時代最為重要的杜詩注本並給予較為公正的評價

《杜詩引得序》對自宋至清杜甫詩集的重要版本進行了詳細的考證、甄別與評論，內容豐富，堪稱一篇杜集流傳簡史。洪業按照文獻的先後次序，論析了各個時代杜詩文獻的發展歷程。其中對宋代的杜詩注本，主要介紹了「二王本」、「僞蘇注」、「十家注」、「九家注」、「百家注」、「分門本」、黃鶴《黃氏補注》、蔡夢弼《草堂詩箋》等。洪業指出，「二王本」爲杜集諸本之祖，「自是以後，學者之於杜集，或補遺焉，或增校焉，或注釋焉，或批點焉，或更轉而詩話焉，爲年譜焉，爲集注焉，爲分類焉，便編韻焉，或如今之爲引得焉；溯其源，無不受二王所輯刻《杜工部集》之賜者。」對元代的杜詩文獻，

〔註 2〕本書所引洪業《杜詩引得序》，係據上海古籍出版社 1983 年版《杜詩引得》縮印本，並參校了中華書局 1981 年版《洪業論學集》所收之《杜詩引得序》，特此說明，下不出注。

洪業介紹了劉辰翁《劉須溪批點杜詩》、「元分類本」、張性《杜律演義》、范梈《批選杜子美詩》。明代的杜詩文獻，《杜詩引得序》對邵寶《分類集注杜詩》、胡震亨《杜詩通》二書重點進行了介紹。清代的杜詩文獻，則重點對錢謙益《錢注杜詩》和朱鶴齡《杜工部詩集輯注》進行了評析。圍繞著錢、朱注杜公案發生的始末，洪業先生詳細考論，用力甚大，多所發明。洪業最後指出：「注杜之爭，乃錢朱二人之不幸，而杜集之幸也。」其慧眼卓識，可稱至論。除了錢注、朱注之外，《杜詩引得序》還按照時間順序，分別介紹了吳見思《杜詩論文》、張溍《讀書堂杜工部詩集注解》、盧元昌《杜詩闡》、張遠《杜詩會稡》、黃生《杜詩說》、仇兆鼇《杜詩詳注》、浦起龍《讀杜心解》、江浩然《杜詩集說》、楊倫《杜詩鏡銓》、許寶善《杜詩注釋》等清代重要杜詩注本。

可以看出，在歷代眾多杜集之中，洪業先生特重宋、清兩代之注本。在洪業之前，學界對歷代杜集的認識，主要是參考依據《四庫全書總目》之說。而《四庫全書總目》對列入禁燬書目的錢謙益《錢注杜詩》、朱鶴齡《杜工部詩集輯注》、金聖歎《杜詩解》等重要文獻未撰寫提要，即使對收錄、存目之清代杜詩注本亦多有貶抑之詞，這說明四庫館臣對清初杜詩學所取得的巨大成就顯然認識不足。〔註3〕而洪業《杜詩引得序》對清代重要杜詩注本的關注與評價，對進一步扭轉這些流行的偏見、還原杜詩學史的原貌，無疑起到了正本清源的作用。例如浦起龍的《讀杜心解》本是清代成就最高的杜詩注本之一，然而《四庫全書總目》對其批評較爲苛刻：

> 自昔注杜詩者，或分體、或編年。起龍是編，則於分體之中又各自編年，殊爲繁碎。如《江頭五詠》，以二首編入五言古詩，三首編入五言律詩，尤割裂失倫。其賦及雜文，舊本皆係卷末，起龍亦散附各詩之後。……自有別集以來，無此編次法也。其間考訂年月，印證時事，頗能正諸家之疏舛，而句下之注，漏略特甚。篇末之解，繳繞亦多。又詮釋之中，每參以評語，近於點論時文，彌爲雜糅，與所撰《史通通釋》評與注釋夾雜成文者，同一有乖體例。殆好學深思之士而不善用所長者歟？〔註4〕

〔註3〕參見孫微《〈四庫全書總目〉所體現的杜詩學》，《杜甫研究學刊》2003年第1期。
〔註4〕永瑢等《四庫全書總目・集部・別集類存目一》卷一七四，中華書局1965年，第1534頁。

對於《讀杜心解》「詩文混排」之初衷，浦起龍在《發凡》中曾解釋說：「集後有賦、贊、表、狀、策問、記述、說文、碑誌一卷，凡三十餘篇，或且不能悉舉其句矣。今按，諸篇於集中詩多有關會者，亦用附載酬唱詩例，分錄詩篇之後，各以類從。學者或反因參考詩義，逐一留覽，似爲兩得。此皆別立義例，世或不病余妄。」〔註5〕而四庫館臣「繁碎」、「割裂失倫」之評，雖也不無道理，但明顯未能理解浦起龍之苦心。另外《讀杜心解》「寓編年於分體之中」的編次方法也是一種傳統的杜集編纂法，並非浦起龍首創，像元代范梈《杜工部詩范德機批選》、明代許宗魯《杜工部詩》、清初黃生《杜詩說》、吳瞻泰《杜詩提要》等均採用此法編次，可以說在杜詩學史上不乏先例，並不罕見。四庫館臣「自有別集以來，無此編次法也」之評，完全不符合歷史事實，純屬少見多怪。除了對體例的過分指摘之外，四庫館臣雖也肯定浦注「考訂年月，印證時事，頗能正諸家之疏舛」，但在整篇提要中多爲貶損之詞，對《讀杜心解》在杜詩學史上的地位沒有給予公正的評價。而洪業《杜詩引得序》則曰：「起龍書中注解評論，與錢、朱、盧、仇輩立異之處甚多，雖未必處處的確可依，要是熟於考證者心得之作，未可嫌其編次體例之怪，而遽輕其書也。」和《四庫全書總目》之評相比，洪業對《讀杜心解》的評價，無疑要客觀公允得多。

（三）對歷代杜集僞注僞書及諸本間輾轉抄襲造假情況進行了集中清算

在《杜詩引得序》中，洪業先生最重視對歷代杜集中僞注和僞書的甄別清算。對「僞王注」、「僞蘇注」、僞託王十朋《王狀元集百家注編年杜陵詩史》、僞託虞集《杜律虞注》等書之僞託，均特別標出，予以痛斥。其實在《杜詩引得序》撰成之前，程千帆先生於 1936 年所著《杜詩僞書考》一文中已經對「僞蘇注」的來龍去脈進行了詳細梳理。然而程千帆之文主要是從歷代文獻記載的角度出發，揭示了僞蘇注之僞；而洪業先生《杜詩引得序》則從版本學的角度詳細分析了「僞蘇注」的誕妄。程、洪二先生所論可謂殊途同歸，二人共同爲近現代學界統一對「僞蘇注」的認識奠定了重要基礎。

除了對僞注和僞書的清算外，洪業先生還對杜集諸本之間的輾轉抄襲，下大力予以甄別。比如蔡夢弼《杜工部草堂詩箋》對師古注、馬永卿《嬾眞

〔註5〕浦起龍《讀杜心解・發凡》，中華書局 1961 年，第 11 頁。

子》等書的抄襲，洪業都予以特別揭出：

雖然，蔡氏著書，實亦以剽竊爲法也。觀其書中曰『案』、曰『考』、曰『夢弼謂』者甚多，似是考證之新得，實皆盜自他人。如「李邕求識面，王翰願卜鄰」二句下，既引舊注，後綴：夢弼謂唐李邕有才名，後進想慕求識其面，以至道途聚觀，傳其眉目有異。唐王翰文士也，杜華嘗與遊從，華母崔氏云：吾聞孟母三徙，吾今欲卜居，使汝與王翰爲鄰；蓋愛其才故也。甫以文章知名當世，士大夫皆想慕之，故以李邕王翰自比也。此全抄師古之注幾於一字不易也。又如所作《杜氏譜系》一文，既引《唐書杜甫傳》、元稹《墓誌》，後綴：夢弼今以《杜氏家譜》考之……東塾蔡夢弼因覽其《譜系》而爲之書。此除前後蔡氏署名而外，乃馬永卿《嬾眞子》之文也。公然盜竊，恬不知恥。初疑夢弼雖非名士，固亦好附庸風雅，何至其陋且愚如是。迨細閱俞成所爲《校正草堂詩箋跋》……乃知俞氏殆是代蔡氏捉刀之人。大略寒士寄食他人，糊吾口而奪吾功，於是陽頌其美，而陰播其醜。嗚呼，盜竊虛名，非爲福利，可不深戒哉！

又如清道光二十四年（1844）刊刻的范輦雲《歲寒堂讀杜》二十卷，乃抄襲清初張溍《讀書堂杜工部詩集注解》而成，只是張本總目錄置之書前，范本則分卷列目而已。注釋文字亦照錄張本，幾至一字不易。所不同者，只是較張本略有刪減。洪業《杜詩引得序》指出：

道光甲辰1844，嘉興范玉琨吾山刻其父輦雲楞阿之遺稿《歲寒堂讀杜》二十卷，此只是張溍之書而更刪去張氏所留許（自昌）本之原注，中間偶見數處微刪改張氏評語，未見其佳；嗚呼著書如此，而有子刻之，豈足以爲其父榮哉？

後來周采泉先生將范輦雲《歲寒堂讀杜》對張溍《讀書堂杜工部詩集注解》的抄襲和紀容舒《杜律詳解》對顧宸《辟疆園杜詩注解》的抄襲列爲清代杜詩學史上兩大剽竊案，其云：「紀容舒和范輦雲本人原想摘鈔兩書以自學、自賞，可能並無欺世盜名之心，可是兩位『哲嗣』，意欲顯親，把它當作其父著作，公之於世，騰笑士林，求榮反辱。」〔註6〕這些認識的得來，都與洪業先生在《杜詩引得序》中所作的努力密切相關。

〔註6〕周采泉《對於當前杜詩校注的管見》，《中國韻文學刊》1988年增刊第1輯。

（四）首次提出編纂杜詩集校集評本的構想

在回顧了整個杜詩版本學史之後，洪業先生不禁質疑道：「然杜集之編訂，豈已臻至善，而學者固可輟筆哉？」既然歷代杜集的編訂在校勘和注釋等方面均無完善之本，那麼當代杜詩學界能否在前人的基礎上更進一步呢？有感於此，洪業先生遂對現代杜集的整理提出了一個宏大設想。他指出，應該重新編纂一部杜詩集校集評本，這樣不僅能將歷代之注杜成果囊括一空，且能對歷代杜集校注中的訛誤進行糾謬補缺，若能編纂完成這樣一部杜集新注本，無疑將對杜甫研究的發展起到重要作用。其《杜詩引得序》曰：

> 今尚宜有《杜詩校注》一書。曰校者，當以今尚孤存之王琪原刻、而裴煜補刻之《杜工部集》爲底本，而以次校勘《九家注》本、僞王狀元本、《分門集注》本、宋版黃鶴《補注》本、宋版及黎刻《草堂詩箋》本、并及元版高崇蘭本，而標錄其異文焉；更遍輯唐宋總集、類書、詩話、筆記及別集注文中、所引載之杜詩細校焉，標其書名篇第，而注出其與底本之異同焉；再後亦可以錢本校之，錄異文而冠以『錢曰』，以示分別；校及錢本者，以清人引杜多從錢讀也。曰注者，當就宋人各注、及後來胡錢朱盧黃仇浦楊各注，采其精當者，各覆校原書，標明出處卷第焉……

洪業先生提出編纂《杜詩校注》的倡議和構想，爲現代杜詩學研究指明了新的方向。又過了三十餘年後，山東大學蕭滌非先生於 1978 年開始主持《杜甫全集校注》工作，可以說正是對洪業先生這一宏大構想的具體落實。《杜甫全集校注》正是以《宋本杜工部集》二十卷爲底本，並主要參校其他十四種杜集版本而成。這十四種版本中，除了洪業先生提到了六種之外，又將蔡夢弼《杜工部草堂詩箋》細分爲蔡甲本、蔡乙本、蔡丙本，還增加了清初錢遵王述古堂影宋鈔本《杜工部集》、宋闕名《門類增廣十注杜工部詩》、趙次公《新定杜工部詩近體詩先後並解》、南宋殘本《草堂先生杜工部詩集》、徐居仁編次《集千家注分類杜工部詩》、元范梈批選《杜工部詩千家注》等版本，因此從校注體例來看，《杜甫全集校注》無疑更加完備。如今人民文學出版社即將出版這一宏大書稿，洪業先生當年之學術構想已經接近實現。而當我們再次回顧這段學術發展史時，就不得不承認，作爲現代杜詩學的總設計師，洪業先生在《杜詩引得序》中首次提出編纂《杜詩校注》的倡議和構想，實乃後來蕭滌非先生《杜甫全集校注》計劃之孤明先發，其高瞻遠矚之戰略眼光著實令人欽佩。

二、洪業《杜詩引得序》之學術失誤情況總結

（一）對錢注所據吳若本的懷疑及《杜詩引得》採用底本之誤

吳若本《杜工部集》是宋代較早的杜集定本，保存了南宋初年杜集編纂的原始面貌。由於該本刻成後流傳不廣，在明代以前一直沒有得到什麼關注，直至清初錢謙益《錢注杜詩》方以之爲底本。《錢注杜詩．注杜略例》云：「杜集之傳於世者，惟吳若本最爲近古，他本不及也。題下及行間細字，諸本所謂公自注者多在焉，而別注亦錯出其間。余稍以意爲區別：其類於自者，用朱字；別注則用白字，從《本草》之例。若其字句異同，則一以吳本爲主，間用他本參伍焉。」〔註7〕然而對於《錢注杜詩》所據吳若本的眞僞問題，後人存在較大的爭議，洪業先生便是最早提出疑義者。他在《杜詩引得序》中對錢注所據吳若本的眞僞提出十點質疑，並最終認爲吳若本並不存在，實乃錢謙益僞造之本。所以洪業先生在選擇《杜詩引得》之底本時，便堅持採用郭知達《九家集注杜詩》，而未採用更早之宋本。其《杜詩引得序》曰：「初，友人或勸《杜詩引得》宜用錢氏本，業已疑錢氏本已久，卒不敢用；其用郭知達編《九家集注》本者，以王洙、王琪編訂之本既不可得，則南宋編訂之本而尚存者，當以郭本爲最早。且王洙編《杜詩》爲十八卷，郭本加注爲三十六卷，適得十八卷之一倍，疑其於詩篇之編次，當與二王本相差不遠也。」後來《宋本杜工部集》於1957年由商務印書館影印問世，張元濟在其書後之跋中將錢注本及其所附吳若《後記》與《宋本杜工部集》相較，以爲「若合符節，是必吳若刊本無疑義，吳記作於紹興三年六月，當即刻於是時，兩地雕版，異地同時。」並針對洪業《杜詩引得序》所持疑義駁論道：「近人之疑吳本爲烏有而深譏虞山之作僞者，觀此亦可冰釋。」當洪業先生得知張元濟影印《宋本杜工部集》中有吳若本的消息後，對該本進行了校考，遂改變了此前的看法，他在《我怎樣寫杜甫》中說：

> 高年劭德不忍明斥晚後，尤可感激。我於一九五九年在星洲賣得六冊，歸後取與錢注本細校，更以昔年所舉十疑，逐條比勘。結果：昔所疑，而今渙然冰釋者。〔註8〕

〔註7〕錢謙益《錢注杜詩》，上海古籍出版社1979年，第5頁。

〔註8〕洪業《我怎樣寫杜甫》，臺北學海出版社1979年，第42頁。

在晚年出版的《再說杜甫》中，洪業再次承認了自己懷疑吳若本爲錢氏僞造的錯誤：

> 我在《杜詩引得序》中，曾細論明末清初錢謙益箋注《杜詩》之經過。舉出十端可疑詰問其所獨用紹興三年（1133）建康府學所刻的吳若校注之本；恐怕或是錢氏所僞造。一九五七年十二月上海商務印書館影印發行《宋本杜工部集》六冊，帶有張元濟菊生先生長跋一文；考定其六冊爲合二種版本而成。一種爲南宋初年浙江覆刻嘉祐四年（1059）王琪增刻寶元二年（1039）王洙編訂原本。又一種則正是錢謙益所謂吳若校刻之本。我買得六冊，重複校考之後，不得不變更前此二十九年我的舊說。我錯誤了猜疑錢謙益僞造其吳若校本。實則錢氏於吳本輒有增削挪移而不說明，遂使我疑吳本不至如此而已。〔註 9〕

洪業先生雖然後來承認了吳若本的眞實性，但是並未來得及對《杜詩引得序》中提出的十條質疑逐一作出澄清，因此筆者曾結合《宋本杜工部集》的文本對洪業當年所質疑的十點問題及張元濟《宋本杜工部集跋》詳加辨析〔註 10〕。雖然洪業《杜詩引得序》中對吳若本及錢謙益的懷疑，多數沒有充足的依據，其判斷存在明顯的偏頗和失誤，然而其於質疑中舉出的大量例證有些仍體現了嚴謹的學風，其質疑對搞清吳若本的眞面目，起到了重要作用。正是通過對洪業錯誤認識的不斷駁正，學界才逐漸明晰了認識，統一了看法，因而洪業所論在認識吳若本和錢注關係的過程中起到了過渡作用，實屬功不可沒。然鄧紹基又云：「洪氏當年詆吳若本爲贋品，論說流於主觀武斷，不僅從整體上不足憑信，即使是局部論說，也不可盲從。」〔註 11〕所論未免有些過於苛刻。其實洪業先生的研究方法和所舉論據，仍値得引起相當重視，洪業先生所論對我們判斷《宋本杜工部集》是否眞爲吳若本也同樣具有重要的啓發意義。

另外，《杜詩引得》底本所據之《九家集注杜詩》，其版本也有問題，洪業先生在編纂《引得》時對此已有察覺：

〔註 9〕 洪業《再説杜甫》，《洪業論學集》，中華書局 1981 年，第 427～428 頁。

〔註 10〕 參見孫微、王新芳《吳若本〈杜工部集〉研究》，《圖書情報知識》2010 年第 3 期。

〔註 11〕 鄧紹基《關於錢箋吳若本杜集》，《江漢論壇》1982 年第 2 期。

《天祿琳琅書目》盛讚其本，《四庫全書》又稱道其書，而乾隆時聚珍印本、嘉慶時翻刻本皆今日所不易得，故並其注又翻印之，以爲學者便也。業於《杜詩》注本並未嘗從頭至尾細讀一遍，唯疾翻一過後，每本各選出數篇或數十篇，更以《引得》及《編次表》之便，就他本參校焉。自知所見僅得其略，不敢執爲定論也。但參校諸本數日之後，即又發見有甚不滿於《九家注》本者，則其中之二十五、二十六兩卷之注，皆贋品也。夫郭知達刻本成於淳熙八年（1181 年），其中自不能有二十餘年後蔡夢弼《草堂詩箋》之注；曾噩重刻本成於寶慶元年（1225 年），其本自不應載元初劉辰翁評杜之語；此殆曾版殘缺，後人乃依目錄就蔡本及高崇蘭本，取詩並注，補刻之耳。……而今業乃依樣葫蘆，又翻印之，雖二卷中之詩，仍是杜詩，其如不出於郭本何？此總是遺憾，不敢不舉以告讀者也。

洪業先生指出，《杜詩引得》所據郭知達《九家集注杜詩》的卷二十五、二十六是「贋品」，當是該本在流傳過程中出現了殘缺，後人遂用蔡夢弼本或高崇蘭本就目補刻而成。後來周采泉先生又將各本中的這二捲進行逐一核對，結果確認「其所補刻的詩與注，確爲高崇蘭本」，這與洪業先生的判斷也基本一致。因此作爲《杜詩引得》底本的《九家集注杜詩》，其中的卷二十五、二十六並非原宋本郭知達本原貌，洪業先生雖明知如此，卻因爲他更加懷疑錢注吳若本的眞實性，加之又未能親見「二王本」杜集，最終竟只能以一種版本情況複雜的羼和本作爲《杜詩引得》之底本，這不能說不是一個莫大的遺憾。

（二）誤以為郭知達《九家集注杜詩》未能將「偽蘇注」刊落殆盡

洪業在《杜詩引得序》中指出，郭知達《九家集注杜詩》刪除僞蘇注尚未淨盡：

郭知達知蘇注之當去，而所假手之二三士友，殆僅就十家注本而改編爾。故『坡云』之辭尚有刊落未盡者。嗚呼此猶葛龔之未去也。

「葛龔之未去」，乃是用典。葛龔乃東漢人，《後漢書・文苑傳上》曰：「葛龔，字符甫，梁國寧陵人也。和帝時，以善文記知名。性慷慨壯烈，勇力過人。」李賢注：「龔善爲文奏，或有請龔奏以干人者，龔爲作之，其人寫之，忘自載其名，因並寫龔名以進之。故時人爲之語曰：『作奏雖工，宜去葛龔。』事見

《笑林》。」〔註 12〕爲了說明《九家集注杜詩》之除惡未盡，洪業先生舉了兩個例子來證明：1、卷五《後出塞》其五：「坡云：詳味此詩，蓋祿山反時，其將有脫身歸國而祿山殺其妻子者。不出姓名，亦可恨也。」2、卷十九《至日遣興奉寄兩院遺補二首》其一：「坡云：《唐雜錄》謂宮中以女工揆日之長短，冬至後日晷漸長，此當日增一線之功。黃魯直云：此說爲是。」莫礪鋒已經指出，前一則並非「僞蘇注」，確實是蘇軾之語，見於《蘇軾文集》卷六七《雜書子美詩》，亦曾被胡仔《苕溪漁隱叢話》前集卷十二徵引，徑標作「東坡云」。後一則亦見於《苕溪漁隱叢話》前集卷十，然標作「山谷云」。此外，《分門集注杜工部詩》中尚有 14 條注文確實出於蘇軾之手，這些都是「眞蘇注」，而非「僞蘇注」。〔註 13〕郝潤華又從《九家集注杜詩》中找到 13 條蘇軾注，除了洪業舉出的兩條之外，其餘 11 條中，與莫礪鋒在《分門集注杜工部詩》中找到的蘇軾注有 5 條相重，剩餘的 6 條則與莫礪鋒在《分門集注杜工部詩》中找到的不同。〔註 14〕可見，《九家集注杜詩》中徵引的蘇軾注，多爲「眞蘇注」，並非僞注，可見洪業《杜詩引得序》中對郭知達除惡未盡、「葛龔未去」的指責是不確的。究其原因，是因爲洪業無暇將《九家集注杜詩》中所引蘇軾評語與《蘇軾文集》逐一對勘所致。

（三）對朱鶴齡《杜工部詩集輯注》的刊刻時間推斷有誤

清初朱鶴齡《杜工部詩集輯注》的最早刻本是康熙間葉永茹萬卷樓刻本，該本的具體刊刻時間，在其序跋中並沒有明顯標明。洪業《杜詩引得序》乃據卷首朱鶴齡《自識》中「今先生往矣」之言，確定該本作於錢謙益卒後（1644）；又據朱注中沈壽民《後序》，確認朱注必刻於錢謙益《錢注杜詩》之後（1667）。洪業先生以上這些判斷無疑都是正確的。然而洪業先生又進而指出，朱注卷末所附「杜詩補注」屢引顧炎武《日知錄》中「杜詩注」，而《日知錄》初刻八卷刻成於康熙十一年（1672），洪業遂據之推斷，朱注的成書當在《日知錄》初刻本之後。然此論不確，這是因爲顧炎武《日知錄》本身的成書也是有一個過程的。顧炎武的許多友人都曾在《日知錄》未刊前抄藉此書，竟達到「友人多欲抄寫，患不能給」（《初刻〈日知錄〉自序》）的地步，

〔註 12〕范曄《後漢書．文苑傳上》卷八十上，中華書局 1965 年，第 2617～2618 頁。

〔註 13〕莫礪鋒《杜詩「僞蘇注」研究》，《唐宋詩歌論集》，鳳凰出版社 2007 年，第 50～51 頁。

〔註 14〕郝潤華等《杜詩學與杜詩文獻》，巴蜀書社 2010 年，第 114～119 頁。

可見《日知錄》在刻印前炙手可熱的情況。朱鶴齡與顧炎武過從甚密，他亦曾於《日知錄》刊刻前閱讀過顧炎武的手稿。可見，不宜以《日知錄》的初刻時間來定朱注的刊刻時間。《日知錄》初刻本的刊刻時間只能用來作爲判斷朱注刻印時間的一個參照而已。也就是說，《杜工部詩集輯注》的刊刻，當不會晚於康熙十一年（1672）。然而在《四庫禁燬書叢刊》所收錄的《杜工部詩集輯注》前有朱鶴齡同里學人計東序文一篇，署曰康熙九年（1670）。這篇落款時間明確的序文說明，朱注原刻本的刻印時間，當距計東作序的時間不久，甚至極有可能是康熙九年。〔註 15〕可見洪業先生是由於對《日知錄》的刻印過程及顧炎武與朱鶴齡之間的交遊未暇深究，才導致他對朱注刻印時間的推斷出現了微小誤差。

（四）未能親見某些杜集版本，僅依據前人書目和藏書志進行論析

毋庸置疑，《杜詩引得序》體現了洪業先生深厚的杜詩版本學功底，序中大量判斷的得來，無不有著版本依據。然而傳世杜集版本頗爲複雜，洪業先生對某些杜集版本的判斷也未能盡善。除了上述那些失誤之外，由於某些杜集未能親見其版本，洪業先生有時僅能依據書目和藏書志進行論析，故而也出現了不少判斷失誤。如對「二王本」《杜工部集》的情況，洪業僅據潘祖蔭《滂喜齋藏書記》之著錄進行瞭解，其云：「惜夫其流傳於今者，僅有殘闕抄補之本，業又未能一見，無以知其詳也。」倘能親見「二王本」，相信洪業先生對宋本杜集的認識當更爲深入，對《杜詩引得》底本的選擇或許也將隨之發生變化。又如宋代杜集中有《十家集注杜詩》、《十家注杜詩》，洪業論曰：「《十家集注杜詩》，不知果有其書否，然今有宋刊殘本《門類增廣十注杜工部詩》六卷……『集注』二字之解，不確。然業未見原書，不能詳考。唯十注以上，既加以增廣，復冠以門類，竊疑在先原有數家之集注，後乃增廣爲十注，繼又分門而類編之，以便檢閱也。業此說若可用，則今尚可見之《九家注杜詩》疑乃從《十家注杜詩》刪削而成者也。」因不能親見《十家注》其書，洪業乃據瞿鏞《鐵琴銅劍樓藏書目錄》著錄之宋刊殘本《門類增廣十注杜工部詩》進行分析，所論雖也大致不差，但惜乎不能詳察。上述二書現均存於國家圖書館，《十家集注杜詩》書名作《門類增廣集注杜詩》。張忠綱

〔註 15〕其詳可參孫微《朱鶴齡〈杜工部詩集輯注〉成書時間考辨》，《圖書館雜誌》2007 年第 3 期。

先生經過細檢後指出，《門類增廣集注杜詩》與《門類增廣十注杜工部詩》宋刻殘本相應卷次在編纂、注釋體例、集注內容和注文先後次序上，除了有九處異文外，幾乎完全相同。〔註 16〕不管怎樣，洪業先生對杜詩版本的研究，無論見與未見，均能據實交待，毫無隱瞞，仍然表現出「無徵不信」的踏實學風。余英時先生指出：

> 洪、顧兩位先生恰好代表了「五四」以來中國史學發展的一個主流，即史料的整理工作。在這一方面，他們的業績都是非常輝煌的。以世俗的名聲而言，顧先生自然遠大於洪先生；《古史辨》三個字早已成爲中國知識文化界的口頭禪了。而以實際成就而論，則洪先生決不遜於顧先生。……凡是讀過洪先生論著的人都不能不敬服於他那種一絲不苟、言必有據的樸實學風。他的每一個論斷都和杜甫的詩句一樣，做到了所謂「無一字無來歷」的境地。〔註 17〕

若將其「無一字無來歷」之評移置於洪業先生的杜詩版本學研究之中，所論亦頗爲恰切。

應該指出的是，上世紀四十年代，現代杜詩學尚處於草創階段，洪業先生在《杜詩引得序》中所犯錯誤，亦屬難免。上述這些失誤，都是一門學科在初創時期不可避免的，並不足影響其偉大。學問之道，後出轉精，乃自然之規律。《杜詩引得序》中的論點和方法雖不無值得商榷之處，然其恰爲後來者彈射之鵠的，仍有益學界通過不斷辯駁而逐漸接近眞理。也正是因爲有了《杜詩引得序》作爲鋪墊，後之學者或在《杜詩引得序》的基礎上不斷深化開掘，或對其糾謬指瑕、去僞存眞，要亦未出《杜詩引得序》之大概範圍。故從這一層意義而言，洪業先生的《杜詩引得序》堪稱現代杜詩學史上一塊重要的里程碑，其有功學界、沾溉後人，眞可謂多矣。

第二節　杜甫古典詩話的終結：蔣瑞藻《續杜工部詩話》研究

中國歷代詩話中的杜甫崇拜，是古典詩歌批評史上的一種獨特的文學現象。從宋代開始，杜甫及其詩歌者就成爲衆多詩話討論的焦點。如宋人胡仔

〔註 16〕張忠綱等《杜集敘錄》，齊魯書社 2008 年，第 80 頁。
〔註 17〕余英時《文史傳統與文化重建》，三聯書店 2004 年，第 402～404 頁。

《苕溪漁隱叢話》共一百卷，其中論杜的就有十三卷。而專門論及杜甫的詩話，現存的僅有六種：方深道《諸家老杜詩評》五卷、蔡夢弼《杜工部草堂詩話》二卷、翁方綱輯《漁洋杜詩話》一卷、劉鳳誥《杜工部詩話》五卷、潘德輿《養一齋李杜詩話》三卷、蔣瑞藻《續杜工部詩話》二卷。其中蔣瑞藻《續杜工部詩話》出現最晚，可稱爲杜甫古典詩話之殿軍。該本流傳頗罕，只見於《古今文藝叢書》第四集，上海廣益書局 1915 年排印本。直至 2002 年，張忠綱先生將其整理校點，收錄於齊魯書社出版的《杜甫詩話六種校注》一書之中，方廣其傳。然學界對該本的研究甚少，故極有必要對其特色與成績進行考察。

一、蔣瑞藻生平及其著述簡介

蔣瑞藻（1891～1929），字孟潔，別號花朝生，又號羼提居士，浙江諸暨紫西鄉黃稼埠村人。幼年穎悟過人，其父蔣寶生曾爲塾師，授以古文詩詞等，皆能朗朗上口。九歲喪父，乃就讀於村塾。不及二年，塾師以爲蔣瑞藻的知識已遠遠超過當時村塾的課程範圍，勸其停學，遂居家自學。幾年後，入店口鎮保福寺所辦之民成學堂，僅半年即肄業。於家中訂閱了大量報刊，刻苦自學。從二十歲起，蔣瑞藻開始在上海《神州日報》等報刊上發表了大量文章。1914 年，何藻安、胡寄塵編《古今文藝叢書》亦曾輯錄其不少文章。蔣瑞藻因此結識了諸暨同鄉、當時的文化界名人蔣智由（蔣觀雲）。在其推薦下，蔣瑞藻先後在上海澄衷學堂和杭州女子中學任國文教員。1928 年，杭州之江大學聘其爲中文系教授，因病重未能赴任，旋死於肺結核，年僅三十九歲。

蔣瑞藻成名較早，從二十一歲（1911 年）開始，其《小說考證》的若干內容就陸續發表於《東方雜誌》，1915 年由商務印書館印行全書，後又增輯《附錄》一卷，《續編》五卷及《拾遺》一卷，1919 年商務印書館以合訂本印行。《小說考證》集錄我國元代以來小說、戲曲作者事蹟、作品源流及前人評論等資料，搜羅豐富，頗爲學術界重視。魯迅在《〈小說舊聞鈔〉序言》中說：「昔嘗治理小說，於其史實，有所鉤稽。時蔣氏瑞藻《小說考證》已版行，取以檢尋，頗獲稗助。」〔註 18〕在蔣氏徵引的小說文獻中，竟有博聞如魯迅所不曾見到者，後之治小說史者，亦均不得不徑引蔣氏徵引之文。這

〔註 18〕魯迅《小說舊聞鈔》，齊魯書社 1997 年，第 1 頁。

些稿本秘籍的引錄，除了得益於蔣氏個人的廣事搜求、努力鈎稽之外，還與其岳丈何乃普之傾力助益有關。何乃普是紹興濱渚朱家塢富甲一方的工商地主，家中藏書甚富。由於欣賞刻苦好學的蔣瑞藻，便主動託人說媒，將女兒何奇齡嫁予蔣瑞藻，並約定只要「快婿」開列書單，無論正書閒書，不吝千金，請人去四處高價搜購，何氏後竟爲購書而致家道中落。明乎此等淵源，或可對瞭解蔣氏之著述背景有所裨益。蔣瑞藻還纂有《新古文辭類纂》六十卷、《小說枝談》二卷、輯《越縵堂詩話》三卷、《神州異產志》（與胡懷琛合著）等。其《花朝生文稿》、《花朝生筆記》、《羼提齋叢話》等未及梓行，毀於戰火。生平事蹟見其子蔣逸人《蔣瑞藻生平述略》（《小說考證》附錄）以及蔣逸人、蔣如洋《蔣瑞藻生平及其著述》（《浙江學刊》1984年第5期）、周采泉《蔣瑞藻的事蹟和貢獻》（《文獻》1986年第1期）、王克仁《蔣瑞藻其人其事》（《紹興師專學報》1986年第3期《紀念魯迅逝世五十週年專號》）。

二、《續杜工部詩話》對前代杜甫詩話的輾轉承襲

蔣瑞藻《續杜工部詩話》共分上下兩卷，纂錄了自宋以來諸家評論杜詩之語共計 124 條，輯成於民國三年（1914），蔣瑞藻時年二十四歲，後收入《古今文藝叢書》第四集，1915年由上海廣益書局排印出版，不見另有別本印行。《續杜工部詩話》一書搜羅頗廣，然多不注明出處，細核後可以發現，其中絕大部分條目係轉抄自前人詩話，僅有少量條目是蔣氏之論。之所以出現這種情形，與蔣瑞藻的編纂思想有著莫大關係，蔣氏於《續杜工部詩話序》中云：

> 古今說杜詩者眾矣，而勒爲專書者不少概見。宋方醇道始輯《老杜詩評》，蔡夢弼集《草堂詩話》，清初澤州陳午亭復撰爲《讀杜律話》。方、蔡之書今既難得，澤州書亦鮮單行，且限於律體，不及他作，律亦只論七言，不及五言，則亦未爲完美也。萍鄉劉金門鳳誥《存悔齋集》有《工部詩話》五卷，余嘗見之，其所評騭，大抵精當，舉自來影響傅會之習一掃而空，不可謂無功於少陵，所惜者全書只百五十二條，殊令人有簡略之憾爾。余好讀杜詩，居嘗纂錄自宋以來諸家評論，爲之汰其繁瑣，擷其精要，手自寫爲一帙，一得之愚有可節取者，間亦附入，都上、下二卷，萬六、七千言，即名曰《續杜工部詩話》，刊而布之。是編也，補金門之未備，供學者之

參徵，自問有一日之長，特不知視方、蔡二家之作果何如也？

通過此序可知，蔣瑞藻並非有意成一家之言，而是有慨於古今杜甫詩話專書之少，又憾於陳廷敬《讀杜律話》（應作《杜律詩話》）之不全、劉鳳誥《杜工部詩話》之簡略，乃「纂錄自宋以來諸家評論，爲之汰其繁瑣，擷其精要」，重新纂錄，以成此書。又胡懷琛《〈續杜工部詩話〉序》云：「蔣子瑞藻孟潔，能詩文，富藏書，於詩學杜，嘗輯《續杜工部詩話》，補萍鄉劉氏所未備也。余謂更有過之：劉輯多考訂，蔣輯多議論，尤能闡杜詩格律之微。」胡氏指出，蔣氏編纂的《續杜工部詩話》偏重於議論，而劉鳳誥《杜工部詩話》則偏重於考訂，故《續杜工部詩話》「尤能闡杜詩格律之微」。而從詩話分類學的角度來看，蔣瑞藻《續杜工部詩話》無疑屬於「他輯詩話」，而非「自撰詩話」〔註 19〕。

具體而言，蔣瑞藻《續杜工部詩話》抄自黃徹《䂬溪詩話》10 條，范晞文《對床夜語》19 條，洪邁《容齋隨筆》11 條，王楙《野客叢書》6 條，朱翌《猗覺僚雜記》20 條，陸游《老學庵筆記》1 條，陸遊《入蜀記》2 條（其中 1 條與《野客叢書》合爲一條），文瑩《玉壺清話》1 條，王觀國《學林》1 條，王若虛《滹南詩話》1 條，姚寬《西溪叢語》1 條，葛立方《韻語陽秋》1 條，《後山詩話》1 條，方回《桐江續集》1 條，《瀛奎律髓》1 條，李東陽《麓堂詩話》2 條，郎瑛《七修類稿》1 條，李日華《六研齋二筆》1 條，李日華《恬致堂詩話》1 條，瞿祐《歸田詩話》2 條，楊愼《升菴詩話》2 條，王士禛《池北偶談》4 條，《帶經堂詩話》2 條，朱彝尊《靜志居詩話》1 條，陳廷敬《杜律詩話》1 條，仇兆鼇《杜詩詳注》1 條，葉燮《原詩》1 條，吳文溥《南野堂筆記》1 條，翁方綱《石洲詩話》1 條（與《後村詩話》合爲一條），沈德潛《說詩晬語》4 條，梁章鉅《浪跡叢談》12 條，洪亮吉《北江詩話》1 條。

由上統計數字可見，蔣瑞藻《續杜工部詩話》取材較爲豐富，徵引文獻達三十餘種。其纂輯之文獻來源以宋代詩話爲主，以元明清詩話爲輔。而在對宋代詩話的徵引中，又以《猗覺寮雜記》、《對床夜語》、《䂬溪詩話》、《容齋隨筆》數量最多。對清代詩話的徵引，則以王士禛《池北偶談》、《帶經堂詩話》、梁章鉅《浪跡叢談》數量最多。應該指出的是，蔣瑞藻《續杜工部詩話》

〔註 19〕關於詩話編撰形式的分類，可參蔡鎮楚《石竹山房詩話論稿》，湖南文藝出版社 1995 年，第 494 頁。

中有些條目並不是直接徵引前代文獻，而是輾轉襲自他書。如書中所引陳廷敬《杜律詩話》五條，僅有一條是直接徵引，其餘四條則是抄自梁章鉅《浪跡叢談》。因此，蔣瑞藻《續杜工部詩話》中出現的文字訛誤，有許多是由於在輾轉抄襲中沿襲前人之誤所致。例如卷下第62條：

> 《漢書》：「大兒孔文舉，小兒楊德祖。」《最能行》云：「小兒學問止《論語》，大兒結束隨商旅。」《徐卿二子歌》：「大兒九齡色清徹，秋水爲神玉爲骨；小兒五歲氣食牛，滿堂賓客皆回頭。」《劉少府畫山水歌》：「大兒聰明到，能添老樹顛崖裏；小兒心孔開，貌得山僧及童子。」本漢語也。

此條乃抄自范晞文《對床夜語》卷三。「大兒孔文舉，小兒楊德祖」，語本見於《後漢書．禰衡傳》，而《對床夜語》則誤作《漢書》，蔣瑞藻《續杜工部詩話》亦未能辨正，遂沿《對床夜語》之誤。除此之外，《續杜工部詩話》中還有許多文字訛誤，是由於蔣氏輯錄時的粗疏所致。這些訛誤嚴重地制約了該書的學術水準，殊爲遺憾。所幸的是，張忠綱先生在整理該書時，對其文字訛誤一一進行了細緻的校核與訂正，讀者尋繹自知，此不贅言。

三、蔣瑞藻《續杜工部詩話》的成績與特色

蔣瑞藻在《續杜工部詩話序》中說，除了纂錄宋以來注家杜詩評論之外，「一得之愚有可節取者，間亦附入」。那麼《續杜工部詩話》中體現蔣氏「一得之見」的條目又有哪些呢？檢蔣氏全書，除了徵引宋元明清諸家詩話的那些條目之外，僅有8條未見於其他文獻，當即蔣氏所謂「一得之愚有可節取者」。在蔣瑞藻自撰的這 8 條詩話中，大多屬於對杜詩語詞出處之鈎稽與討論，可謂卑之無甚高論。如卷下第64條云：「『火旗還錦纜』，疑即今船頭上所豎百腳旗，四邊作火焰紋也，二字他詩未見用過。」張忠綱先生指出：「此語未確。李紳《早發》詩即云：『火旗似辨吳門戍，水驛遙迷楚塞城。』見《全唐詩》卷四百八十。」〔註20〕不過在《續杜工部詩話》其他幾條自撰詩話中，尚能披沙揀金。如蔣瑞藻認爲「杜律之細」乃是指「屬對之工」，倒算是創見：

> 古來詩材之富，無若老杜；詩律之細，亦無若老杜。律細，屢於屬對之工見之：「風蝶勤依槳，春鷗懶避船。」「煙花山際重，舟

〔註20〕張忠綱《杜甫詩話六種校注》，齊魯書社2002年，第393頁。

楫浪前輕。」對以板爲工也；「沈牛答雲雨，如馬戒舟航。」「竹葉於人既無分，菊花從此不須開。」對以活爲工也；「側塞被徑花，飄颻委墀柳。」「卑枝低結子，接葉暗巢鶯。」以疊韻相對爲工也；「羈棲愁裏見，二十四回明。」「白狗黄牛峽，朝雲暮雨祠。」以沓字自對爲工也；「西嶺紆村北，南江繞舍東。」以四方合兩句對爲工也；「遙拱北辰纏寇盜，欲傾東海洗乾坤。邊塞西蕃最充斥，衣冠南渡多崩奔。」以四方分四句對爲工也；「暖客貂鼠裘，悲管逐清瑟。勸客駝蹄羹，霜橙壓香橘。」以隔句對爲工也；「神女峰娟妙，昭君宅有無。曲留明怨惜，夢盡失歡娛。」以下句對申上句爲工也。老耽詩律細，非即孔子之「從心所欲不逾矩」乎？

其實對於「詩律細」的問題，清人曾經進行了廣泛深入的探討。例如清初李因篤提出：「少陵自詡『晚節漸於詩律細』，曷言乎細？凡五七言近體，唐賢落韻，共一紐者不連用，夫人而然。至於一、三、五、七句，用仄字上、去、入三聲，少陵必隔別用之，莫有迭出者，他人不爾也。」〔註 21〕陳廷敬又將「詩律細」理解爲章法間的呼應，其《杜律詩話》卷下評《諸將五首》云：

合而觀之，一、漢朝陵墓；二、韓公三城；三、洛陽宮殿；四、扶桑銅柱；五、錦江春色：皆以地名起。分而觀之，一、二作對：一責代宗時吐蕃亂諸將，一責肅宗初祿山亂諸將。其事對，其詩章、句法亦相似。三、四作對：一舉內地割，責以宰相臨邊之將，徒煩輸輓；一舉遠人畔，責以藩鎮兼相之將，不能鎮撫。其事對，其詩章法、句法亦相似。末則另爲一體。杜詩無論其他，以此類言，亦可想當日爐錘之苦，所謂「晚節漸於詩律細」也。〔註 22〕

乾隆朝的周春則另闢蹊徑，從雙聲疊韻的角度解釋「杜律細」的問題，如《秋興八首》其七「波漂菰米沈雲黑，露冷蓮房墜粉紅」句，周春指出：「『米』字與『波漂』隔一字通用重唇音，『蓮』字與『露冷』同母，『沈』、『墜』同母，『房』、『粉』通用輕唇音，『雲』、『黑』、『紅』，三字廣通喉音，詩律之細如此。」〔註 23〕可見，在對杜甫「詩律細」問題的探討中，清人分別從

〔註 21〕朱彝尊《曝書亭集》卷三十三《寄查德尹編修書》，清文淵閣四庫全書本。
〔註 22〕陳廷敬《午亭文編》卷五十，清康熙四十七年（1708）刻本。
〔註 23〕周春《杜詩雙聲疊韻譜括略》卷六，《叢書集成初編》本，商務印書館 1936 年，第 161 頁。

聲調、章法、音韻等方面進行了細緻的分析，對杜詩律法的研究取得了很多進展。而蔣瑞藻又從對仗的角度重新申論，頗可補前人之缺。此外，卷下第63條曰：

> 趙次公注杜詩，以箋釋文句爲事，其注《麗人行》「蹙金」二字下云：「蹙金實事，唐人常語，故杜牧自謂其詩『蹙金結繡，而無痕跡』。」按《唐摭言》：有趙牧者，「大中、咸通中，學李長吉爲短歌，可謂蹙金結繡，而無痕跡。」所謂杜牧語，蓋趙之訛，錢虞山箋杜詩，亦未改正。

蔣瑞藻指出，趙次公注「蹙金」時所謂「杜牧」云者，實應爲「趙牧」，事見《唐摭言》卷十《海敘不遇》條〔註 24〕。而錢謙益《錢注杜詩》卷一注「蹙金」時完全轉引趙注，亦未將這一訛誤改正。今檢仇兆鼇《杜詩詳注》卷二，亦轉引趙注，仍作「杜牧」云云。可見舊注對趙次公注這一文字訛誤一直未能察覺，遂致沿誤至今。而蔣瑞藻對《唐摭言》親自驗核後，指出趙注、錢注之誤，殊堪訂正舊注之訛。不過可惜的是，此類考證成果在《續杜工部詩話》中只是吉光片羽，著實令人喟歎與惋惜。

四、蔣瑞藻《續杜工部詩話》的評價

在中國古典詩話中，一直普遍存在著陳陳相因、輾轉抄襲的現象。不過許多前代散佚之文獻，有時賴後來者的重新輯錄與轉引而得以最終傳世。因此，眾多「他輯詩話」亦自有其保存與傳播文獻之價值。明乎此種淵源，是我們認識和理解蔣瑞藻《續杜工部詩話》纂輯意義之前提。然而《續杜工部詩話》纂輯的三十餘種文獻資料中，大多是常見文獻，時至今日，其中沒有任何一種有失墜之虞。則蔣氏保存文獻之功，實亦無從談起。因此和其《小說考證》的文獻價值相比，《續杜工部詩話》在文獻方面取得的成績是頗爲遜色的。對前代詩話的大量抄襲，竟然成了《續杜工部詩話》最大特色；時人不能察其書之粗劣，竟目其爲年青的學問家，這些情況無疑都表明民國杜詩學的衰落狀況。不過蔣氏《續杜工部詩話》一書之對於治杜詩學史者，仍有一定的認識意義。這是因爲辛亥革命以後，隨著西學東漸，學者的現代學術意識不斷增強，思維方式、思想觀念與研究方法都發生了巨大改變。民國初年的杜甫研究，已經開始出現了明顯的裂變跡象。如 1921 年，胡適的《白

〔註 24〕王定保《唐摭言》卷十，中華書局 1959 年，第 109 頁。

話文學史》從「白話詩」、「平民文學」的視角解析杜詩；1922 年，梁啓超則發表了《情聖杜甫》的演講，體現了新文化思潮對杜詩闡釋的時代影響。這些都表明杜甫研究已經開始向現代學術轉型。而蔣瑞藻當時只是一個三十多歲的青年，身處此等急劇變化的時代潮流中，他雖在政治上亦能擁護革命，於鄉里帶頭剪辮，並宣傳孫江東之《罪辮文》，但於學術上卻仍固守於舊學之營壘，抱殘守缺、固步自封，表現出對舊學之深深眷戀。他在《新古文辭類纂自序》中說：「海通而還，士不說學，束六經於高閣，覆三傳於醬瓿……莘莘學子，殆已不復識字。或又創爲革命之說，鄙里之體，以相號召；新學少年，攘臂躡足，群起而和之。嗟乎！長此以逞，吾又安知其所終極哉！」可見其思想是頗爲戀舊與保守的。故而其試圖通過對舊詩話的重新爬梳纂輯，以彌補杜甫專論詩話不足的努力，也正是在這種思想指導下的產物。然而限於個人學識之不足、治學理念與方法之陳舊、文獻校勘基礎之粗疏，蔣瑞藻《續杜工部詩話》雖對後人重新關注宋代詩話提供了一定的方便，但終究難逃屋上架屋、拾人牙慧之譏。作爲杜甫專門詩話的最後一次展示，《續杜工部詩話》並未取得值得稱道的成績，相反，這種炒冷飯式的文獻纂輯方式，已讓人看出舊學的蒼白與乏力，同時也表明古典杜甫詩話體式至此已經正式終結，此後再也沒有出現過同類的纂著也恰好說明了這一點。「青山遮不住，畢竟東流去」，杜詩學已經開始不可避免地向現代學術轉型，這是不以任何人的意志爲轉移的。也正是從這個層面上，蔣瑞藻及其《續杜工部詩話》對我們瞭解杜詩文獻學遞嬗之前後脈絡，仍具有一定的認識意義。

第三節　建國以來杜詩學文獻目錄研究述評

杜甫是中國最偉大的詩人之一，歷代出現的杜詩學文獻著述可謂汗牛充棟，蔚爲大觀。建國以來，學術界開始展開對杜詩學文獻目錄的整理編訂工作，並取得許多成果，其中尤以成都杜甫草堂編《成都杜甫草堂所藏杜詩書目》、鄭慶篤等《杜集書目提要》、周采泉《杜集書錄》成果最爲突出。不過這些杜詩學文獻目錄的編訂也出現了許多失誤和不足，這爲此後的杜詩學文獻目錄的編纂提供了寶貴的經驗教訓。本節便擬對建國以來杜詩學文獻目錄的編纂歷程及其得失進行歸納和總結，以期就正於方家。

一、建國初期杜詩學文獻目錄的初步編訂

1954 年，北京圖書館參考研究組編的《北京圖書館館藏杜甫詩集書目》（北京圖書館 1954 年油印本），是國內較早編訂的杜詩學文獻目錄，該目收杜甫詩集 81 種，92 部，有關圖書 2 種 2 部。1956 年，浙江省圖書館油印了《浙江圖書館館藏杜詩書目》，收杜詩 65 種，96 部，每書均有簡要解題。同年，成都杜甫草堂也油印了《成都杜甫草堂所藏杜詩書目》，此目於 1958 年 12 月重編，1959 年又在此基礎上纂成《增補目錄》。該目共收成都杜甫草堂所藏杜詩學文獻 163 種，470 部，3800 餘冊。現存杜詩學文獻的概貌，已約略可見。1958 年，陳炳良在香港《文學世界》雜誌春季號發表《杜詩書目彙編稿》一文〔註 25〕，收錄了自唐至清有關杜詩之書共 148 種。1962 年《文學評論》第四期發表了萬曼《杜集敘錄》一文〔註 26〕。此後，中華書局於 1963 年出版的《杜甫研究論文集（三輯）》中收錄了馬同儼、姜炳炘二人編纂的《杜詩版本目錄》。此目相對較爲簡略，所著錄的亦都是見存文獻，可和其他書目互相補充。1965 年，香港葉綺蓮所作碩士論文《杜詩學》下篇爲「杜集書錄」，以編年方式排列了由唐至清末之杜集。該目的編纂，參考了《臺北國立中央圖書館善本書目》、《北京圖書館善本書目》、《京都大學文學部漢籍分類目錄》、馬同儼、姜炳炘《杜詩版本目錄》以及香港大學所藏杜集等。〔註 27〕1967 年 1 月，臺灣大學研究所的梁一成又編纂了《杜工部關係書目》，並由其父梁容若校訂完成。〔註 28〕該目共收書 316 種（包括歐美日本的相關著述），均爲見存文獻。據該目《例言》稱，此目錄參考了草堂所編書目。1970 年，臺灣《書目季刊》夏、秋、冬季號連續刊載了葉綺蓮《杜工部集關係書存佚考》（上、中、下）長文，當即其碩士論文之「下篇」，對許多杜詩學文獻的存佚情況進行了詳細考辨。〔註 29〕1977 年，臺灣《中華文化復興月刊》第 4 期刊載了陳

〔註 25〕陳炳良此目筆者未見，所論參見陳少芳《一九四九年以後香港杜甫研究概況》，載《杜甫研究學刊》1999 年第 2 期。據陳文，作者「陳炳良」，或作「陳煒良」。

〔註 26〕萬曼此文收入中華書局 1963 年版《杜甫研究論文集》（三輯），後收入 1980 年中華書局出版的《唐集敘錄》。

〔註 27〕葉綺蓮此目筆者未見，所論參見陳少芳《一九四九年以後香港杜甫研究概況》，載《杜甫研究學刊》1999 年第 2 期。

〔註 28〕1978 年 7 月《書和人》雜誌又發表梁一成編《杜工部詩集與年譜書目》一文。

〔註 29〕此前《書目季刊》1969 年秋季號曾刊載葉綺蓮《杜工部集源流》一文，當即其碩士論文之「上篇」。

香《杜詩研究書目的梳理與提要》一文。

二、上世紀八十年代杜詩學文獻目錄的編訂

成都杜甫紀念館於 1981 年至 1984 年，連續七期在《草堂》雜誌上刊載《杜甫紀念館館藏杜集目錄》。編者在目錄後稱，此目收錄文獻的下限是 1962 年，因之此目較 1959 年的《增補目錄》更爲詳備。1998 年 12 月，四川文藝出版社出版的丁浩《書海拾貝——杜甫草堂館藏精品版本卷》(《杜甫草堂歷史文化叢書》之一）一書中全文收錄了《杜甫紀念館館藏杜集目錄》，與《草堂》刊載的《杜集目錄》完全相同。此外，國內各大圖書館及個別學者也曾自行編纂過一些杜集文獻目錄。如《南京圖書館館藏李白杜甫詩文集及研究兩家的著作善本臨時書目》、《西南圖書館館藏杜甫詩集目錄》、賀昌群《收藏杜詩書目》等。值得注意的是，港臺學者對杜詩學文獻梳理工作用力較大；而杜甫草堂紀念館編纂的杜集目錄，在諸家書目中較爲完備。這都爲此後的杜詩學文獻的整理研究奠定了相當堅實的基礎。

1986 年，兩部杜詩學文獻目錄的專著幾乎同時出版問世，標誌著杜詩學文獻目錄學研究達到了新的高度。這兩部專著即鄭慶篤、焦裕銀、張忠綱、馮建國四人合著的《杜集書目提要》(齊魯書社 1986 年 9 月版）和周采泉《杜集書錄》(上海古籍出版社 1986 年 12 月版)。《杜集書目提要》和《杜集書錄》是二十世紀收集、整理杜集書目方面最爲權威的兩部著作，屢爲學界稱道和徵引，代表著這一時期杜詩學文獻目錄研究的最高水平。《杜集書目提要》的著者從 1978 年開始遍訪各地收藏的杜詩學文獻，歷經八載方最終完稿。其中「知見書目」收書 355 種，不同版本 446 種。「著錄存目」部分共列已佚或存佚不明文獻 221 種，「集杜書目」收錄文獻 28 種，「戲曲電影」收錄 12 種，「外文譯著」，介紹日、英、德、意、俄、匈牙利、越南等外文譯著 42 種。提要內容，先簡介著者生平、著述，其次撮述該書內容、體例、特點、成書過程、版式及刊刻流傳情況等。該書著者對一些杜學著作之間的傳承關係多有辨析，對前人著錄有誤的一些杜集的版刻時間也都注意加以辯正，體現了著者的功力和識見。著名杜甫研究專家陳貽焮先生指出：該書著者博覽群書，廣爲搜求，對所見到的每一版本都進行了深入研究，諸如版本的刻印流傳、不同版本的比較、評注的短長得失、抄襲作僞之情等等，或尋流溯源，或抉幽闡微，或辨誤糾謬，或詳加評騭，無不言之有據、論斷精當。尤其對一些重

要的評注本，不但詳介版本情況，還簡要地評價了其學術價值以及在杜詩學史上的地位和影響。所有這些，對學人全面掌握杜甫研究概況，或挑選有關參考資料，都是很有幫助的。〔註30〕《杜集書錄》的著者周采泉以一己之力，積數十年之功撰成《杜集書錄》一書，初步彙集和總結了歷代杜詩學文獻的概況，是一部較爲精審全面的杜集工具書。論者指出，此書的學術價值主要體現在兩個方面：一、網羅文獻，鉅細畢收。作者根據自己的見聞，不論書之存亡，悉加搜輯。特別是一些稿本、名家批點本、善本秘籍等世人罕見者還酌錄原文，以備考索、研究。二、考訂詳贍，評論要賅。書中所加大量按語，均非泛論和拾人唾餘者，皆自出機杼，確有見地。〔註31〕

三、《杜集書目提要》和《杜集書錄》的失誤和不足之處

如今距離《杜集書目提要》和《杜集書錄》的出版已經過去了27年，隨著學術研究的不斷深入和發展，上述杜詩學文獻書目也日益暴露出許多錯誤和不足之處，亟需完善和修訂。具體來說，主要有以下幾個方面的問題。

（一）收錄杜詩學文獻尚不全面

由於《杜集書目提要》和《杜集書錄》兩書幾乎同時問世，各自獨立成書，沒有能夠相互補益借鑒，體例和風格也存在較大的差異，因此二書所收杜詩學文獻數字不一，互有異同，其中每一種書目都不能囊括杜詩學文獻的總體情況。但由於二書具有很強的互補性，若能在原書的基礎上重新梳理纂訂，取長補短，則單從收錄文獻的數字而言，即可更加接近杜詩學文獻的實際狀況。另外，除了二書所收之外，未被收錄的杜詩學文獻尚多。在我們長期的搜檢過程中，就不斷發現上述書目均未予收錄的大量杜詩學文獻，數目已不下幾十種。如《樗叟詩杜拾遺》、李延大《李杜詩意》、劉格《淑少陵初言》、汪樞《愛吟軒注杜工部集》〔註32〕、杜濬《杜陵七歌》、閔麟嗣《閔賓連集杜》、方邁《和杜哀吟》、鄭光時《杜詩心解》、史紀事《摘杜詩襯》、王鄰德《睡美樓杜律五言》、戴炳驄《璞廬杜詩選》等。當代學者對此也續有發現，如蔣寅《清詩話考》中，就著錄了酸尼瓜爾嘉·額爾登萼《一草堂說詩》、

〔註30〕陳貽焮《〈杜集書目提要〉評介》，《文學評論》1987年第6期。
〔註31〕杜曉勤《隋唐五代文學研究》，北京出版社2001年，第957頁。
〔註32〕《杜集書目提要》第269頁只是著錄了汪樞《杜工部集》二十卷，然著者未見原書。

鄭同甸《評杜詩》等〔註 33〕。這些被遺漏、忽略的杜詩學文獻還需要我們進一步搜採。而將這些陸續發現的杜詩學著作補輯入文獻目錄中去，也成爲必不可少的工作。也就是說，目前學界還缺乏一個相對完整、令人完全滿意的杜詩學文獻書目，故極有必要全面整理研究這些存佚的杜詩學文獻的總體狀況，按照時代先後整理出一個相對完備的書目，做到摸清家底，爲進一步研究杜詩學演進、發展的歷史過程，提供一個可資借鑒的文獻基礎。

（二）《杜集書目提要》和《杜集書錄》中著錄的杜詩學文獻，或多或少的都存在一些失誤，因而需要進行更為細緻的甄別、考訂和整理

歸納起來，存在的訛誤主要有以下幾類：

1、重收、誤收。《杜集書目提要》中收錄的杜詩注本有重複收錄的現象，如該書《知見書目》部分有龔書宸評注《賞音閣杜詩問津》，《著錄存目》部分又予收錄，書名作《杜詩問津》。又如《著錄存目》中所著錄的《杜詩蕞評》，稱「見張鑒《冬青館乙集 · 杜詩蕞評序》」，此書實即《知見書目》所著錄的劉濬《杜詩集評》。張鑒《杜詩蕞評序》與《杜詩集評》之陳鴻壽序，文字稍有出入，則《杜詩蕞評》當爲《杜詩集評》之別名。《杜集書目提要》中還有將宋人著作誤爲明人者，如《著錄存目》中所著錄的闕名撰《杜詩發微》，實即宋杜旃撰《杜詩發微》，一作《杜詩發揮》；又闕名撰《杜詩節齋解》，實即宋侯仲震撰《侯氏少陵詩注》。侯仲震，字伯修，號節齋。宋眉山（今屬四川）人。紹熙元年（1190）進士。官至綿州太守。魏了翁特爲作《侯氏少陵詩注序》。晁瑮《寶文堂書目》著錄爲《侯節齋杜詩解》。又有將明人著作誤爲清人的情況，例如鄭日強《杜詩注》、賴進德《李杜詩解》、陳懋仁《李杜志林》等。《杜集書錄》亦存在重收、誤收現象。如清乾隆間沈寅、朱崑補輯《杜詩直解》，《杜集書錄》即誤爲明人著作。《集杜詩鈔》的著者齊圖南，誤署爲其兄「齊召南」等等〔註 34〕。

2、書名之誤。《杜集書錄》中著錄書名失誤之處較多，如將明代吳思齊《跋杜詩集》，誤作《杜詩跋》；劉逵《唐詩類選》，誤爲《杜詩類選》；清代傅山《杜遇餘論》，誤作《杜還餘論》；楊天培《西岩集杜稿》，誤作《集杜詩》；

〔註 33〕蔣寅《清詩話考》，中華書局 2005 年，第 98、132 頁。

〔註 34〕齊召南亦有集杜之作，名爲《集杜詩》而非《集杜詩鈔》。

和瑛《杜律》，誤作《杜律選》；趙濤《杜詩評注》，誤作《讀杜評注》；淩賡臣《杜詩考注》，誤作《杜詩考證》；錢泰吉《杜詩摘句》，誤作《杜詩扎句》等等。

3、卷數之誤。如陳訏《讀杜隨筆》共分上、下二卷，每卷又分兩小卷，《杜集書目提要》因此誤錄爲四卷；又如汪文柏《杜韓詩句集韻》分上、中、下三卷，卷上又分上、下,卷中、卷下又各分上、中、下，《杜集書目提要》誤錄爲「二卷」。

4、其他失誤。《杜集書目提要》、《杜集書錄》二書中，還存在將一書著錄爲兩書，一人著錄爲兩人之類的失誤。如元代董養性《杜工部詩選注》，高儒《百川書志》、晁瑮《寶文堂書目》、阮元《天一閣書目》等皆有著錄，書名作《杜詩選注》。因國內早已不見原本，且《天一閣書目》錄作董益撰，二書遂將董益、董養性視爲二人，並將董養性視爲山東樂陵人，將其書視爲兩書，實誤。董養性，名益，自號高閒雲叟。江西樂安人。所撰《杜工部詩選注》卷前自序末署「歲在丁未十一月日臨川之高閒雲叟董益養性敘」。丁未當爲元至正二十七年（1367）。《（同治）樂安縣志》卷八《人物志・文苑》董養性小傳云：「董養性，流坑人，居家孝友，學貫經史。洪武間應通經名儒，徵授劍州知州，赴任幾八千里，惟一僮自隨。居官簡靜，惟修廨舍與學校，暇則哦詩綴文以自樂。所著有《書易題斷》、《李杜詩注》，其生平詩文名曰《高閒雲集》，藏於家。」則其應生活於元末明初間。《高閒雲集》爲《四庫全書總目》著錄，然將此董養性與清初山東樂陵撰《周易訂疑》之董養性混爲一人。後人不察遂致誤。又如張孚敬（1475～1539），原名璁，字秉用，號羅峰，永嘉（今屬浙江）人。《明史》有傳。正德十六年（1521）進士，以迎合世宗朱厚熜尊生父興獻王爲皇帝事，得帝歡心，不次擢用。嘉靖十年（1532），以名犯御諱，請更，乃賜名孚敬，字茂恭。先後歷南京刑部主事、兵部左侍郎、禮部尚書、吏部尚書等職，官至大學士，卒謚文忠。著有《喻對錄》、《奏對錄》、《保和冠服圖》、《張文忠公集》。又有《杜律訓解》二卷，明代頗爲風行，今已佚。明趙琦美《脈望館書目》著錄：「張羅峰《杜律釋》。」晁瑮《寶文堂書目》著錄：「《杜詩釋義》，張羅峰注。」不著卷數。黃虞稷《千頃堂書目》著錄：「張璁《杜律訓解》，二卷。」書已佚，但尚有張氏《杜律訓解序》、《再識》及《進〈杜律訓解〉疏》存於《張文忠公集》中，故應以《杜律訓解》爲是。而《杜集書目提要》於《杜詩釋義》提要云：「張羅峰，明人，生卒年不詳，萬曆時在世。」又於《杜律訓解》提要云：「張璁，字秉用。」不知號羅峰，遂將一人誤爲二人。再如明代《杜詩三百篇注》，《(光緒）樂清縣志·經籍志》著錄，題作「黃淮集，范觀著」。據黃淮《黃文簡公介庵集》卷六（黃淮集曾重編，卷六即原卷之十）《一齋范處士墓碣銘》，范觀著有《一齋集》、《注杜詩三百篇》、《考訂歷代紀年圖》，藏於家。黃淮或爲之刊刻注杜一書，故《(光緒）樂清縣志·經籍志》著錄如上。清孫詒讓《溫州經籍志》亦著錄是集，並小字注「《黃介庵集》卷十」，乃是言其所據，周采泉遂誤認爲是集載於《黃介庵集》卷十，實誤。

（三）杜詩學文獻著者生平情況的考證尚未得到深入的研究

《杜集書目提要》、《杜集書錄》二書中，對許多著者生平情況的介紹都不盡如人意，甚或付之闕如。對這些著者缺乏瞭解的原因，當然主要是由於資料匱乏，其中很多著者的生平已經難以稽考，但還有許多情況是由於著者投入的研究力量不夠造成的，茲舉幾類如下：

1、著者生平失考。《杜集書目提要》、《杜集書錄》中有許多杜詩注本的著者，編者都稱生平事蹟不詳，其實這其中有許多著者的生平是可以考知的，甚至這些撰者中有好多還是當時的名人。如清代朱琦的《杜詩精華》，《杜集書錄》未收，而《杜集書目提要》雖著錄其書，但對著者隻字未做介紹。按清代見於記載的，至少有五個朱琦。而《杜詩精華》的著者朱琦（1716～？），字景韓，號復亭，又號筼谷居士。清歷城（今山東濟南）人。乾隆九年（1744），中順天副榜第五名，十二年中順天鄉試第八名。曾官彭縣、安岳知縣。著有《杜詩精華》六卷、《倚華樓詩》四卷、《鐵峰集》一卷、《倚雲樓詩》四卷等。生平事蹟見山東省圖書館藏《歷城朱氏歷科硃卷合訂》。《杜詩精華》六卷，署筼谷居士手抄。係乾隆時抄本，現藏山東省圖書館。又如《杜集書目提要》中著錄《杜詩字評》的著者董文渙，稱其「生平未考」。〔註35〕據考，董文渙（1833～1877），原名文煥，字堯章，號研秋，一號研樵，亦作峴樵，山西洪洞人，咸豐六年（1856）進士。著有《峴樵山房詩集》十二卷、《藐姑射山房詩集》二卷、《孟郊詩評點》二卷、《聲調四譜圖說》十二卷、《集韻編雅》十卷等。又如《紅萼軒杜詩彙二種》的著者孔傳鐸，《提要》稱其「生平不詳」。〔註36〕據考，孔傳鐸（？～1735）字牖民，號振路，山東曲阜人，

〔註35〕鄭慶篤等《杜集書目提要》，齊魯書社1986年，第270頁。
〔註36〕《杜集書目提要》第271頁。

雍正元年（1723）襲衍聖公。工詩，著有《申椒》、《盟鷗》二集。亦善詞，著有《紅萼詞》二卷。生平事蹟見《清史稿》卷四八三、張維屛《國朝詩人徵略》卷一三、《晚晴簃詩彙》卷五〇、《全清詞鈔》卷九等。又如《杜詩培風讀本》的著者、《杜解通元》的校錄者席樹馨，《提要》亦失考〔註 37〕；《杜集書錄》將著者誤作「葉樹馨」，稱「始末待考」。〔註 38〕據考，樹馨，字枝山，又字鶴如，懷來（今屬河北）人。道光十七年拔貢，中咸豐三年（1853）吳鳳藻榜進士，歷任四川長寧知縣。在任修書院，設文學，請名師，教士子，人文俱興，爲諸邑之冠。著有《代箋錄》、《古文文筆》、《金丹選注》。生平事蹟見《懷來縣志・科第》。這樣的例子還有一些，此不備舉。

2、著者生卒年考證之失。《杜集書目提要》、《杜集書錄》對一些杜詩學者的生卒年考證也存在許多問題，亟需加以訂正修改。如《辟疆園杜詩注解》的作者顧宸，《提要》稱其「生卒年不詳」。據《錫山書目考》卷四，顧宸生於萬曆三十五年（1607），卒於康熙十三年（1674），年六十八，當可據。《樂句》及《杜詩律》的作者俞瑒，《提要》中亦不詳。而據《歷代人物年里碑傳綜表》載，明崇禎十七年（1644），吳江俞瑒（犀月）生。另據《秀野草堂詩集》卷五載，俞瑒卒於康熙三十三年（1694），年五十一。又如《杜詩論文》的著者吳見思，《提要》稱其生於明天啓初年（1622）左右，未載其卒年。《杜集書錄》闕載。許總稱其生卒年爲（1622～1685），不知何據〔註 39〕。而據《毘陵名人疑年錄》載，「天啓元年（1621），武進吳見思（齊賢）生。」又同書卷一稱：「康熙十九年（1680），吳見思死，年六十。」則吳見思之生卒年，似當以是爲準。《杜詩闡》的著者盧元昌，《提要》稱「其生平事蹟不詳」，而《東柯鼓離草》載：「萬曆四十四年（1616），華亭盧元昌（文子）生。」同書又稱，康熙三十二年（1693）盧元昌尚在世，是年作《元日遣興》詩，年七十八。則其卒年，當晚於是年。《杜詩義法》的著者喬億，《提要》稱其「約生活於清康熙、雍正時期」，《杜集書錄》據《廣陵詩事》稱其生卒年爲（1692～？）。而據喬億《三晉遊草自序》稱，其生於康熙四十一年（1702）。又據《游道堂自序》卷四，喬億卒年爲乾隆五十三年（1788），年八十七，當以爲據。再如《杜詩瑣證》的著者史炳，《提要》稱其「生卒年不詳」，《杜集書錄》

〔註 37〕《杜集書目提要》第 138、222 頁。

〔註 38〕周采泉《杜集書錄》，上海古籍出版社 1986 年，第 435 頁。

〔註 39〕許總《論吳見思〈杜詩論文〉的特色及其對杜詩學的貢獻》，《杜甫研究學刊》1983 年第 1 期。

闕載。據史炳《句儉堂集》卷二自稱，其生於乾隆二十八年（1763）。其卒年至少應在道光十年（1830）以後，因爲據《句儉堂集》卷四載，是年史炳年六十九，曾作《重修涇城碑記》。《杜詩箋》的著者湯啓祚，《提要》稱其「生卒無考」，《杜集書錄》據《重修寶應縣志・文苑傳》稱其爲「康雍間人」。而《疑年錄彙編》卷九稱湯啓祚生於明崇禎八年（1635），卒於清康熙四十九年（1710），年七十六，當可爲據。這樣的例子還有很多，此不一一。

3、名號之誤。《杜集書目提要》中還存在一些將著者的名號顚倒混淆的失誤。如《杜園說詩》（書名應爲《杜園說杜》）的著者署名爲「江田」，實應爲梁運昌，因其號江田，故致誤。嚴虞惇，號「思庵」，誤作「思巷」。范廷謀，字周路，號省庵，誤作字「省庵」。張雍敬，字珩珮，號簡庵。誤作「字珩珮，一字簡庵」。江浩然，號孟亭。誤作「字孟亭」。《杜詩補注彙》的著者沈元滄，誤爲沈名滄。《杜詩心會》著者署爲「毛西原」，應爲毛文翰。文翰，字彥祥，號西垣，又號西原。《尊道堂集杜詩》的著者署名「土子重」，應爲王材任（1652～1739），材任，字子重。《杜集書錄》一書中人名、字號出現舛誤的情況也比較多。如《和杜詩》的著者王珩，誤作「王衍」；《杜詩評》的著者朱銓，誤作「朱絟」；《杜詩評林》的著者方駕，號鶴仙，誤作「字鶴仙」；《杜詩考注》的著者淩賡臣，字以成，誤作「字以耒」；《少陵詩選》的著者田國文，字荊陽，誤作「字荊揚」；《集杜詩》的著者陳光龍，誤作「陳龍光」；《杜詩疏義》的著者王家瓚，字端臣，誤作字「瑞臣」；《杜詩正》的著者邵志謙，誤作「姚志謙」；《讀杜愼言》的著者趙沺，誤作「趙佃」；《杜律含英》的著者任夢乾，誤作「顧夢乾」等等。

此外，對文獻著者生平事蹟的記載中還有很多失誤。如《杜詩擇注》的著者張桓，乾隆四十八年（1783）舉於鄉，五十五年（1790）成進士，《杜集書錄》誤作「康熙九年（1670）進士」。應該說這類訛誤極大地制約著我們對文獻著者的瞭解和研究。以上這些情況都說明，目前對杜詩學文獻著者生平情況的研究還遠未臻於完備，不僅存在大量錯誤，甚至還存在著研究的眞空和盲點，亟需學者們著力進行考證，細緻準確地理清著者的基本情況。

（四）關於杜詩學文獻的一些結論尚需再斟酌考證

例如盧震《杜詩說略》一卷，書成於康熙八年至十二年（1669～1673）盧震任湖南巡撫期間。前有王封溁序，末署「賜同進士出身、通奉大夫、經筵講官、禮部左侍郎兼翰林院學士加一級、前吏部右侍郎、內閣學士、日講起居注官、舊治年家眷侍生王封溁頓首拜譔」。據王封溁序署銜，王於康熙三十六年由禮部右侍郎轉爲禮部左侍郎，死於康熙四十二年，則是書當刊於康熙三十六年至四十二年（1697～1703）間。《杜集書錄》謂此書爲「明崇禎四年（一六三一）刻」，顯誤。又如應時《李杜詩緯》一書，《杜集書目提要》便將其歸入「已佚或存佚不明」一類。其實該書並未散佚，成都杜甫草堂博物館和清華大學圖書館均有收藏。再如清初張篤行《杜律注例》一書，《杜集書目提要》認爲張篤行生前未曾刻印，所據爲該書卷四末張篤行玄孫張道存跋文：「是編予童時即得見之，不解讀也。久藏篋中，迄今二十餘年，始知先高祖一生精力苦心具見於此。幸逢盛世，詩學昌明，四方相與力追風雅。則是編也，或不宜私之一家云。乾隆己卯季夏月中浣，元孫道存謹書。」「乾隆己卯」，即乾隆二十四年（1759），《提要》編寫者據此認爲該書實刻於是年。其實此書在篤行生前即已刻印，只是由於係家刻本，流佈未廣，才讓後人生此疑竇。《杜律注例》前有張篤行《題詞》，署爲「順治己亥荷月」，即順治十六年（1659）。孫殿起《販書偶記》、《北京圖書館杜集書目》、王紹曾《清史稿藝文志拾遺》都著錄有順治己亥（1659）刻本。可見確有《杜律注例》順治己亥（1659）的原刊本，而乾隆己卯（1759）爲重刊本。《提要》據重刊本判斷該書的刊刻年代，比初刻本整整晚了一百年。又如沈寅、朱崑補輯《杜詩直解》，有乾隆四十七年（1782）鳳樓巾箱本。該本書名頁誤標作「乾隆乙未年新鐫」，以後各家書目多沿其誤。如《販書偶記》著錄：「乾隆乙未鳳樓精刊巾箱本，與《李杜直解》合刻。」《中國古籍善本書目》亦誤標「清沈寅、朱崑輯，清乾隆四十年鳳樓刻本。」《杜集書錄》則誤標「清乾隆丁未（1787）來鳳樓刻。」《杜集書目提要》則誤作「朱鳳樓藏板，乾隆乙未（1775）刊」。由上述論析可見，當今學界對杜詩學文獻版本的研究還存在很多不足之處，而這些問題的最終澄清，都需要學者們作出更多的努力。

（五）收錄杜詩學文獻的體例和標準尚需明確和完善。

諸種杜詩學文獻目錄甄錄文獻的數量不一，頗多差異的主要原因，還是由於收錄文獻的體例和標準不同造成的。以清代爲例，《杜集書錄》收錄存佚杜詩學文獻多達 330 餘種，而《杜集書目提要》收錄 214 種，二者差距 100 多種。不過《杜集書錄》所收 330 種文獻的數字當中還包括 80 餘種名家批校本。在我們現在看來，這些杜詩批註本並不能算作嚴格的著作，雖然這些杜詩批註本中卻並不乏精彩絕倫的妙解和勝見，也構成了清代杜詩學的重要組成部分之一。那麼若以較爲嚴格的標準來統計的話，則《杜集書錄》實際所收清代杜集版本約有 230 餘種，這和《杜集書目提要》收錄的文獻數字基本上是接近的。又如馬同儼、姜炳炘編纂的《杜詩版本目錄》，是從版本的角度著錄杜詩學文獻，該目錄將同一種著作的不同版本或不同名家批校本都另立一條予以著錄，如鄭沄《杜工部集》就著錄了七種，錢謙益《杜工部集箋注》著錄了九種，楊倫《杜詩鏡銓》著錄了十種，劉辰翁評點本的不同版本更著錄了二十餘種。若從文獻種類來看，其實同一著者的同一著作，無論有過多少版本或多少名家批校本，都應該只算作一種。因此，要對歷代杜詩學文獻進行一次更爲徹底的摸查排目，我們首先需要對收錄文獻的標準作一個基本的界定。本書所收杜詩學文獻中，對同一種杜詩學著作的不同版本特別是重要版本都在同一條目內加以介紹。對於一些著名版本的名家批校本，一般情況下並不視爲單獨的杜詩學文獻著作。對於大量的詩話類著作中涉及杜甫的論述，若非單獨論杜的，亦不予收錄。

四、張忠綱等《杜集敘錄》的編纂完成

鑒於學界目前對杜詩學文獻目錄的研究和整理現狀，山東大學張忠綱教授決心在以上研究的基礎上，重新編纂一部杜詩學文獻目錄，名之爲《杜集敘錄》。該書的編者黽勉數載，殫精竭慮，備嘗艱辛，通過親身走訪國內許多藏書單位和藏書家，並聘請海內外著名學者擔任特約撰稿人，最大限度地全面調查了存佚杜詩學文獻的基本狀況。《杜集敘錄》已由齊魯書社 2008 年出版，該書在以下幾個方面都取得了突出成就。首先，收錄杜詩學文獻更加豐富全面。該書共收錄杜集文獻 1261 種，其中唐五代杜詩學文獻 14 種，宋代 124 種，金元 28 種，明代 171 種，清代 416 種，現當代 350 種，國外杜詩學文獻 158 種。其中很多杜詩學文獻《杜詩書錄》和《杜集書目提要》均未曾收錄。另外《杜集敘錄》收錄文獻的時間斷限是 2008 年，比之《杜集書錄》和《杜集書目提要》而言，對當代學者的杜詩學研究成果的收錄更爲完備，因此《杜集敘錄》是目前搜羅杜詩學文獻最爲詳備的集大成之作。第二，《杜集敘錄》還注意廣泛參考吸收前人已有的研究成果，特別是前人書目對杜集文獻的著錄，並對各家著述中存在的重大疏誤進行了更爲細緻的甄別、考訂和整理，因而做到了後出轉精，結論更加嚴謹可信。第三，《杜集書錄》和《杜集書目提要》二書中對杜詩學文獻著者情況的考證尚有很多

不盡如人意之處。對此，《杜集敘錄》的編者作了大量的努力，使得文獻著者的生平情況的考證更加清晰準確。有很多文獻著者的生平都是首次從原始文獻中考出，因此足堪借鑒。正因爲《杜集敘錄》的編者們秉持盡量親見原書、盡量查閱第一手資料的嚴謹工作態度，使得該書所著錄杜詩學文獻的豐富翔實程度以及對文獻著者生平情況的考證研究深度，都較以往有很大進步。可以說《杜集敘錄》是新時期以來杜詩學文獻目錄研究的集大成之作，其最終完成和出版，爲杜詩學文獻研究奠定一個相對完善的基礎和框架，也爲研究杜詩學的詳細發展脈絡乃至整個杜詩學史的最終構建提供可資依憑的文獻材料，相信此書的出版必將爲促進杜詩文獻目錄學的發展起到積極而深遠的影響。

第四節　論韓成武先生的杜甫研究特色

韓成武先生是國內著名杜甫研究專家，中國杜甫研究會副會長，有《杜甫詩全譯》、《詩聖：憂患世界中的杜甫》、《杜詩藝譚》、《杜甫新論》、《少陵體詩選》等大量專著。概括起來，韓成武先生在杜甫研究上形成了自己的渾厚深細的獨特風格，諸如以杜詩學文獻整理研究爲基礎，以作品的細膩解析爲手段，以杜詩藝術手法的細緻總結爲專長，以人物傳記的詳細梳理爲線索等等。本書專就韓成武先生在杜甫綜合研究方面的特色，試做一些初步探討，以期就正於海內方家。

一、注重結合詩人心態變化進行整體觀照

杜甫一生歷經坎坷，其生活道路在總體上呈現出漂泊無定的特色。然而在學界對杜甫一生經歷轉變的研究中，或是缺少變化地進行平板敘述，或是截取某個階段進行專門論析，尚缺乏以宏觀視野對杜甫一生進行整體觀照和總結。而韓成武先生在研究中，特別注重結合詩人不同人生階段的心態變化，以宏大的視角，對杜甫思想和情感的嬗變過程進行整體闡發。他往往能夠敏銳地抓住杜甫生活經歷中的幾個關鍵坐標點，揭示詩人心態變化及其對創作的巨大影響。如在《泰山、華山、衡山——杜甫的心態里程碑》一文中，韓先生通過對杜甫的三首《望嶽》詩的解讀，深刻地揭示出杜甫生平三個階段的不同心態。杜甫青年時期漫遊齊魯所作《望嶽》詩云：「會當淩絕頂，一覽

眾山小」，這是借登臨絕頂以表壯志，表現了杜甫奮發有爲、銳意進取的豪邁心態，因此泰山無疑是杜甫青年時期心態的里程碑。而肅宗乾元元年（758）六月，杜甫因疏救房琯被貶爲華州司功參軍，在西嶽華山腳下所作第二首《望嶽》詩云：「西嶽崚嶒竦處尊，諸峰羅立如兒孫。安得仙人九節杖，拄到玉女洗頭盆。車箱入谷無歸路，箭栝通天有一門。稍待西風涼冷後，高尋白帝問眞源。」韓先生指出：「忠臣遭貶，仕途險惡，杜甫領教了。他在詩中描寫華山的險絕，其實就是藉以表達人生道路艱難的感受。他要登上華山，詢問白帝，就是要向白帝討教天理是什麼，爲什麼。險絕的華山，煙雲詭譎的華山，是杜甫第二座心態里程碑。」〔註 40〕唐代宗大曆四年（769）春，漂泊到湖南的杜甫在衡山腳下又寫了第三首《望嶽》詩：「南嶽配朱鳥，秩禮自百王。欻吸領地靈，鴻洞半炎方。邦家用祀典，在德非馨香。巡狩何寂寥，有虞今則亡。洎吾隘世網，行邁越瀟湘。渴日絕壁出，漾舟清光旁。祝融五峰尊，峰峰次低昂。紫蓋獨不朝，爭長崇相望。恭聞魏夫人，群仙夾翺翔。有時五峰氣，散風如飛霜。牽迫限修途，未暇杖崇岡。歸來覬命駕，沐浴休玉堂。三歎問府主，曷以贊我皇？牲璧忍衰俗，神其思降祥。」此詩表面上是希望嶽神爲君主降下吉祥，然而若聯繫其他杜詩中對代宗失德無道的批判，就可明瞭詩中「三歎問府主」之「三歎」，是充滿了對代宗之否定意味的。韓先生指出，這是由於慘痛的現實生活教育了杜甫，使他頭腦清醒。此時的杜甫早已不再去詢問神靈，而是果斷指出神靈不會輔佐昏君，這體現了詩人晚年心態沉靜，深於思考，充滿睿智。這首《望嶽》詩，就是他人生旅程的最後一座心態里程碑。韓成武先生通過三首《望嶽》詩的解析，描述了杜甫由青年時期的昂揚奮發，到中年時期的苦悶彷徨，最後到晚年的沉靜精思，清晰地勾勒出杜甫的心路歷程，既要言不煩，又切中肯綮。我們注意到韓先生《駿馬·瘦馬·病馬——杜甫的連環自畫像》（《天水師範學院學報》2013 年第 1 期）一文，是通過杜甫三首詠馬詩對詩人三個生活階段的精神狀況進行深入解讀，用的研究方法同樣也是截取杜甫不同人生階段的三個關節點，以相似題材作品進行對比的解析方式。這種整體觀照式的解讀方法是開創性的，所得結論也發人深省。

〔註 40〕韓成武《泰山、華山、衡山——杜甫的心態里程碑》，《河北師範大學學報》2013 年第 2 期。

二、善於進行理論總結與昇華

關於杜甫的詩學理論與文藝思想的總結，學界一般都是根據杜甫的《戲爲六絕句》、《江上値水如海勢聊短述》、《解悶十二首》、《偶題》、《遣悶呈路十九曹長》等詩作進行述論，著眼點多是對「神」、「興」、「法」、「眞」等理論範疇的闡發。韓成武先生《杜甫的文藝思想與實踐》一文則在融化全部杜詩的基礎上，結合杜甫的創作實踐，對其文藝思想主張進行了全面總結。韓先生在文中指出，強調創作心態的自由，反對外力的干預，杜甫是這一藝術規律的「孤先發明者」〔註41〕。杜甫《戲題王宰畫山水圖歌》曰：「十日畫一水，五日畫一石。能事不受相促迫，王宰始肯留眞跡。」王宰的繪畫速度之所以如此緩慢，是因爲他需要在不受外界「促迫」的寬鬆環境下，通過精心的構思來觸發靈感，從而使自己的山水作品表現出藝術個性及神韻。相反，那些迫於生計的藝術家往往難以創作出藝術精品。《丹青引》云：「將軍善畫蓋有神，偶逢佳士亦寫眞。即今漂泊干戈際，屢貌尋常行路人。」盛唐著名畫家曹霸在戰亂中流落到成都，爲解決衣食所需，便爲庸俗之輩畫像，杜甫頗爲之喟歎惋惜。可以說韓先生對杜甫「創作心態寬鬆自由」這一藝術規律的揭示，發前人所未發，是當代杜甫文藝思想研究的一大創獲。此外，韓成武先生還對杜甫其他一些文藝思想進行了理論總結，諸如以「瘦硬」、「雄勁」的審美取向，來求得作品的生動氣韻；主張作品思想和藝術並重，刻苦追求「佳句」、「詩律」的精緻；強調作家的學識修養和虛心學習他人的重要意義等等，這些結論都能做到持論有據、嚴謹周密，無疑對拓展杜甫思想研究的廣度與深度具有重要意義。

三、基於對杜甫思想及其詩歌高度熟悉之上的同情與理解

陳寅恪先生曾指出，研究古人及其學說，必須具備對其「瞭解之同情」。在整個杜詩學史上，凡是有成就的研究者，無不經過對杜詩的長期潛心揣摩。明末清初的盧世㴶就曾讀過四十餘遍杜詩，王嗣奭、仇兆鼇等人更是對杜詩傾注了畢生心血。惟其如此，對杜甫及其詩歌才能做到莫逆於心，也才能進而登堂窺室。韓成武先生的杜甫研究，同樣是基於對杜甫思想及其詩歌高度熟悉之上同情與理解。故而拜讀其論著之時，時刻能夠感覺到先生那份融會貫

〔註41〕韓成武、張東豔《杜甫的文藝思想與實踐》，《山西師大學報》2013年第1期。

通後的澄澈，其字裏行間都貫注著對杜甫的「眞理解」與「眞同情」。例如學界在論及杜甫鄉土情結時，多是關注杜甫晚年漂泊歲月裏的歸鄉之思，因爲人們對「露從今夜白，月是故鄉明」、「即從巴峽穿巫峽，便下襄陽向洛陽」這樣的詩句印象非常深刻。而韓成武先生《論杜甫的鄉土情結》一文除此之外，又從對故鄉豐美物產的讚歎、淳樸鄉風的頌揚、戰亂中失散弟妹的懷念等方面對杜甫的鄉土情結進行了全面補充。在徵引了《奉留贈集賢院崔于二學士》、《路逢襄陽楊少府入城戲呈楊四員外綰》等大量相關杜詩之後，韓先生指出：「豐美的土產，淳樸的鄉情，離散的弟妹，是杜甫思鄉的主要內容，也是杜甫思鄉情結的直接動因，當然還有包括農耕文化在內的文化背景原因。」〔註 42〕此論極具啓發意義，豐富和補充了杜甫思鄉情結的內涵，非深於杜者不能道出。此類深刻見解之得出，當然是得益於韓成武先生對整部杜詩的高度熟悉，以及在此基礎上所產生的強烈心靈共鳴。

四、嚴謹的實證精神

杜詩學史上出現過「千家注杜」的盛況，按理說杜詩之餘韻早應被闡發殆盡，那麼後人如何再有進益呢？韓成武先生以其嚴謹的實證精神，爲我們做出了經典示範。例如杜詩《清明二首》其一云：「胡童結束還難有，楚女腰肢亦可憐」，這兩句是寫長沙的民俗，後句語意明顯，前句頗爲難解。諸家注本均付之闕如，只有仇兆鼇注云：「楚雜苗蠻，故有胡童之服。」〔註 43〕即楚地雜居著苗蠻少數民族，所以長沙的兒童穿著胡童的裝束。此處仇注有誤，杜甫在稱呼少數民族時「胡」、「犬戎」、「蠻」、「夷」區分得十分嚴格，他是不會把居住在湖南的「苗蠻」亂稱爲「胡」的。韓成武先生指出，此句之「難有」就是「難願其有」、「討厭其有」的意思。唐代對「胡服」的喜好先起於宮中，而後竟彌漫於朝野士民，史家認爲「范陽羯胡之亂，兆於好尙遠矣」，認爲這種對「胡服」的好尙是安史之亂發生的前兆。《新唐書．車服志》亦云：「開元中，初有線鞋，侍兒則著履，奴婢服襴衫，而士女衣胡服，其後安祿山反，當時以爲服妖之應。」杜甫基於對將大唐盛世推入苦難深淵的「胡人」的深惡痛絕，對於安史之亂的前兆「服妖」無法認可，如今見到長沙少年仍

〔註 42〕韓成武《論杜甫的鄉土情結》，《河北學刊》2013 年第 3 期。
〔註 43〕仇兆鼇《杜詩詳注》卷二十二，中華書局 1979 年，第 1969 頁。

有胡服打扮，無異於芒刺在眼，如何不生厭恨牴觸情緒！〔註 44〕可見，只有切實結合杜詩創作的環境及其創作心理，才能正確理解杜詩本意，僅從字面上望文生義地闡釋是不能得到詩意眞諦的。

〔註 44〕韓成武《杜甫的「服妖」之恨——釋杜詩「胡童結束還難有》，《河北大學校報》2007 年 10 月 15 日。

第五章　杜詩文獻學史個案研究

第一節　《行次昭陵》「鐵馬汗常趨」用典考

杜甫《行次昭陵》詩云：「舊俗疲庸主，群雄問獨夫。讖歸龍鳳質，威定虎狼都。天屬尊堯典，神功協禹謨。風雲隨絕足，日月繼高衢。文物多師古，朝廷半老儒。直詞寧戮辱，賢路不崎嶇。往者災猶降，蒼生喘未蘇。指麾安率土，蕩滌撫洪爐。壯士悲陵邑，幽人拜鼎湖。玉衣晨自舉，鐵馬汗常趨。松柏瞻虛殿，塵沙立暝途。寂寥開國日，流恨滿山隅。」圍繞著此詩的作年、主旨及某些詞句的涵義，歷史上曾產生過很大爭議，其中對「鐵馬汗常趨」句所用何典的爭論尤為激烈。為了解決這個問題，我們首先需要對這句詩注解的歷史過程作簡要的梳理和分析。

一、「鐵馬汗常趨」句注解及爭議的歷史過程

對杜甫《行次昭陵》詩中「玉衣晨自舉，鐵馬汗常趨」二句的涵義，我們從較早的杜詩注本中還看不到用典的說法，如郭知達《新刊校定集注杜詩》引趙次公曰：「玉衣，貴人死者珍異之衣。《漢儀》注：以玉為衣，如鎧狀，連綴之，以黃金為縷。太宗雖死矣，玉衣如鎧，晨則自舉，此以意度鬼神之事。鐵馬，非戰莫用也，所象之鐵馬，猶汗以趨，則太宗勤兵之意，瞑目而未終矣。」〔註 1〕可見此時還未出現昭陵石馬助戰那樣的解釋。此說最早見於唐姚汝能《安祿山事蹟》載天寶十五載六月哥舒翰在潼關為賊將崔乾祐所

〔註 1〕郭知達《新刊校定集注杜詩》卷十七，中華書局 1982 年，第 7 頁。

敗事：「陣之既敗也，乾祐領白旗引左右馳突往來，我軍視之，狀若鬼神。又見黃旗軍數百隊，官軍潛謂是賊，不敢逼之。須臾，又見與乾祐鬥，黃旗不勝，退而又戰者不一，俄然不知所在。後昭陵奏：是日靈宮石人馬流汗。」〔註 2〕最早將姚汝能此說引進杜詩注釋中的應是北宋的王洙，王洙之子王欽臣《王氏談錄》引王洙之論曰：「公言杜甫爲詩，多用當時事，所言『玉魚蒙葬地』者，事見韋述《兩京記》云云。有言『鐵馬汗常趨』者，昭陵陵馬助戰是也。此類甚多，此篇不全。」〔註 3〕吳曾《能改齋漫錄》卷六《玉魚鐵馬》條所載略同。胡仔《苕溪漁隱叢話》前集卷七引《蔡寬夫詩話》的記載更爲詳細：「安祿山之亂，哥舒翰與賊將權乾祐戰潼關，見黃旗軍數百隊，官軍以爲賊，賊以爲官軍，相持久之，忽不知所在。是日，昭陵奏陵內前石馬皆汗流。子美詩所謂『玉衣晨自舉，鐵馬汗常趨。』蓋記此事也。李晟平朱泚，李義山作詩，復引用之，云：『天教李令心如日，可待昭陵石馬來。』此雖一等用事，然義山但知推美西平，不知於昭陵似不當耳。乃知詩家使事難，若子美，所謂不爲事使者也。」〔註 4〕在宋代的杜詩注家中，魯訔是較早吸收和接受這種說法之人，元姚桐壽《樂郊私語》曰：「杜少陵集自《遊龍門》至《過洞庭》，詩目次第，爲此州先正魯訔季欽編定，大都一循少陵生平行跡，亦可以見其詩法升降，亦隨其年，自少而壯，而老愈入於細而化也。注腳多所補益，極爲後學借資。第音切類多吳音，其它注釋，如以『鐵馬汗常趨』爲昭陵石馬果常有汗……之類，不免爲杜集增累。」〔註 5〕魯訔的《編次杜工部詩》雖已散佚，但是我們還是由《樂郊私語》所載獲知它是

〔註 2〕姚汝能著，曾貽芬點校《安祿山事蹟》卷下，中華書局 2006 年，第 103 頁。按，姚汝能的生平事蹟不詳，陳振孫《直齋書錄解題》卷五《雜史類》著錄該書時署作「唐華陰尉姚汝龍撰」，案語曰：「《唐書・藝文志》作『姚汝能』。」（上海古籍出版社 1987 年，第 144 頁）。《四庫全書總目》卷六十四《史部・傳記類存目六》曰：「陳振孫《書錄解題》稱其官華陰尉，未詳里居，則宋時已無可考矣。」（中華書局 1965 年，第 576 頁）。今人韓理洲據西安出土的姚汝能所撰《趙文信墓誌》，考出其爲會昌六年（846）鄉貢進士。（見韓理洲《新增千家唐文作者考》，三秦出版社 1995 年，第 241 頁）則其確爲晚唐人。

〔註 3〕王欽臣《王氏談錄》，《影印文淵閣四庫全書・子部・雜家類》總第 862 冊，臺灣商務印書館 1983 年，第 590 頁。

〔註 4〕胡仔著，廖明德校點《苕溪漁隱叢話》前集卷七，人民文學出版社 1962 年，第 43 頁。

〔註 5〕姚桐壽《樂郊私語》，《學海類編》第 114 冊，上海涵芬樓據清道光十一年（1831）木活字排印本影印，民國九年（1920），第 12 頁。

較早採錄「陵馬助戰」說的注本。此後蔡夢弼《杜工部草堂詩箋》亦簡略地徵引了此說：「言神無所不遊也。《天寶故事》：安祿山反，昭陵奏石人馬皆有汗流。」〔註6〕此後的歷代注家多沿襲此說，只是逐漸訂正了《蔡寬夫詩話》中的文字訛誤，如將「權乾祐」改爲「崔乾祐」之類。明代楊慎《升菴集》卷五十九、錢謙益《錢注杜詩》卷十亦均引此說，並產生了較大影響。《錢注杜詩》曰：「《唐會要》：上欲闡揚先帝徽烈，乃令匠人琢石，寫諸蕃君長十四人，列於陵司馬北門內。又刻石爲常所乘破敵馬六匹於闕下也。《安祿山事蹟》：潼關之戰，我軍既敗，賊將崔乾祐領白旂，引左右馳突。我軍視之，狀若神鬼。又見黃旂軍數百隊，官軍潛謂是賊，不敢逼之。須臾，又見與乾祐鬥，黃旂軍不勝，退而又戰者不一，俄不知所在。後昭陵奏，是日靈宮前石人馬汗流。李義山《復京》詩：「天教李令心如日，可要昭陵石馬來。」韋莊詩：「興慶玉龍寒自躍，昭陵石馬夜空嘶。」蓋詠此事也。『鐵馬』，當從《英華》作『石馬』。」〔註7〕由於錢謙益《錢注杜詩》的巨大影響，「昭陵石馬助戰」說得以被廣泛接受，幾乎成爲定論。此後的注家朱鶴齡、張遠、仇兆鼇、吳瞻泰、浦起龍、楊倫等皆從錢注，雖也有顧炎武、盧元昌、黃生、史炳等少數注者曾先後提出過異議，卻均未引起當時學界的充分注意。現當代學者中，日人吉川幸次郎較早對《行次昭陵》的編年提出質疑，力主此詩乃安史之亂前所作，對「鐵馬」句的注釋也相應提出見解，此後李華、何振球等學者也都闡發過類似見解。以下我們便對「昭陵石馬助戰」說中存在的問題和疑點加以總結和分析。

二、以「昭陵石馬助戰」說注釋「鐵馬汗常趨」存在的問題和疑點

隨著時間的推移，以錢注爲代表的「昭陵石馬助戰」說存在的問題也逐漸暴露出來。總結起來，主要體現在以下五個方面：

第一，「昭陵石馬助戰」故事的主角是「石馬」，而「鐵馬汗常趨」的主語

〔註6〕蔡夢弼《杜工部草堂詩箋》卷十一，《續修四庫全書・集部・別集類》第1307冊，上海古籍出版社1979年，第93頁。

〔註7〕錢謙益《錢注杜詩》卷十，上海古籍出版社1979年，第322頁。按，錢氏所引《安祿山事蹟》的文字，與今傳本《安祿山事蹟》存在較大差異，比較來看，錢注所引文字更加詳細，則錢氏絳雲樓或許藏有與通行本不同之《安祿山事蹟》。

乃是「鐵馬」，二者存在著明顯差異。顧炎武就曾尖銳地指出：「錢氏謂此詩天寶亂後作，而改『鐵馬』爲『石馬』，以合李義山『昭陵石馬』之說，非矣。」「今昭陵六馬見存，皆琢石爲屏，而刻馬於上，其文凸起，非金馬也，乾陵石雁亦然。」〔註8〕可見以「石馬」之典來注「鐵馬」之句，實在難以令人信服。不過明清以後的杜集中，「鐵馬汗常趨」常刻作「石馬汗常趨」，這極有可能是受到「昭陵石馬」之事的影響而作的改動，那麼在早期的杜集中「鐵馬」到底有沒有「石馬」的異文呢？檢「二王本」《杜工部集》的底本便作「鐵馬」，其他宋本杜集中也並無「石馬」的異文，其中甚至包括將此詩編於《北征》詩後的宋百家本和蔡夢弼本〔註9〕。僅有《文苑英華》作「石馬」，下有小字校語曰：「集作鐵」。〔註10〕《文苑英華》中的正文作「石馬」，這相對於其他宋本杜集而言乃是一個孤例，《英華》的校勘者在校語中也明確指出有宋本杜集作「鐵馬」。後來錢謙益、朱鶴齡等注家欲以昭陵石馬助戰的典故注釋此句，在尋找版本依據時，只能對眾多宋本全作「鐵馬」的事實裝作視而不見，勉強依從版本存疑的《英華》，改「鐵馬」作「石馬」，但是爲了遷就史事就如此隨意改動底本，其做法本身是不嚴謹的。清人施鴻保曾一針見血地指出：「以『鐵』爲『石』，恐後人因昭陵事而改詩字耳。」〔註11〕此論眞是點中了錢氏等人的要穴。

第二，《行次昭陵》的編年問題。若認定「鐵馬汗常趨」句確實是用《安祿山事蹟》中昭陵石馬助戰之事的話，則此詩的作年必在安史之亂以後，而這又涉及到歷代杜詩注本中《行次昭陵》的編年情形。宋代的杜詩注家大多將《行次昭陵》繫於安史之亂以前，如黃鶴便將《行次昭陵》繫於天寶五載，其曰：「今詩題云『行次昭陵』，當是天寶五年，自東都歸長安時作。詩云『幽人拜鼎湖』，則是未奏賦授官前也。」〔註12〕黃鶴將「幽人」理解爲詩人自己〔註13〕，故得出詩歌作於「未奏賦授官前」的結論。而只有託名王十朋

〔註8〕顧炎武著，黃汝成集釋《日知錄集釋》卷二十七，嶽麓書社1994年，第973頁。

〔註9〕本書對全部存世宋本杜集作了調查，其中包括錢曾鈔本、趙次公本、宋九家本、宋百家本、宋千家本、宋分門本、蔡夢弼本（蔡甲本、蔡乙本、蔡丙本），宋十注本、南宋殘本未收此詩。

〔註10〕李昉等編《文苑英華》卷三〇六，中華書局1966年，第1568頁。

〔註11〕施鴻保《讀杜詩說》卷五，中華書局1962年，第46頁。

〔註12〕黃希、黃鶴《黃氏補千家注紀年杜工部詩史》卷十一，《中華再造善本·金元編·集部》影印山東省博物館藏元至元二十四年（1287）詹光祖月崖書堂刻本，北京圖書館出版社2006年。

〔註13〕顏洽茂等認爲，「幽人」應訓解爲「怨憤之人」。參見顏洽茂、章志華《〈行次昭陵〉「幽人」辨釋》，《紹興師專學報》1991年第2期。

的《王狀元集百家注編年杜陵詩史》和蔡夢弼的《杜工部草堂詩箋》則將此詩編於《北征》詩後。王本前署「嘉興魯訔編年並注」，蔡本前亦署「嘉興魯訔編次」，可見二本均吸收了魯訔《編次杜工部詩》的編年成果。如前所述，魯訔本雖已散佚，但它是較早採錄昭陵石馬助戰說的注本，所以在宋代的杜詩編年中，對《行次昭陵》詩的處理方法，魯本、蔡本和宋百家注本（即王狀元本）應該算是少數和異類，他們對此詩編年加以改動的依據，也都是受了「昭陵石馬」說的影響。值得注意的是，在宋代其他注本中，此詩均編於安史之亂以前。直至清代的錢謙益、朱鶴齡等人方承繼發揚了魯訔、蔡夢弼的編年結論。由於採信了《安祿山事蹟》中石馬助戰之事，他們都支持《行次昭陵》作於安史之亂以後的說法。錢謙益《讀杜小箋》曰：「此詩《草堂詩箋》敘於《北征》之後，蓋肅宗收京後作也。」其引《安祿山事蹟》中石馬流汗之事後又曰：「黃鶴敘於天寶五年，今人多仍其謬，故正之。」〔註 14〕又於《錢注杜詩》中曰：「舊本載在天寶初，安得先舉昭陵石馬之事？《草堂詩箋》次於《北征》之後，當從之。」〔註 15〕朱鶴齡曰：「昭陵在醴泉，近涇陽，直京師之北。《草堂詩箋》序於《北征》詩後，良是。蓋省家鄜州，道經此也。黃鶴編在天寶五載，謂西歸應詔時作，大謬。」〔註 16〕朱鶴齡認爲，昭陵在長安之北，黃鶴所云「自東都歸長安時」是不應經過昭陵的，因此否定了黃鶴將此詩繫於天寶五載之說，並提出此詩乃是杜甫疏救房琯後回鄜州省親所作，故繫於《北征》詩後。這樣一來，不僅「鐵馬」句用昭陵石馬助戰事可以講通，似也符合杜甫行跡路線。但是爲了牽合史事而隨意改易詩之作年，這種做法本身也是極不嚴肅的。黃生就曾質疑道：「祿山之亂，率土翻覆、九廟震驚，何詩中略無一語敘及？」又評《重經昭陵》詩曰：「重經作此，尚見承平口吻，益知前詩非亂後之作矣。」〔註 17〕黃生對杜甫兩首昭陵詩的情感內容進行分析後指出，既然《重經昭陵》尚未見悲傷之語，那麼《行次昭陵》更是亂前所作了。此論無疑是對錢箋的有力駁斥。今人吉川幸次郎也認爲：「沒有必要把它當作亂後之作，不一定非崇奉舊本不可。」並且他從首句「舊俗疲庸主」與《朝享太廟賦》「袞服紛紛，朝廷多闓者，

〔註 14〕錢謙益《牧齋初學集》卷一百零六，上海古籍出版社 1985 年，第 2162、2163 頁。

〔註 15〕錢謙益《錢注杜詩》卷十，上海古籍出版社 1979 年，第 322 頁。

〔註 16〕朱鶴齡著，韓成武等點校《杜工部詩集輯注》卷四，河北大學出版社 2009 年，第 148 頁。

〔註 17〕黃生著，徐定祥點校《杜詩說》卷十，黃山書社 1994 年，第 393、394 頁。

仍亙夫魏晉。臣竊以自赤精之衰歇，曠千載而無眞人。及黃圖之經綸，息五行而歸厚地」在語意上的相似性推斷，此詩作於天寶九載以後，天寶十四載以前。〔註18〕另何振球也說：「從本詩內容、詩人所表達的感情來看，詩歌作於安史之亂前比較可信。」〔註19〕要是我們仔細核對一下史實和詩歌作年，就會發現《安祿山事蹟》所載昭陵石馬助戰之事發生在天寶十五載（755）六月，而杜甫寫作《北征》之時乃肅宗至德二載（757）閏八月以後，差距僅有兩年，顯得過於簡短。對此種情況，吉川幸次郎評曰：「杜在北征旅途中就把前年或大前年的奇跡入詩，不是太過神速了嗎？且『鐵馬汗常趨』的『常』字也無著落。」〔註20〕可見清錢謙益、朱鶴齡等人更改此詩編年的做法很是牽強，雖然黃鶴的天寶五載說存在明顯失誤，但宋人將此詩繫於安史之亂以前的說法恐怕還是不宜輕易否定。若此詩果眞作於亂前，那麼「昭陵石馬助戰」之說就不攻自破了。

第三，杜甫北征的線路問題。杜甫此次北征行經的路線依次是：鳳翔——麟遊——邠州——鄜州。而太宗昭陵在醴泉，距麟遊有一百二十里，不在杜甫北征的路線之內，詩人不太可能繞這麼大的圈子專門去瞻仰昭陵；更何況此時昭陵所在地醴泉因距長安甚近，靠近前線，詩人若此時前去，人身安全也沒有保證。因此陳貽焮先生質疑道：「老杜爲什麼要舍近求遠、去安即危，繞道到這個兩軍對陣、時有戰鬥的京兆府的遠郊區醴泉縣來呢？百思不得其解。」〔註21〕其實清人對此問題早已有認識，只是其說隱而不彰而已。史炳《杜詩瑣證》曰：「公以至德二載閏八月自鳳翔行在所東北行，途經邠州、坊州而至鄜，無東向長安而次昭陵之理，其誤一也。昭陵距長安只一百三十餘里，是時長安猶爲安慶緒所據，四出寇掠，豈有士夫送死到此？其誤二也。」〔註22〕此外，陳貽焮先生還發現，杜甫北征途中曾前去昭陵的說法中，存在著一個無法解釋的矛盾現象。這是因爲杜甫此行經邠州時，曾向李嗣業借馬，有《徒步歸行》詩云：「青袍朝士最困者，白頭拾遺徒步歸。人生交契無老少，論心何必先同調。妻子山中哭向天，須公櫪上追風驃。」

〔註18〕吉川幸次郎《〈行次昭陵〉詩注》，《北京師範學院學報》1986年第2期。

〔註19〕何振球《杜甫〈行次昭陵〉一詩作於何時》，《貴州民族學院學報》1984年第4期。

〔註20〕吉川幸次郎《〈行次昭陵〉詩注》，《北京師範學院學報》1986年第2期。

〔註21〕陳貽焮《杜甫評傳》上卷，北京大學出版社2003年，第336頁。

〔註22〕史炳《杜詩瑣證》卷上，上海書店據清道光五年句儉山房刊本影印本，1988年，第71頁。

詩後原注：「贈李特進，自鳳翔赴鄜州，途經邠州作。」陳貽焮先生注意到，《九成宮》篇末云：「天王狩太白，駐馬更搔首。」表明他到麟遊時已經有了馬，麟遊在邠州西南七十里，從鳳翔到鄜州先經麟遊，後過邠州，一般情況不會到邠州借了馬然後再騎回麟遊瞻仰九成宮。〔註 23〕這個矛盾情況的存在，足以令人開始懷疑《玉華宮》、《九成宮》及《行次昭陵》、《重經昭陵》均非此次北征時所作，亦並非同時之作，似仍按舊編次於安史之亂以前爲宜。李華先生曾推測，杜甫早年曾往奉先縣省父，奉先縣在醴泉西北四十里，《行次昭陵》或作於此時〔註 24〕，可謂先得我心。

第四，「石馬助戰」之事發生在安史之亂期間，杜詩若果用此典，乃是當時事，而非古事，而上句「玉衣晨自舉」乃是用漢代之典，因此這一聯對仗便成了以今對古，有些不倫不類。這裡又涉及到「玉衣」句的用典問題。關於上句「玉衣晨自舉」所用之典，程大昌《演繁露》卷十二之《玉衣》條曰：「老杜詩：『玉衣晨自舉，鐵馬汗常趨』，皆言昭陵神靈也。《三輔故事》：高廟中御衣從篋中出，舞於殿上，冬衣自下在席上。」〔註 25〕蔡夢弼《杜工部草堂詩箋》便採納了這種說法，只是將文獻來源的《三輔故事》修訂爲《漢武故事》。此說隨後也由於蔡本的流傳被廣泛採納。朱鶴齡《杜工部詩集輯注》便吸收了這條注釋並加以發展，其曰：「《漢武故事》：高皇廟中御衣自篋中出，舞於殿上。《王莽傳》：杜陵便殿乘輿虎文衣廢藏在室匣者，出自樹立外堂上，良久乃委地，莽惡之。」〔註 26〕仇注由此進一步推測下句「鐵馬汗常趨」所用典故曰：「按，玉衣既用漢事，則鐵馬亦當援引古典。考《南史》，蕭猷爲益州刺史，遇齊苟兒反，眾十萬攻城，猷兵糧俱盡，遙禱楚王廟神，請救。是日，有田老逢一騎，浴鐵從東方來，俄有數百騎如風，一騎過飲，田老問爲誰，曰：吳興楚王來救臨汝侯。此時廟中侍衛土偶，皆泥濕如汗。是月，猷大破苟兒。鐵馬汗趨，疑用此事。」「『鐵馬汗常趨』用楚王廟事，聞之友人費遴勗者，及閱《南史》，確爲可憑。」〔註 27〕仇兆鼇認爲，既然上句「玉衣晨自舉」確係用《漢武故事》之典，那麼下句「鐵馬汗常趨」「亦當援引古

〔註 23〕陳貽焮《杜甫評傳》上卷，北京大學出版社 2003 年，第 329 頁。

〔註 24〕李華《杜甫〈行次昭陵〉詩略說》，《首都師範大學學報》1995 年第 1 期。

〔註 25〕程大昌《演繁露》卷十二，臺灣商務印書館 1986 年影印《文淵閣四庫全書》第 852 冊，第 171 頁。

〔註 26〕朱鶴齡《杜工部詩集輯注》卷四，河北大學出版社 2009 年，第 149 頁。

〔註 27〕仇兆鼇《杜詩詳注》卷五，中華書局 1979 年，第 410、411 頁。

典」，故仇注棄「昭陵石馬」說，又找到《南史·蕭猷傳》中楚王助戰事作爲「鐵馬汗常趨」的注腳。至於此說之優劣，我們將於下文再行評述。

第五，其他附帶的問題。無論是《安祿山事蹟》，還是《南史·蕭猷傳》，注家所引二書之事，皆坐實了杜詩之喻指。不過也有人認爲「玉衣」二句並非使事，而是泛泛懷想太宗生前英姿。如宋代張戒《歲寒堂詩話》就認爲「鐵馬」句「蓋歎其威靈如在」。〔註28〕明唐元竑亦曰：「或引《祿山事蹟》云云，爲『鐵』當作『石』。按馬汗，猶《朝享太廟賦》云：『弓劍皆鳴，汗鑄金之風馬』耳，與上句皆是虛用，見神靈常如在也。必欲紐合附會，胸中更著不得一故事矣。」〔註29〕何焯《義門讀書記》卷五十三所論與唐氏全同，當屬襲用。這裡唐元竑、何焯等人反對注家們徵引《安祿山事蹟》以坐實「鐵馬」的做法，認爲「汗鑄金之風馬」與「鐵馬汗常趨」皆是虛用，而非實指。其「見神靈常如在」這種論調，似乎又回到了張戒《歲寒堂詩話》中「歎其威靈如在」的說法，並重新主張詩句並無史實爲依據。此說雖未必確，然他們首次將《行次昭陵》「鐵馬汗常趨」與《朝享太廟賦》「弓劍皆鳴，汗鑄金之風馬」進行比較，具有極大的啓發意義。這是因爲《朝享太廟賦》中的「汗鑄金之風馬」句，用事亦不詳，然其字面上與《行次昭陵》中「鐵馬汗常趨」句頗爲相似，故唐元竑懷疑二者用了同一典故。顧炎武亦曰：「其《朝享太廟賦》曰：『弓劍皆鳴，汗鑄金之風馬。』在此未亂之前，又將何說？必古記有此事，而今失之爾。」〔註30〕確實如此，若「汗鑄金之風馬」果眞與「鐵馬汗常趨」用的是同一個典故，那麼《朝享太廟賦》的作年很明確，乃天寶九載冬〔註31〕，不可能隨便改至安史之亂以後，那也就不可能用昭陵石馬助戰之事進行注釋了。若果眞如此，那麼歷代注家不就陷入了顧此失彼、自相矛盾的境地了嗎？

三、對「鐵馬汗常趨」注釋史的反思與總結

縱觀歷代注家對《行次昭陵》中「鐵馬汗常趨」句注釋的歷史過程，我

〔註28〕張戒著，陳應鸞箋注《歲寒堂詩話》卷下，四川大學出版社1990年，第124頁。

〔註29〕唐元竑《杜詩攟》卷四，黃永武《杜詩叢刊》，臺灣大通書局1974年。

〔註30〕顧炎武著，黃汝成集釋《日知錄集釋》卷二十七，嶽麓書社1994年，第973頁。

〔註31〕關於杜甫《三大禮賦》的作年，有天寶十三載、天寶十載、天寶九載冬三種說法，應以後說爲是。其詳可參張忠綱先生《杜甫獻〈三大禮賦〉時間考辨》，載《文史哲》2006年第1期。

們可以發現，以錢謙益爲代表的眾多注家秉持杜詩「無一字無來歷」的觀念，一直力圖爲「鐵馬」句所用典故落實出處。然而以《安祿山事蹟》中的「石馬助戰」說注解「鐵馬」句存在幾個明顯的問題，諸如「鐵」與「石」的文字之異、詩歌編年的疑問、杜甫經昭陵的時地等。另外，上句「玉衣晨自舉」用漢代典故，而下句「鐵馬汗常趨」卻用當時事，也令人生疑。秉持此說的注家們爲了切合昭陵石馬助戰之事，首先得改底本之「鐵馬」爲「石馬」，其次還得改易詩歌的編年，這些都是強杜以從我的明顯表現。即便如此，由於《朝享太廟賦》中「汗鑄金之風馬」與「鐵馬汗常趨」非常相似，而賦作於安史亂前，這又使得注家們難以自圓其說，因此「昭陵石馬助戰」說的疑點就顯得非常突出了。

那麼有沒有比「石馬助戰」更爲貼切的典故來說明「鐵馬」句的用事來源呢？如前所述，顧炎武《日知錄》就認爲「必古記有此事，而今失之爾」，這就爲後人提供了一個思路，即去杜甫之前的文獻中去尋找典源。仇兆鰲於是找到《南史・蕭猷傳》中楚王廟土偶侍衛幫助蕭猷之事以落實之。施鴻保對此論贊同曰:「玉衣既用漢事，則楚王鐵馬事亦在前，可用作對，不必定用昭陵石馬，轉覺下句事實，上句事虛矣。」〔註 32〕然而我們同樣可以質問，既然昭陵石馬之典與「玉衣晨自舉」相比顯得過實，那麼改用楚王鐵馬的典故難道就不實了嗎，這不是換湯不換藥嗎？其實神靈助戰的故事在典籍中所在多有，如《南史・曹景宗傳》也有類似記載:「(梁天監六年) 先是旱甚，詔祈蔣帝神求雨，十旬不降。帝怒，命載荻欲焚蔣廟並神影。爾日開朗，欲起火，當神上忽有雲如傘，倏忽驟雨如瀉。臺中宮殿，皆自振動。帝懼，馳詔追停，少時還靜……於是備法駕將朝臣修謁。是時魏軍圍攻鍾離，蔣帝神報敕，必許扶助。既而無雨水長，(曹景宗) 遂挫敵人，亦神之力焉。凱旋之後，廟中人馬，腳盡有泥濕。」〔註 33〕《新唐書・五行志》中亦有類似記載:「至德二載，昭陵石馬汗出。昔周武帝之克晉州也，齊有石像，汗流濕地，此其類也。」〔註 34〕《新唐書》中昭陵石馬流汗的時間與《安祿山事蹟》所載稍有出入，其史料當本之於《安祿山事蹟》。檢《北史・周武帝本紀》並無石像流汗的記載，其文獻來源，疑出自小說野史，故此條記載並不爲仇兆鰲

〔註 32〕施鴻保《讀杜詩説》卷五，中華書局 1962 年，第 46 頁。

〔註 33〕李延壽《南史》卷五十五，中華書局 1975 年，第 1356 頁。

〔註 34〕歐陽修、宋祁《新唐書・五行志二》卷三十五，中華書局 1975 年，第 914 頁。

這樣嚴謹的注家所取。但將《南史・曹景宗傳》中蔣帝神助戰事與《南史・蕭猷傳》中楚王助戰事相比較就可以發現，二者雖很相似，但由於楚王助戰事中畢竟提到了「浴鐵」，與杜詩中的「鐵馬」從字面上更爲接近。不過所謂「浴鐵」是指披掛鐵甲的騎兵和戰馬，在古籍中多泛指精銳士兵，並未見其與帝王神靈有關的記載；況且此典中描寫的是「泥像流汗」而非「鐵馬流汗」，與詩意貼合得並不十分緊密。因此仇注以楚王鐵馬說代替昭陵石馬說，雖比之錢注有了進步，但仍存疑問。

既然一般都認爲「汗鑄金之風馬」和「鐵馬汗常趨」用典相同，那我們不妨先從《朝享太廟賦》中「汗鑄金之風馬」句的注釋開始，來尋找解決這一問題的突破口。爲此我們需要先徵引《朝享太廟賦》中的相關段落：「於以奏永安，於以奏王夏。福穰穰於絳闕，芳霏霏於玉斝。沛枯骨而破聾盲，施殀胎而逮鰥寡。園陵動色，躍在藻之泉魚；弓劍皆鳴，汗鑄金之風馬。霜露堪吸，禖祥可把。曾宮歔欷，陰事儼雅。薄清輝於鼎湖之山，靜餘響於蒼梧之野。」這段文字主要是描寫祭祀即將結束時音樂的影響和效果。從騈賦對仗的角度看，只有將「汗」字理解成動詞「使出汗」，「汗鑄金之風馬」與「躍在藻之泉魚」的對仗才算工整，可見這兩句的結構乃是 1～7 式。而「鑄金之風馬」，是神靈乘騎之華麗馬匹。則此句意謂：使鑄金之風馬出汗，意即神靈乘馬疾速來臨，致使乘騎流汗不止。風馬，語見《漢書・禮樂志》載《郊祀歌》：「靈之下，若風馬。左倉龍，右白虎。」顏師古注：「言速疾也。」將兩句合起來看，是說《永安》、《王夏》這些祭祀音樂感動了園陵中的神靈，使得弓劍皆鳴，金馬頻來。因此，「汗鑄金之風馬」的中心詞是「風馬」，而非「汗」，其出處應是《漢書・禮樂志》中的《郊祀歌》。若從「汗鑄金之風馬」來看「鐵馬汗常趨」，就可以發現「鐵馬」極有可能就是「鑄金之馬」的省稱。如果從這個角度反思錢謙益等人的注釋，就會發現他們似乎都過分偏重於對「汗」字的解釋，而忽略了「鐵馬」中的「馬」才是眞正的主語，這個「馬」極有可能是「風馬」的省稱。這樣一來，他們就陷入對「石馬流汗」故事的迷戀而不能自拔，甚或出現改易底本書字、更動詩歌編年以遷就史事的非常之舉。其實「汗」字在杜甫這兩句詩文中都是形容語，並非用典。眞正的典故應出在「馬」，而非「汗」字上。那麼如果我們試著把注釋的重點由「汗馬」轉向「鐵馬」，是不是就可以接近事情的眞相了呢？

從詩意和文意本身來看，「鐵馬汗常趨」與「汗鑄金之風馬」均是描寫帝王的威靈赫赫，那麼典籍中是否有關於「鐵馬」與神靈有聯繫，且又早於杜甫所處時代的文獻記載呢？經不斷搜檢，筆者發現下面兩例文獻似符合這樣的條件。《北史・李景傳》曰：「先是，府內井中甃上，生花如蓮，並有龍見，時變爲鐵馬甲士。又有神人，長數丈，見城下，跡長四尺五寸。景問巫者，巫者曰：『此不祥之物，來食血耳。』景大怒，推出之。旬日而兵至，死者數萬。」〔註35〕按，此事亦見《隋書・李景傳》。又《隋書・五行志下》：「仁壽四年，龍見代州總管府井中，其龍或變爲鐵馬甲士彎弓上射之象。變爲鐵馬，近馬禍也。彎弓上射，又近射妖，諸侯將有兵革之變，以致幽囚也。是時漢王諒潛謀逆亂，故變兵戒之。諒不悟，遂興兵反，事敗，廢爲庶人，幽囚數年而死。」〔註36〕這兩條文獻中都有井中龍形幻化爲鐵馬甲士之事，「鐵馬」代表著神靈降臨。那麼杜甫在詩文中將其移植化用，裁汰和過濾了原典故中的妖孽不祥成分，強化了唐代帝王神靈降臨的赫赫威勢，也算是恰切適當的。另有一個旁證，就是《朝享太廟賦》中還有「雲氣何多，宮井之蛟龍亂上」之句，也使用了井龍之典，說明杜甫對此典是熟悉的。以上這兩條文獻是關於「鐵馬」的，既是古事，又與神靈降臨有關，而龍又常作爲帝王化身，因此筆者認爲，《北史・李景傳》和《隋書・五行志》中井龍幻化爲鐵馬甲士之事，或許才是杜甫詩文的眞正來源和出處。通過比較可以發現，這個出處起碼比之《安祿山事蹟》和《南史・蕭猷傳》的相關事蹟更爲合理和貼切。只是由於「井龍鐵馬」之事爲僻典（上句『玉衣』亦然），並不爲杜詩注家熟悉，乃尋出昭陵石馬之事爲之作注。但注家們爲了遷就昭陵石馬助戰之典而將《行次昭陵》一詩的底本、編年全部改動的一系列做法不僅實在勉強，且仍與《朝享太廟賦》「汗鑄金之風馬」的解釋相牴牾，可謂破綻百出。後世學者雖然不斷提出質疑，但均未找到該句詩眞正的典源，現在是到了該徹底澄清這一問題的時候了。

第二節　《哀王孫》「朔方健兒」的學術史考察

杜甫的《哀王孫》是歷來爲人傳誦的名篇之一，此詩後半云：「豺狼在邑龍在野，王孫善保千金軀。不敢長語臨交衢，且爲王孫立斯須。昨夜東風吹

〔註35〕李延壽《北史》卷七十六，中華書局2000年，第1726頁。

〔註36〕魏徵《隋書・五行志下》卷二十三《龍蛇之孽》，中華書局2000年，第453頁。

血腥，東來槖駝滿舊都。朔方健兒好身手，昔何勇鋭今何愚。竊聞天子已傳位，聖德北服南單于。花門剺面請雪恥，慎勿出口他人狙。哀哉王孫慎勿疏，五陵佳氣無時無。」然而關於此詩中「朔方健兒好身手，昔何勇鋭今何愚」二句究竟何所指，歷代注家的解釋頗存疑問。

一、舊注對「朔方健兒」的解釋

關於詩中「昨夜東風吹血腥，東來槖駝滿舊都」二句所指，舊注以為是指安祿山派出的運送長安珍寶的駝隊。錢謙益曰：「《史思明傳》：祿山陷兩京，以駱駝運御府珍寶於范陽，不知紀極。」〔註 37〕而對「朔方健兒」所指，《分門集注杜工部詩》引師古曰：「哥舒翰領朔方兵守潼關，一日為賊敗，如入無人之境。昔禦吐蕃，稱精兵；今何敗北，皆歸於賊，故云云。」〔註 38〕黃鶴《黃氏補千家集注杜工部詩史》卷二、元佚名《集千家注杜工部詩集》卷三皆承其說，錢謙益亦曰：「哥舒翰將河隴朔方兵及蕃兵共二十萬拒賊，敗績於潼關。」〔註 39〕可見師古、錢氏均認為「朔方健兒」是指哥舒翰的朔方軍。故而「昔何勇鋭今何愚」，就被相應地理解為哥舒翰的潼關之敗。那麼關於「朔方健兒」與上面「東風吹血」之間是什麼關係，師古和錢謙益卻並未予以說明。若按照師古、錢氏這種解釋，這四句詩就變得忽而說叛軍，忽而又說哥舒翰，語序頗為突兀跳躍，不禁讓人會產生這樣的疑問：詩人在安慰王孫之時怎麼會突然提及哥舒翰的潼關之敗呢？況且若將「朔方健兒」理解成哥舒翰的朔方軍，則「昔何勇鋭今何愚」一句就變成了哀歎，這與詩人安慰王孫的本意不就矛盾了嗎？然而由於錢注的巨大影響力，此後朱鶴齡、仇兆鼇、浦起龍、楊倫等注家均未加考辨地沿襲了這種說法。如仇兆鼇曰：「『昨夜』四句，祿山猖獗，而恨哥舒之失計。」〔註 40〕浦起龍《讀杜心解》曰：「『東風』、『槖駝』，愓以賊形也。『健兒』、『何愚』，追慨失守也。」〔註 41〕但是杜甫安慰落難王孫時為什麼要和他先說敵人正在運送皇都珍寶以及去年哥舒翰兵敗之事呢？這些事顯然並不能給這個落難王孫以任何希望和安慰。對此，

〔註 37〕錢謙益《錢注杜詩》卷一，上海古籍出版社 1979 年，第 44 頁。

〔註 38〕佚名《分門集注杜工部詩》卷九，《四部叢刊初編》本，商務印書館 1929 年，第 160 頁。

〔註 39〕同上

〔註 40〕仇兆鼇《杜詩詳注》卷四，中華書局 1979 年，第 312 頁。

〔註 41〕浦起龍《讀杜心解》卷二之一，中華書局 1961 年，第 247 頁。

明末王嗣奭的《杜臆》這樣分析道：「不敢長語，又立斯須，所欲語者，太子傳位，北虜報效事，而先插入『東風吹血』等語，蓋以足『善保金軀』之意。而文勢迂迴，不致淺促，此局陣之妙。『愼勿出口』，又致丁寧，蓋因賊勢方盛，根『吹血腥』來。」又曰：「通篇哀痛顧惜，潦倒淋漓，似亂似整，斷而復續。」〔註 42〕可見，王嗣奭也已經注意到「東風吹血」等四句詩的突兀難解，他於是從章法布局和文勢的角度試圖進行解釋，但是既然「賊勢方盛」，又如何能教王孫「善保金軀」？這二者之間到底有何關聯呢？遺憾的是王嗣奭並未能眞正圓滿地解釋這種矛盾，故其說仍難以令人信服。當代杜詩學界的多數學者對「昨夜東風」以下四句的突兀性仍然習焉不察，其注釋大都延續著錢謙益以來傳統的解釋，甚至未加任何懷疑。如陳貽焮先生《杜甫評傳》中指出，「朔方健兒」二句表明「他批評了哥舒翰將河隴朔方兵拒賊敗績於潼關」。〔註 43〕應該說這種認識和理解對詩意的連貫性方面是麻木的，這都是由於輕信舊注、受到舊注的蒙蔽所致。更有甚者，呂思勉先生則將此詩「朔方健兒」所指又從哥舒翰轉移到了朔方軍將領郭子儀、李光弼身上，他說：「然則朔方之兵力，實非范陽之敵，所以然者，侈爲之也。……杜陵之詩曰：『朔方健兒好身手，昔何勇銳今何愚』，豈無故哉？」〔註 44〕這種解釋雖能避免舊注所持哥舒翰說存在的問題，但將「朔方健兒」坐實爲郭、李，萬難切合詩中的情境。試想當此性命攸關、間不容髮之際，詩人怎麼能向落難王孫絮絮叨叨地說起朔方軍將領們生活奢侈這樣毫不相干的事呢？由此可見，釐清詩中「朔方健兒」與「朔方軍」之間的關係，已經成爲正確理解詩意的關鍵問題。

二、「昔何勇銳今何愚」說的不是哥舒翰的潼關之敗

其實以師古、錢謙益爲代表的杜詩注家，將「朔方健兒」說成是哥舒翰領導的朔方軍是一種想當然。考史實，哥舒翰在安史之亂前身兼河西、隴右節度使，長期統兵河隴，雖在某些戰役中（如石堡城之戰）時曾指揮過增援的朔方軍一部，但卻從未做過朔方軍節度使。斯時的朔方節度使是安思順，安思順與安祿山爲堂兄弟，與哥舒翰素不相能。天寶十五載二月，哥舒翰誣指安思順潛通安祿山，安思順遂被玄宗賜死，製造了一樁冤案，其事詳見《舊

〔註 42〕王嗣奭《杜臆》卷一，上海古籍出版社 1983 年，第 42 頁。
〔註 43〕陳貽焮《杜甫評傳》，北京大學出版社 2003 年，第 286 頁。
〔註 44〕呂思勉《呂思勉讀史札記》丁帙，上海古籍出版社 1982 年，第 996 頁。

唐書・王思禮傳》。同樣，杜詩注家們將「昔何勇銳今何愚」理解成哥舒翰的潼關之敗，也違背了基本史實。安史亂初起之時，玄宗命哥舒翰抱病出守潼關。對於當時潼關守軍的組成，《舊唐書・哥舒翰傳》曰：「河、隴、朔方及蕃兵與高仙芝舊卒，共二十萬，拒賊於潼關。」〔註45〕《安祿山事蹟》曰：「以河西、隴右節度使、平西王哥舒翰為副元帥，領河、隴諸蕃部落奴剌、頡、跌、朱耶、契苾、渾、蹛林、奚結、沙陀、蓬子、處蠻、吐谷渾、思結等一十三部落，督蕃漢兵二十一萬八千人，鎮於潼關。」〔註46〕在以上兩種文獻中，《舊唐書・哥舒翰傳》中提到了哥舒翰的潼關守軍中確有朔方軍，而《安祿山事蹟》中沒有提及。又據《舊唐書・高仙芝傳》：「（天寶十四載十一月）仙芝領飛騎、彍騎及朔方、河西、隴右應赴京兵馬，並召募關輔五萬人，繼封常清出潼關進討。」〔註47〕可見包括朔方軍在內的諸鎮兵馬，當時都曾分兵赴京討逆。在封常清、高仙芝退守潼關被殺以後，這支赴京的朔方軍轉由哥舒翰指揮。因此出現在潼關的所謂朔方軍，只是朔方軍之一部。據史料可知，守衛潼關的主力乃是河、隴鎮兵及其所屬諸蕃部落，多為哥舒翰之舊部。而當時郭子儀、李光弼統率之朔方軍主力，已經深入河北，正與叛軍鏖戰於井陘、常山一帶。〔註48〕據《舊唐書・玄宗本紀下》載：「（天寶十五載）二月丙戌，李光弼、郭子儀將兵東出井陘，與賊將史思明戰，大破之，進取郡縣十餘。」「（六月）庚寅，哥舒翰將兵八萬與賊將崔乾祐戰於靈寶西原，官軍大敗，死者十六七。其日，李光弼與賊將史思明戰於常山東嘉山，大破之，斬獲數萬計。」〔註49〕所以舊注將「朔方健兒」想當然地理解成「朔方軍」，並由朔方軍又進一步聯及哥舒翰和潼關之敗，實屬大謬，是注釋者望文生義、不求甚解的產物。即使退一步來講，哥舒翰軍在潼關的失敗也不能說成是由於將士的愚蠢造成的。潼關之戰失敗的主要原因乃是由於不扼守險要、倉促出師所導致的。關於這一點，杜甫《潼關吏》所云「胡來但自守，豈復憂西

〔註45〕劉昫《舊唐書・哥舒翰傳》，中華書局1975年，第3213～3214頁。

〔註46〕姚汝能《安祿山事蹟》卷中，中華書局2006年，第97頁。

〔註47〕劉昫《舊唐書・高仙芝傳》，中華書局1975年，第3206頁。

〔註48〕對於當時潼關守軍中是否有朔方軍的問題，艾尚連先生在《從「朔方健兒」說到阿布思之死——杜詩〈哀王孫〉「朔方健兒」句史實釋證》（載《實事求是》1987年第1期）一文中說：「哥舒翰所統鎮守潼關的二十萬軍隊實不包括朔方士兵在內」，未能詳考史實，其說顯誤。

〔註49〕劉昫《舊唐書・玄宗本紀下》，中華書局1975年，第231～232頁。

都」，說的已經很清楚了。雖然他在詩中不敢直接指斥玄宗的昏庸促戰，只是籠統地說「愼勿學哥舒」，但杜甫非常清楚這場戰役失敗的主要原因在於高層決策者的失誤，特別是由於玄宗昏庸，聽信了楊國忠的讒言，不斷督促哥舒翰出戰而致敗。杜甫顯然不認爲哥舒翰所屬的部下是愚蠢的，也萬不會將潼關之敗的責任歸之於守衛潼關的將士，且不管這些守關將士是否屬於朔方軍。師古認爲「昔何勇銳今何愚」是說潼關守軍「昔禦吐蕃，稱精兵；今何敗北，皆歸於賊，故云云」，而杜甫《潼關吏》云：「潼關百萬師，殘害爲異物」，既然杜甫認爲潼關守軍都已經戰死，又怎麼談得上還存在一個由「勇銳」到「愚」的轉變過程呢？所以《哀王孫》中「朔方健兒好身手，昔何勇銳今何愚」說的並不是哥舒翰潼關戰敗之事，這種謬見最早是由宋人師古提出的，此後歷代的杜詩注釋者對此說均未能詳查，乃對其說沿襲株守，致使謬種流傳，遺誤至今。

三、清初金聖歎、何焯曾另出新解，認爲「朔方健兒」係指安史叛軍

清初的金聖歎已經注意到舊注所釋「東風吹血」數句在語意上的不暢，於是他在《杜詩解》中作出了新的解釋：「此一解說賊無大志也。唱亂健兒，久聞好手，乘勢席卷，猝亦難制。今卻有絕好消息：昨夜風吹血腥，卻是橐駝東來，馱載所劫珍寶。志既在此，勇銳盡矣！此一快聞也。」〔註 50〕金聖歎認爲詩中所謂「東來橐駝」之事，是說敵人忙著運送所劫珍寶之事，從中可以看出敵人並無大志，即將潰敗，杜甫的目的是以此來安慰王孫，讓他繼續忍耐和等待。應該說金聖歎的解釋雖是在錢注的基礎上進行的，但對於「朔方健兒好身手」二句的解釋卻已經突破了錢注所持之哥舒翰說，對詩意的把握比錢氏更爲深入細緻。因爲金聖歎此說巧妙地解決了「昨夜東風吹血腥」二句安插在這裡的必要性問題，也切合杜甫《哀王孫》安慰王孫的語意，但是他並未解釋如何將「朔方健兒」理解爲安史叛軍的原委。大概金聖歎只是出於解詩的直覺，且在串解中無暇詳細申說，故其論仍顯單薄。比如將「昔何勇銳今何愚」理解爲「勇銳盡矣」，金聖歎就只是闡釋了「勇銳」，卻完全忽略了對「愚」字內涵的解讀，人們不禁要追問，勇銳盡失的叛軍應該以「怯

〔註 50〕金聖歎《杜詩解》卷一，上海古籍出版社 1984 年，第 43 頁。

儒」稱之，詩人爲何要冠以「愚」字？他們究竟「愚」在何處呢？然而不管怎樣，應該說金聖歎這種解釋畢竟使得詩歌上下文之間的語意貫暢，是《哀王孫》詩意解讀史上的一個突破，可惜的是，後人對金氏的此番用心一直未能充分地理解和體察。金聖歎之後，何焯在《義門讀書記》中對舊注之成說也提出過異議：「朔方健兒好身手，此朔方謂幽燕，非朔方軍也。」〔註51〕可見何焯也是把「朔方健兒」看成安史叛軍的一部分，然而何焯此說亦未見任何響應擁護者。

四、陳寅恪先生提出，「朔方健兒」應指同羅部落士兵

1953 年，陳寅恪先生對《哀王孫》中「朔方健兒」所指提出了質疑，其《書杜少陵哀王孫詩後》云：「杜少陵《哀王孫》詩爲世人所習誦，自來箋釋之者眾且詳矣，何待今日不學無術，老而健忘者之饒舌耶？然於家塾教稚女誦此詩，至『朔方健兒好身手，昔何勇銳今何愚』之句，則瞠目結舌，不能下一語，而思別求一新解。」陳寅恪先生在家中教稚女讀杜詩時發現，「朔方健兒」數句在解釋上存在的問題，於是想尋求更爲通達之解。憑藉著對唐史的熟稔，他考出詩中的「朔方健兒」應是指同羅而言，其曰：「然則『朔方健兒』一詞，果何所指耶？鄙意實指同羅部落而言也。何以得知『朔方健兒』之名乃指同羅部落者？因同羅部落本屬於朔方軍，安祿山誘害其酋長阿思布，襲取其兵卒，而此種兵卒，後遂成爲祿山所統軍隊之主力者也。」〔註52〕又曰：「同羅僕骨及回紇種類甚相近，其勇健善鬥，爲中國當時東方及北方諸外族所最畏憚者。此三種族所居之地，或直隸於朔方軍，或與朔方軍政區相鄰近，概可稱爲與朔方軍關係密切之外族也。安祿山雖久蓄異謀，然不得同羅部落爲其軍隊主力，恐亦未敢遽發大難。蓋祿山當日所最畏忌者，爲朔方軍。同羅部落乃朔方軍武力之重要部分，既得襲取此部落以爲己用，更可爲所欲爲矣……鄙意『昨夜東風吹血腥，東來橐駝滿舊都』二句，與『朔方健兒好身手，昔何勇銳今何愚』二句，應是同詠一事，不可分爲兩截。蓋同羅部落，其初入長安時，必與駱駝隊群偕來，故少陵牽連及之。同羅昔日本是朔方軍勁旅，今則反復變叛，自取敗亡，誠可謂大愚者也。」〔註53〕陳寅恪

〔註51〕何焯《義門讀書記》卷五十一，文淵閣四庫全書本。

〔註52〕陳寅恪《金明館叢稿二編》，三聯書店 2001 年，第 61 頁。

〔註53〕同上，第 63～64 頁。

指出，同羅部落原屬朔方軍，安祿山誘害其首領阿思布後，收取其兵卒，作爲其精鋭部隊「曳落河」之一部。此後同羅士兵遂屢爲安史之徒摧鋒陷陣，充當鷹犬。而安史之亂前，同羅在阿思布統率下隸屬於朔方軍，一直是唐軍的一支生力軍。故杜詩「昔何勇鋭今何愚」之語，是針對這支胡族軍事力量前後順逆變化發出的慨歎。如果我們再連同金聖歎「志既在此，勇鋭盡矣，此一快聞」的解釋，就可以體會出詩人一方面是將敵人無心戀戰的消息傳遞給落難王孫以安慰之，另一方面對同羅這個貪婪部族附逆叛唐的短視行爲也同時表示了不解和憤慨。這樣一來，「昨夜東風吹血腥，東來橐駝滿舊都。朔方健兒好身手，昔何勇鋭今何愚」四句説的都是同羅叛軍，詩人看見同羅部族以大批橐駝攜其所劫財物調防長安，在諷其貪婪的同時，又進一步斷言，此輩必無心久戰，安慰王孫忍死以待其變，這種解釋比之舊注將「朔方健兒」解作哥舒翰軍之説無疑更爲貫暢和貼切。陳寅恪先生又進一步申述曰：「此四句應與下文『竊聞天子已傳位，聖德北服南單于。花門剺面請雪恥，慎勿出口他人狙』四句，一氣連讀，不可隔斷。少陵之意，蓋謂同羅部落夙畏回紇，既已叛去，不復爲安氏守長安矣。今唐兵又將引回紇部眾以收西京，長安精鋭守兵，唯餘甚畏回紇之奚部落，回紇一至，奚必奔潰也。綜合八句，其文理連貫，邏輯明晰，非僅善於詠事，亦更善於說理也。」〔註 54〕可見，如果我們將「朔方健兒」解作附逆之同羅部落，再聯繫「竊聞」以下八句，就會發現不僅文意頗爲通順，條理亦頗爲清晰連貫，也就根本就不再有王嗣奭所云「似亂似整，斷而復續」的問題了。

結　論

杜甫撰寫《哀王孫》之時，正身陷長安，因未受羈押，尚能各處走動，因而他格外留意觀察叛軍內部的各種動向，對剛剛調防長安的同羅叛軍的情形也頗爲瞭解，甚至還從其他渠道打聽到了玄宗已經正式傳位給肅宗、唐軍已向回紇借兵等消息，這從杜甫日後能於叛軍防守嚴密的長安脫身西走鳳翔的舉動中都可以得到驗證。那麼杜甫此詩是從同羅部落志在劫掠財物的舉動上，判斷出敵人胸無大志、即將潰逃的種種端倪，從而對這位竄伏草間的落難王孫予以寬慰。從中可我們以懸揣當日之詩人對於同羅部落原本名隸朔方軍的事實是非常清楚的，只是由於時代久遠，這一事實才逐漸爲人所淡忘，

〔註 54〕陳寅恪《金明館叢稿二編》，三聯出版社 2001 年，第 61 頁。

使得對杜詩此句的注釋和理解出現了偏差。而從常理來看，處於那麼危機四伏的情況中，詩人與王孫之間的對話應頗爲簡短，故當時根本無暇顧及去慨歎兩年前哥舒翰在潼關的那場軍事失敗。因此杜詩「朔方健兒」二句的原意是慨歎同羅部族叛唐從逆之短視與愚蠢。但是由於對歷史眞相的隔膜，由宋迄清乃至當代，注家多輾轉沿襲宋人師古望文生義之說而未察其誤。雖然清初金聖歎曾破除成說，另出新解，然未暇申論，其說一直隱而不彰。直到到陳寅恪先生最終窺破玄機，對詩中「朔方健兒」的解讀才終於回到正確的軌道上來。然而杜詩學界的主流對陳寅恪的解釋卻似乎仍然置若罔聞，多數注本中仍然延續著錢注的錯誤說法。所以《哀王孫》「朔方健兒」的解讀史，正好可以作爲杜詩注釋史上一個由誤到正的標本。而陳寅恪先生《書杜少陵哀王孫詩後》中所使用的「以史證詩」研究方法以及對文本反復研讀的細緻精神，都特別值得引起學界的重視和反思。從中可見，只有做到對史實深入細緻的瞭解，最大限度地還原詩人當時的創作情境，才不會在使用「以史證詩」研究方法時掉進膚淺聯繫和牽強比附的泥沼中，也只有這樣，才眞正能夠做到正確地解讀詩歌的本意，而不是望文生義地隨意附會或肆意歪曲。此外還有，就是對詩句之間的相互關聯和前後邏輯要格外細心體察，應保持對詩意的敏感和獨立思考能力，這樣才不會爲舊注的成說所誤導而對詩意的順暢和連貫性麻木不仁。

第三節　《示獠奴阿段》「陶侃胡奴」用典考辨

杜甫《示獠奴阿段》曰:「山木蒼蒼落日曛，竹竿嫋嫋細泉分。郡人入夜爭餘瀝，豎子尋源獨不聞。病渴三更回白首，傳聲一注濕青雲。曾驚陶侃胡奴異，怪爾常穿虎豹群。」從宋代開始，歷代的杜詩注家們圍繞著此詩尾聯中「陶侃胡奴」到底使用何典的問題進行了長期的爭論，對此典故的注解甚至已經影響到對整首詩的理解問題，因此我們需要首先梳理杜詩學史上對「陶侃胡奴」的諸種說法，以便對其正誤進行詳細考辨。

一、早期杜詩注家對「陶侃胡奴」所用典故的追尋和爭論

從杜詩注釋史來看，早期的注家對「陶侃胡奴」所用典故的出處並未能進行確認，如《分門集注杜工部詩》引王洙曰:「此詩全章皆引泉事，惟陶侃

胡奴，傳記不錄。」〔註 55〕最早給出答案的是宋代的薛蒼舒（字夢符），《九家注》引薛夢符曰：「《晉書·陶侃傳》：媵妾數十人，家僮千餘。《世說》：王修齡曰：『修齡若饑，自當問謝仁祖索食，不須陶胡奴米船。』注：胡奴，陶範小字。《侃別傳》曰：範，侃第十子也。」〔註 56〕薛夢符指出，陶侃之子陶範，小字（即乳名）胡奴，則詩中「陶侃胡奴」似應是指陶範。那麼對「曾驚陶侃胡奴異」之「異」字應該如何落實呢？看來只有去陶範的生平中去搜尋了。《九家注》又引師古曰：「陶侃有十七子，見本傳者止九人。惟《袁宏傳》載，胡奴於密室抽刀逼宏，以宏作《東征賦》皆載過江諸公名德，而不及侃。宏窘急，遂口占六句答之，胡奴乃止。亦不見穿虎豹群事。胡奴名惟見於此。」〔註 57〕師古於《晉書·袁宏傳》中只是找到陶範以刀威脅袁宏之事，然此事雖也稱得上「異」，但杜甫詩中是對獠奴阿段能夠「常穿虎豹群」嘖嘖稱奇，而陶範以刀威脅袁宏之事與此並不甚類似，故頗使人生疑。趙次公乃云：「次公以彼（薛夢符）不能參考其義，以逆杜詩之意。陶侃既家僮千餘，則奴僕之多如此，其子胡奴必有所稱異之者。如今日阿段能穿虎豹群以尋水源，其在陶侃家僮千餘之中，必亦可異者矣。意似如此，而事未顯見，以俟博聞。」〔註 58〕趙次公認爲，不能以陶範小字胡奴便要將「陶侃胡奴」之典非得落實到陶範身上，此事還是應該出於陶侃的千餘奴僕身上，但是由於找不到相關的記載，於是認爲相關文獻或許早已失傳。應該說趙次公在這裡的思考是清醒的，其闕而存疑的態度也是嚴謹與客觀的。通過比較我們可以發現，趙次公和薛夢符、師古等人的分歧主要在於，是應將「陶侃胡奴」理解爲「陶侃之胡族奴僕」，還是應理解爲「陶侃之子陶胡奴」？其後對此典故注釋的爭論，也大都是圍繞這個問題展開的。

二、吳曾、陳之壎等誤以爲「陶侃胡奴」是指杜甫之子

宋吳曾《能改齋漫錄》曰：「杜詩有《示獠奴阿段》云：『曾經陶侃胡奴

〔註 55〕佚名《分門集注杜工部詩》卷二十五，《四部叢刊初編》本，上海商務印書館 1929 年，第 416 頁。

〔註 56〕郭知達《新刊校定集注杜詩》卷二十八，中華書局 1982 年影印瞿鏞鐵琴銅劍樓本。

〔註 57〕郭知達《新刊校定集注杜詩》卷二十八。

〔註 58〕趙次公著，林繼中輯校《杜詩趙次公先後解輯校》戊帙卷三，上海古籍出版社 1994 年，第 961～962 頁。

異，怪爾常穿虎豹群』，蓋謂其子也。按《世說》：陶胡奴爲烏程令。注云：胡奴，陶範小字。《侃別傳》曰：範，字道則，侃第十子。侃諸子中最知名，歷尚書秘書監。何法盛以爲第九子。」〔註 59〕吳曾認爲，既然「胡奴」爲陶範小字，而陶範爲陶侃之子，所以杜詩用「陶侃胡奴」之典指的就是自己兒子。吳曾這種說法當然是極端錯誤的，不過因爲杜甫《示獠奴阿段》「豎子尋源獨不聞」中的「豎子」在宋代杜集（如宋百家本）中還有異文作「稚子」者，這樣一來，後世的注者難免也會產生類似的迷惑，於是亦有如吳曾一樣認爲「胡奴」是指杜甫之子者。如清初陳之壎曰：「詩曰『稚子』，又五言古詩題《女奴阿稽、豎子阿段往問》，則阿段爲公之稚子無疑。只緣詩與題兩『奴』字，僞蘇遂撰出『海山使者』一段，附會流傳，至今惑亂。抑知陶侃第十子名範者，字胡奴，公正引用父子事以自況也。獠奴，當是阿段小名。」〔註 60〕然而杜甫此詩題目上已明確標明「獠奴阿段」，詩中又曰「陶侃胡奴」，則阿段絕非其子。《北史》載：「獠者，蓋南蠻之別種，自漢中達於邛、笮、川洞之間，所在皆有。種類甚多，散居山谷，略無氏族之別。又無名字，所生男女，唯以長幼次第呼之。其丈夫稱阿謩、阿段，婦人阿夷、阿等之類，皆語之次第稱謂也。」〔註 61〕據此可知，阿段實乃獠人，爲杜甫僕隸，故稱「獠奴」，非杜甫之稚子明矣。吳曾、陳之壎等人在此問題上的迷惑，其根源仍是注釋者們對「陶侃胡奴」的典源的理解上存在著分歧，因陶侃之子陶範小字胡奴，那麼「胡奴」就從奴僕身份轉爲父子身份，將這種關係移之於對杜詩的理解上，就容易導致誤解的產生。

三、劉敬叔《異苑》所載陶侃胡奴爲「海山使者」說

自薛夢符等人將對「陶侃胡奴」典故的追尋落實到陶侃之子陶範身上以後，似將問題引向了歧途。不過僞蘇注很快給出了另外的答案，並由此引發了又一番爭論。佚名《分門集注杜工部詩》引僞蘇注曰：

> 侃得胡奴，甚不喜語言，常默坐。侃一日出郊，執鞭隨之，胡僧見而驚禮曰：「此海山使者也，因念墮下。」侃異之。至夜，失其

〔註 59〕吳曾《能改齋漫錄》卷七《胡奴》條，上海古籍出版社 1979 年，第 191 頁。
〔註 60〕陳之壎《杜工部七言律詩注》卷三，清康熙二十二年（1683）刻本。
〔註 61〕李延壽《北史》卷九五《列傳第八十三》，中華書局 2000 年，第 2092 頁。

所在。〔註62〕

僞蘇注僞撰故實的習氣，自宋代以來一直爲有識之士所詬病。然此條僞蘇注表面上看來似乎並非僞造，因爲注中所謂「海山使者」之事確實見於劉敬叔《異苑》，文曰：

> 侃家僮千餘人，嘗得胡奴，不喜言，常默坐。侃一日出郊，奴執鞭以隨，胡僧見而驚禮云：「此海山使者也。」侃異之。至夜，失奴所在。〔註63〕

若將《異苑》此條文字與僞蘇注所引文字進行比較後就可以發現，二者內容幾乎完全一致，僅有幾個字稍有出入，這不禁令人懷疑，《異苑》的原本中是否眞有此條記載？是不是存在有人將僞蘇注所引「海山使者」事摻入《異苑》的可能呢？清初錢謙益就堅信所謂「海山使者」云云乃是有人將僞蘇注抄入《異苑》所致，其曰：「陶侃胡奴，未詳所出。舊引僞坡注，今削之。有人云見劉敬叔《異苑》，考之，仍是僞蘇注也。《異苑》是流俗刻本，或繕寫人勦入耳，不足援據。」〔註 64〕雖然錢謙益如此言之鑿鑿，但紀昀在《四庫全書總目》中卻認爲劉敬叔《異苑》的傳本是相對完整的，其曰：「疑已不免有所佚脫竄亂，然覈其大致，尚爲完整。與《博物志》、《述異記》全出後人補綴者不同。且其詞旨簡澹，無小說家猥瑣之習，斷非六朝以後所能作，故唐人多所引用。如杜甫詩中『陶侃胡奴』事，據《世說新語》但知爲侃子小名。勘驗是書，乃知別有一事，甫之援引爲精切，則有裨於考證亦不少矣。」〔註65〕紀昀認爲劉敬叔《異苑》一書「斷非六朝以後所能作」，並特別引「陶侃胡奴」一事爲例，以說明該書對杜詩注釋的重要參考價值。不過現當代學者的研究表明，紀昀所言實不可靠。魯迅先生曰：「《異苑》今存者十卷，然亦非原書。」〔註66〕李劍國指出，今本《異苑》的382條中，有60餘條濫取他書，說明它是一個半眞半假的輯本。其中「陶侃胡奴」條出自《古今事文類聚》後集卷十七、《古今合璧事類備要》前集卷五十四〔註67〕。莫礪鋒先生

〔註62〕佚名《分門集注杜工部詩》卷二十五，《四部叢刊初編》本，上海商務印書館1929年，第416頁。

〔註63〕劉敬叔著，范甯點校《異苑》卷五，中華書局1996年，第43頁。

〔註64〕錢謙益《錢注杜詩》卷十四，上海古籍出版社1979年，第487頁。

〔註65〕紀昀《四庫全書總目・子部五十二・小說家類三》卷一百四十二，中華書局1965年，第1208頁。

〔註66〕魯迅《中國小說史略・六朝之鬼神志怪書（上）》，齊魯書社1997年，第43頁。

〔註67〕李劍國《唐前志怪小說史》，天津教育出版社2005年，第406頁。

已經考出，僞蘇注出現的時間，大致在南宋紹興十二年至十七年（1142～1147）之間〔註 68〕。而《古今事文類聚》、《古今合璧事類備要》二書的編纂要遠晚於僞蘇注〔註 69〕，所以其中關於「陶侃胡奴」的記載，極有可能就是來自僞蘇注。應該承認的是，假若不是有僞造故實的嫌疑，《異苑》所載「海山使者」事對於解釋杜詩中「陶侃胡奴」的典故確實是非常恰切的。因爲此說避免了薛夢符等舊注中將「陶侃胡奴」理解爲陶侃之子陶範的難通之處，由原來的父子之典又重新還原爲主僕之典，而且詩句中的「驚」、「異」字也均可以落實。不過由於此說涉嫌僞蘇注，後世的杜詩注家對其保持了足夠的警惕，又加上錢謙益的堅決反對，人們對此說多不予採信，於是對此典的箋釋又不斷出現了其他一些說法。

四、陳廷敬改「陶侃」爲「陶峴」，並尋出《甘澤謠》所載「崑崙奴」之事

清初陳廷敬另闢蹊徑，爲「陶侃胡奴」找到了另外的出處，其《杜律詩話》云：

> 陶侃之奴，僞蘇注及劉敬叔《異苑》，其不可信，人皆知之，然其事卒不知所出。思舊有臆解：陶侃或是陶峴。峴，彭澤之孫，浮游江湖，與孟彥深、孟雲卿、焦遂共載，人號「水仙」。有崑崙奴名摩訶，善泅水，後峴投劍西塞江水，命奴取，久之，奴支體形裂，浮於水上。峴流涕回棹，賦詩自敘，不復遊江湖。峴既公同時人，其友又公之友，異事新聞，故公用之耳。陶奴入水，卒死蛟龍；公奴入山，宜防虎豹，事相類。「侃」、「峴」音相近，但峴事僻，人因改作侃也。〔註 70〕

陳廷敬所云陶峴「崑崙奴」事，見於袁郊《甘澤謠》之「陶峴」條：

> 海舶崑崙奴，名摩訶，善泅水而勇捷……及回棹下白芷，入湘

〔註 68〕莫礪鋒《杜詩「僞蘇注」研究》，《唐宋詩歌論集》，鳳凰出版社 2007 年，第 46 頁。

〔註 69〕《古今事文類聚》後集，爲南宋祝穆所編。據《新安學系錄》：「祝和父，名穆，初名丙，直清從子。父康國，與晦庵先生爲內弟。」則其爲朱熹晚輩。且《古今事文類聚》爲祝穆暮年所編，則其成書時間，要晚於僞蘇注出現的時間。《古今合璧事類備要》前集，爲南宋建安人謝維新所輯，該書成於寶祐五年（1257），也遠晚於僞蘇注出現的時間。

〔註 70〕陳廷敬《杜律詩話》，《午亭文編》卷五十，清康熙四十七年（1708）刻本。

江，每遇水色可愛，則遺環劍於水，令摩訶下取，以爲戲笑也……摩訶不得已，被髮大呼，目眥流血，窮泉一入，不復出矣。久之，見摩訶支體磔裂，浮於水上，如有示於峴也。峴流涕水濱，乃命回棹，因賦詩自敘，不復議遊江湖矣。〔註71〕

陳廷敬認爲「曾驚陶侃胡奴異」中之「陶侃」應作「陶峴」，因爲陶峴有善泅水之「崑崙奴」。其說前所未見，確實新人耳目。應該承認的是，《甘澤謠》中「崑崙奴」之事比之《異苑》「海山使者」之事更加切合杜詩詩意。因爲杜詩是說獠奴有穿虎豹群之異能，《甘澤謠》中的「崑崙奴」則善於泅水，有水中取劍之能，兩事正好可相類比。而在《異苑》所載「海山使者」事中，陶侃之胡奴並未顯示出任何令人驚詫的非凡本領，其特異之處只是通過胡僧的「見而驚禮」進行了側面表現。雖然如此，陳廷敬此說仍存在很大疑問。首先，陳氏將「陶侃」改作「陶峴」並無任何版本依據。遍檢早期的杜集，「陶侃」均無「陶峴」之異文，故而陳氏此處校改，明顯屬於臆改。此外，陶峴與杜甫爲同時人，這樣一來杜詩中的「陶峴胡奴」便非用典，而是用當時人之事了。然而杜詩中很少用此類「新聞」入詩，因而讓人感到陳氏此說恐怕難以成立。但陳廷敬的《杜律詩話》卻頗爲當時所推重，仇兆鰲《杜詩詳注》、浦起龍《讀杜心解》均徵引了陳氏此說。不過其後也有一些注家表示反對，如邊連寶曰：「陶侃胡奴，事無確據。陳澤州謂『陶侃』當作『陶峴』，引崑崙奴事太僻。且峴與公同時，不可從，闕之可也。」〔註72〕楊倫曰：「引陶峴《甘澤謠》事，謂『侃』字當作『峴』，亦恐未合，姑存疑。」〔註73〕邊連寶、楊倫對陳說提出質疑，主張在尋不到「陶侃胡奴」的合適典源之前應「闕而存疑」，此論上承宋代趙次公之見，是一種客觀冷靜的治學態度。可見陳廷敬其說雖新異，但是卻存在文獻依據不足的明顯缺陷。

五、顧炎武以爲「陶侃胡奴」乃杜甫誤用典故

假若確定陶侃之子陶範小字胡奴，那麼「陶侃胡奴」說的應是父子關係，而用這個典故來解釋《示獠奴阿段》的主僕關係時就顯得扞格難通，既然如此，顧炎武認爲不如乾脆承認杜甫對典故的運用存在失誤，不必曲爲之諱，

〔註71〕袁郊《甘澤謠》，《叢書集成初編》本，商務印書館1939年，第4頁。
〔註72〕邊連寶《杜律啓蒙》七律卷三，齊魯書社2005年，第450頁。
〔註73〕楊倫《杜詩鏡銓》卷十二，上海古籍出版社1998年，第593頁。

其云：

> 古人經史，皆是寫本，久客四方，未必能攜，一時用事之誤，自所不免，後人不必曲爲之諱。子美《寄岳州賈司馬六丈、巴州嚴八使君》詩「弟子貧原憲，諸生老伏虔」，本用濟南伏生事。伏生名勝，非虔。後漢有服虔，非伏也。《示獠奴阿段》詩「曾驚陶侃胡奴異」，蓋謂士行有胡奴，可比阿段。胡奴，侃子範小字，非奴也。〔註 74〕

顧炎武此論表現出極爲大膽的懷疑精神，可是在他所舉的這兩個例子中，第一例其實是不恰當的，陳僅在《竹林答問》中即指出：「古『服』、『伏』通用。《文選》江文通《別賦》，李善注引服虔《通俗文》，正作『伏虔』，此其的證也。陸士衡詩『誰謂伏事淺』，善注：『伏與服同，古字通。』老杜《昔遊》詩『伏事董先生』，即本此，亦可互證。歷來注家，均未及之。」〔註 75〕按，陳僅所論極是，故此例應是顧炎武考證未密之處。然而顧炎武舉出的第二例即「陶侃胡奴」之典，顧炎武認爲，既然薛夢符等人已經考出「胡奴」爲陶侃之子陶範之小字，則「胡奴」並非奴僕，那麼杜詩中以此來形容獠奴阿段是驢唇不對馬嘴的，應屬於杜甫誤用。對顧炎武此說，王利器先生亦表示贊同〔註 76〕。筆者認爲，也許我們對顧炎武的質疑應該從反面來理解，假如杜甫要是沒有用錯典故的話，那是不是說明《九家注》中薛夢符以陶範小字胡奴之事來注釋「陶侃胡奴」之典存在著某些問題呢？

六、對杜詩「陶侃胡奴」注釋史的總結與反思

總之，通過杜詩《示獠奴阿段》的注釋史可以看出，經過歷代注家的努力追尋，對「陶侃胡奴」所用典故出現了幾種完全不同的解釋。在這些說法中，最早出現的薛夢符關於「陶範小字胡奴」的注釋，將後來的注者數次引入歧途，乃至吳曾等人竟錯以爲阿段爲杜甫之子。究其原因，是因爲陶侃與陶胡奴是父子關係，而杜詩所云卻是主僕關係，二者之間存在很大差距，所以顧炎武等人乾脆認爲是杜甫用典有誤。但是除了趙次公之外，宋代的注家

〔註 74〕顧炎武著，黃汝成集釋《日知錄集釋》卷二十七《杜子美詩注》，上海古籍出版社 1985 年，第 2259 頁。

〔註 75〕陳僅《竹林答問》，《清詩話續編》本，上海古籍出版社 1983 年，第 2259 頁。

〔註 76〕王利器《杜集校文釋例（下）》，《西北大學學報》1980 年第 3 期。

們一直沒有意識到，杜甫既然使用的是「陶侃胡奴」之典，就應該在陶侃奴僕身上去尋找典源，而不是從其子陶範身上去追尋。可偏偏事有湊巧，陶侃之子陶範小字恰作「胡奴」，這與杜詩「陶侃胡奴」在字面上正好一致。所以平心而論，陶範之字「胡奴」或許只是偶然與杜詩在字面上巧合罷了，然而沒想到正是這點巧合，竟然造成了杜詩學史上聚訟千年的一樁公案。宋代許多注家之所以抓住陶範小字胡奴之事不放，歸根到底還是宋代的注釋者秉持著杜詩「無一字無來歷」的觀念，頑固地堅持在注釋中努力追尋杜詩中出現的每個語詞的文獻來源。在這個追尋過程中，竟逐漸忽略了詩意的眞正所指，出現了釋事忘意的偏頗。

在關於「陶侃胡奴」典源的其他幾種說法中，僞蘇注所引劉敬叔《異苑》「海山使者」一事，與杜詩詩意關合得最爲恰切。然而可惜的是，由於僞蘇注的臭名昭著，即使今傳本《異苑》中確載有「海山使者」之事，後世注家亦對其保持著相當的警惕而不予相信，而且目前我們確實也不能排除《異苑》中此條文字係後人據僞蘇注抄入的可能。假如《異苑》所載「海山使者」事確乎出自僞蘇注，而陶範小字胡奴與杜詩的「陶侃胡奴」又確乎是一種巧合，那麼似乎只有趙次公、邊連寶、楊倫等人闕而存疑的說法才算現實和嚴謹。而根據詩意，我們只能憑空猜測陶侃當有一個令人驚異的胡奴，只是相關文獻已經散佚無徵，後人遂對杜詩所云感到費解。而杜詩必有所本，當非誤用。

除此之外，如果我們再換一個角度來看此問題，也許還能得到些新的認識。在上述幾種注解中，將「陶侃胡奴」或是解作「陶侃之胡奴」，或是解作「陶侃之子陶胡奴」。可以看出，注家對「胡奴」二字過分關注，他們努力追尋其出處和典故，而對「陶侃」二字來說則顯得相對忽略。那麼陶侃與胡奴之間的關係除了主僕、父子這樣的關係，還有沒有其他的關聯呢？這其實又涉及到陶侃的族屬問題。關於陶侃之族屬，《晉書・陶侃傳》稱其「望非世族，俗異諸華。拔萃陬落之間，比肩髦儁之列。」〔註77〕陳寅恪先生也已考出，陶侃出於溪族，陶氏家族所居住之鄱陽郡，爲溪族雜居之地。〔註78〕陶侃如此低賤的異族出身頗爲當時世族所不齒，據《世說新語・容止》載，溫嶠就

〔註77〕房玄齡等《晉書・陶侃傳》卷六十六，中華書局1974年，第1782頁。
〔註78〕陳寅恪《魏書司馬睿傳江東民族條釋證及推論》，《金明館叢稿初編》，三聯書店2000年，第90～91頁。

在背後稱陶侃爲「溪狗」〔註 79〕。《晉書・陶侃傳》又載，陶侃曾與楊晫同乘，吏部郎溫雅便對楊晫說：「奈何與小人共載？」〔註 80〕可見在當時華族世胄眼裏，陶侃及其家族是被視爲出身低賤的異族小人的。因此從這個角度來看，杜甫所用「陶侃胡奴」的典故，無論是說「陶侃之胡奴」，還是「陶侃及其子陶胡奴」，都還有強調陶氏家族的少數民族身份之意。而且無論是以胡奴的胡族身份還是以陶範的溪族身份來類比阿段的獠族身份，都是頗爲切合詩意的。可見，倘若我們不再拘執於陶胡奴與陶侃的父子關係，而是改從陶氏的少數民族身份去理解「陶侃胡奴」之典，詩意就會變得順暢無礙，而且可以跳出舊注的窠臼。還應指出的是，杜詩中的「陶侃胡奴」一事屬於僻典，不僅在全部杜詩中是個孤例，而且在《全唐詩》中也是僅此一例，未見其他詩人使用過此典，說明此典並不爲一般詩人所熟悉。不過讀破萬卷的杜甫對陶侃的事蹟是熟悉的，這裡有一個旁證可以說明，即杜詩《送重表侄王砅評事使南海》中介紹王珪之妻時云：「隋朝大業末，房杜俱交友。長者來在門，荒年自糊口。家貧無供給，客位但箕帚。俄頃羞頗珍，寂寥人散後。入怪鬢髮空，吁嗟爲之久。自陳剪髻鬟，市鬻充杯酒。」此事與陶侃之母的事蹟頗爲相似，據《晉書・列女傳》載：「鄱陽孝廉范逵寓宿於侃，時大雪，(侃母)湛氏乃徹所臥新薦，自剉給其馬。又密截髮，賣與鄰人，供肴饌。逵聞之，歎息曰：非此母不生此子。」〔註 81〕陶侃母湛氏「剪髮待賓」之事亦見《晉書・陶侃傳》、劉義慶《世說新語・賢媛》，文字稍異。所以清初的朱鶴齡認爲，《送重表侄王砅》乃「暗使陶侃母剪髮具酒食爲侃留客事以形容之，未必實然也」。〔註 82〕若果眞如此的話，說明杜甫對陶侃及其家庭應是相當瞭解的，故而他對陶侃及其子陶範的溪族身份也應是了然於胸的。

〔註 79〕劉義慶著，余嘉錫箋疏《世說新語箋疏》卷下之上，中華書局 1983 年，第 617 頁。

〔註 80〕房玄齡等《晉書・陶侃傳》卷六十六，中華書局 1974 年，第 1769 頁。

〔註 81〕房玄齡等《晉書・列女傳》卷九十六，中華書局 1974 年，第 2512 頁。

〔註 82〕朱鶴齡《杜工部詩集輯注》卷二十，河北大學出版社 2009 年，第 819 頁。

主要參考文獻

1. 范曄《後漢書》，中華書局 1965 年。
2. 房玄齡等《晉書》，中華書局 1974 年。
3. 李延壽《北史》，中華書局 2000 年。
4. 李延壽《南史》，中華書局 1975 年。
5. 魏徵《隋書》，中華書局 2000 年。
6. 劉昫《舊唐書》，中華書局 1975 年。
7. 歐陽修、宋祁《新唐書》，中華書局 1975 年。
8. 脱脱《宋史》，中華書局 1985 年。
9. 趙爾巽《清史稿》，中華書局 1982 年。
10. 朱師轍《清史述聞》，三聯書店 1957 年。
11. 章鈺、武作成《清史稿藝文志及補編》，中華書局 1982 年。
12. 張元濟《續古逸叢書・宋本杜工部集》，江蘇古籍出版社 2001 年。
13. 趙次公著，林繼中輯校《杜詩趙次公先後解輯校》，上海古籍出版社 1994 年。
14. 郭知達《新刊校定集注杜詩》，中華書局 1982 年影印瞿鏞鐵琴銅劍樓本。
15. 佚名《分門集注杜工部詩》，《四部叢刊初編》本，上海商務印書館 1929 年。
16. 佚名《分門集注杜工部詩》，上海涵芬樓影印宋本，民國十一年（1922）。
17. 託名王十朋《王狀元集百家注編年杜陵詩史》，民國二年（1913）江蘇廣陵古籍刻印社翻刻劉世珩影宋本。
18. 蔡夢弼《杜工部草堂詩箋》，《續修四庫全書・集部・別集類》，上海古籍出版社 1979 年。

19. 蔡夢弼《杜工部草堂詩箋》，黎庶昌刻《古逸叢書》本，清光緒十年（1884）刻本。
20. 黃希、黃鶴《黃氏補千家注紀年杜工部詩史》，《中華再造善本・金元編・集部》影印山東省博物館藏元至元二十四年（1287）詹光祖月崖書堂刻本，北京圖書館出版社 2006 年。
21. 趙統《杜律意箋》，《四庫全書存目叢書》集部第 4 冊，齊魯書社 1997 年。
22. 唐元竑《杜詩攟》，黃永武《杜詩叢刊》本，臺灣大通書局 1974 年。
23. 盧世㴶《杜詩胥鈔》，明崇禎七年（1634）尊水園刻本。
24. 王嗣奭《杜臆》，上海古籍出版社 1983 年。
25. 金聖歎《杜詩解》，上海古籍出版社 1984 年。
26. 顧宸《辟疆園杜詩注解》，清康熙二年（1663）吳門書林刊本。
27. 錢謙益《錢注杜詩》，上海古籍出版社 1979 年。
28. 朱鶴齡《杜工部詩集輯注》，清康熙九年（1670）金陵葉永茹萬卷樓刻本。
29. 朱鶴齡《杜工部詩集輯注》，韓成武等點校本，河北大學出版社 2009 年。
30. 湯啓祚《杜詩箋》，黃永武《杜詩叢刊》本，臺灣大通書局 1974 年。
31. 陳之壎《杜工部七言律詩注》，清康熙二十二年（1683）刻本。。
32. 陳式《問齋杜意》，清康熙二十三年（1684）陳氏側懷堂刻本。
33. 黃生著，徐定祥點校《杜詩説》，黃山書社 1994 年。
34. 盧元昌《杜詩闡》，黃永武《杜詩叢刊》本，臺灣大通書局 1974 年。
35. 陳廷敬《杜律詩話》，《午亭文編》卷五十，清康熙四十七年（1708）刻本。
36. 仇兆鼇《杜詩詳注》，中華書局 1979 年。
37. 浦起龍《讀杜心解》，中華書局 1961 年。
38. 施鴻保《讀杜詩説》，中華書局 1962 年。
39. 何焯《義門讀書記》，文淵閣四庫全書本。
40. 邊連寶《杜律啓蒙》，齊魯書社 2005 年。
41. 楊倫《杜詩鏡銓》，上海古籍出版社 1998 年。
42. 史炳《杜詩瑣證》，上海書店 1988 年據清道光五年句儉山房刊本影印本。
43. 石閭居士《藏雲山房杜律詳解》，清光緒元年（1875）刻本。
44. 張忠綱《杜甫詩話六種校注》，齊魯書社 2002 年。
45. 劉敬叔著，范甯點校《異苑》，中華書局 1996 年。
46. 劉義慶著，余嘉錫箋疏《世説新語箋疏》，中華書局 1983 年。
47. 李肇《唐國史補》，上海古籍出版社 1957 年。

48. 段成式《酉陽雜俎》，中華書局 1981 年。
49. 姚汝能著，曾貽芬點校《安祿山事蹟》，中華書局 2006 年。
50. 孟啓《本事詩》，《歷代詩話續編》本，中華書局 1983 年。
51. 鄭處誨著、田廷柱點校《明皇雜錄》，中華書局 1994 年。
52. 袁郊《甘澤謠》，《叢書集成初編》本，商務印書館 1939 年。
53. 范攄《雲溪友議》，民國間嘉業堂刊本。
54. 高彥休《唐闕史》，鮑廷博《知不足齋叢書》本，上海古書流通處 1921 年。
55. 王定保《唐摭言》，中華書局 1959 年。
56. 馮贄著、張力偉校點《雲仙散錄》，中華書局 1998 年。
57. 蘇軾《蘇軾詩集》，中華書局 1982 年。
58. 蘇軾著、孔凡禮點校《蘇軾文集》，中華書局 1986 年。
59. 黃庭堅著，劉琳等點校《黃庭堅全集》，四川大學出版社 2001 年。
60. 汪應辰《文定集》，臺灣商務印書館 1986 年影印文淵閣四庫全書本。
61. 葉適《葉適集》，中華書局 1961 年。
62. 朱熹《朱子語類》，中華書局 1986 年。
63. 鄒浩《道鄉先生鄒忠公文集》，《宋集珍本叢刊》第 31 冊，線裝書局 2004 年。
64. 晁公武著、孫猛校證《郡齋讀書志》，上海古籍出版社 1990 年。
65. 歐陽修著、鄭文校點《六一詩話》，人民文學出版社 1983 年。
66. 陳善《捫虱新話》，商務印書館 1957 年《叢書集成初編》本。
67. 程大昌《演繁露》，臺灣商務印書館 1986 年影印文淵閣四庫全書本。
68. 褚人獲《堅瓠戊集》，《筆記小說大觀》第七冊，江蘇廣陵古籍刻印社 1995 年。
69. 范成大著、陸振岳校點《吳郡志》，江蘇古籍出版社 1999 年。
70. 范正敏《遁齋閒覽》，《說郛》卷二十五上，文淵閣四庫全書本。
71. 洪邁著、孔凡禮點校《容齋隨筆》，中華書局 2005 年。
72. 胡仔著、廖明德校點《苕溪漁隱叢話》，人民文學出版社 1984 年。
73. 羅大經《鶴林玉露》，中華書局 1983 年。
74. 沈括著、胡金望校證《夢溪筆談校證》，上海出版公司 1956 年。
75. 王觀國著、田瑞娟點校《學林》，中華書局 1988 年。
76. 王欽臣《王氏談錄》，臺灣商務印書館 1986 年影印文淵閣四庫全書本。
77. 王應麟著、翁元圻注、樂保群等校點《困學紀聞》，上海古籍出版社 2008

年。
78. 吳曾《能改齋漫錄》，上海古籍出版社 1979 年。
79. 嚴羽著、郭紹虞校釋《滄浪詩話》，人民文學出版社 1983 年。
80. 楊萬里《誠齋詩話》，丁福保《歷代詩話續編》，中華書局 1983 年。
81. 張邦基《墨莊漫錄》，中華書局 2002 年。
82. 張戒著、陳應鸞箋注《歲寒堂詩話》，四川大學出版社 1990 年。
83. 周紫芝《竹坡老人詩話》，何文煥《歷代詩話》本，中華書局 1981 年。
84. 姚桐壽《樂郊私語》，《學海類編》第 114 冊，民國九年（1920）上海涵芬樓據清道光十一年（1831）木活字排印本影印。
85. 王世貞《藝苑卮言》，《歷代詩話續編》本，中華書局 1983 年。
86. 楊慎《楊慎詩話》，《歷代詩話續編》，中華書局 1983 年。
87. 都穆《南濠詩話》，《歷代詩話續編》本，中華書局 1983 年。
88. 吳文治主編《明代詩話全編》，江蘇古籍出版社 1997 年。
89. 胡震亨《唐音癸簽》，上海古籍出版社 1981 年。
90. 鍾惺、譚元春《唐詩歸》，張國光等點校本，湖北人民出版社 1985 年。
91. 王夫之著，王學泰校點本《唐詩評選》，文化藝術出版社 1997 年。
92. 王夫之著，夷之校點《薑齋詩話》，人民文學出版社 1961 年。
93. 顧炎武著，黃汝成集釋《日知錄集釋》，上海古籍出版社 1985 年。
94. 顧炎武著，黃汝成集釋《日知錄集釋》，嶽麓書社 1994 年。
95. 陳僅《竹林答問》，《清詩話續編》本，上海古籍出版社 1983 年。
96. 徐增《而菴詩話》，張潮《昭代叢書》甲集卷三十三，清光緒二年（1876）刻本。
97. 錢謙益《牧齋初學集》，上海古籍出版社 1985 年。
98. 談遷《棗林雜俎》，《四庫全書存目叢書》子部 113 冊，齊魯書社 1997 年。
99. 王士禛《池北偶談》，中華書局 1982 年。
100. 王士禛《香祖筆記》，上海古籍出版社 1982 年。
101. 魏慶之《詩人玉屑》，上海古籍出版社 1978 年。
102. 永瑢等《四庫全書總目》，中華書局 1965 年。
103. 恒仁《月山詩話》，《叢書集成初編》本，商務印書館 1937 年。
104. 金武祥《粟香三筆》，《續修四庫全書》子部雜家類第 1183 冊，上海古籍出版社 2002 年。
105. 秦湘業纂《無錫金匱縣志》，清光緒七年（1881）刻本。
106. 魯迅《小說舊聞鈔》，齊魯書社 1997 年。

107. 陳寅恪《金明館叢稿初編》，三聯書店 2000 年。
108. 陳寅恪《金明館叢稿二編》，三聯書店 2001 年。
109. 魯迅《中國小說史略》，齊魯書社 1997 年。
110. 聞一多《唐詩雜論》，上海古籍出版社 1998 年。
111. 張惟驤《清代毗陵書目》，常州旅滬同鄉會 1944 年鉛印本。
112. 孫殿起《販書偶記》，中華書局 1959 年。
113. 毛春翔《古書版本常談》，中華書局上海編印所 1962 年。
114. 馬同儼、姜炳炘《杜詩版本目錄》，《杜甫研究論文集三輯》，中華書局 1963 年。
115. 郭沫若《李白與杜甫》，人民文學出版社 1971 年。
116. 郭沫若《李白與杜甫》，中國長安出版社 2010 年。
117. 洪業《我怎樣寫杜甫》，臺北學海出版社 1979 年。
118. 朱保炯、謝沛霖《明清進士題名碑錄索引》，上海古籍出版社 1980 年。
119. 洪業《洪業論學集》，中華書局 1981 年。
120. 鄧紹基《杜詩別解》，《學林漫錄》第四輯，中華書局 1981 年。
121. 呂思勉《呂思勉讀史札記》，上海古籍出版社 1982 年。
122. 周采泉《杜集書錄》，上海古籍出版社 1986 年。
123. 鄭慶篤等《杜集書目提要》，齊魯書社 1986 年。
124. 方孝岳《中國文學批評》，三聯書店 1986 年。
125. 許肇鼎《宋代蜀人著作存佚錄》，巴蜀書社 1986 年。
126. 陳貽焮《論詩雜著》，北京大學出版社 1989 年。
127. 蔡鎮楚《石竹山房詩話論稿》，湖南文藝出版社 1995 年。
128. 楊建國《〈全唐詩〉一作校證集稿》，山東教育出版社 1997 年。
129. 蕭滌非《杜甫詩選注》，人民文學出版社 1998 年。
130. 葉嘉瑩《杜甫秋興八首集說》，河北教育出版社 2000 年。
131. 巫聲惠編《中華姓氏大典》，河北人民出版社 2000 年。
132. 杜曉勤《隋唐五代文學研究》，北京出版社 2001 年。
133. 陳貽焮《杜甫評傳》，北京大學出版社 2003 年。
134. 余英時《文史傳統與文化重建》，三聯書店 2004 年。
135. 孫微《清代杜詩學史》，齊魯書社 2004 年。
136. 李劍國《唐前志怪小說史》，天津教育出版社 2005 年。
137. 蔣寅、張伯偉主編《中國詩學》第十輯，人民文學出版社 2005 年。
138. 蔣寅《清詩話考》，中華書局 2005 年。

139. 陳冠明《杜甫親眷交遊行年考》，上海古籍出版社 2006 年。
140. 程毅中《程毅中文存》，中華書局 2006 年。
141. 吳鋼主編《全唐文補遺・千唐誌齋新藏專輯》，三秦出版社 2006 年。
142. 莫礪鋒《唐宋詩歌論集》，鳳凰出版社 2007 年。
143. 孫微《清代杜詩學文獻考》，鳳凰出版社 2007 年。
144. 張忠綱等《杜集敘錄》，齊魯書社 2008 年。
145. 陳尚君《漢唐文學與文獻論考》，上海古籍出版社 2008 年。
146. 孫微、王新芳《杜詩學研究論稿》，齊魯書社 2008 年。
147. 張忠綱《杜甫大辭典》，山東教育出版社 2009 年。
148. 孫微《杜詩學文獻研究論稿》，河北大學出版社 2010 年。
149. 郝潤華等《杜詩學與杜詩文獻》，巴蜀書社 2010 年。